2021 年 8 月，在北京首农香山会议中心和全国著名特级教师华应龙先生一起交流小学数学教育问题。

2020 年 12 月，在曲阜尼山圣境和博导张增田教授一起讨论中国古代教育哲学。

2021 年 8 月,在上海华东师范大学和全国著名特级教师邱学华先生参加世界数学教育大会。

2021 年 5 月,学校成立中小学语文、体育名师工作坊。

2021 年 9 月，济宁市主要领导来学校指导教育教学工作。

2021 年 3 月，山东省教育教学研究课题开题。

2021 年 6 月，执教“长度单位的复习”公开课。

2021 年 9 月，给全校师生讲开学第一课“强国有我，强教有我，强校有我”。

我的小学数学教育观

游小云　著

东南大学出版社
SOUTHEAST UNIVERSITY PRESS
·南京·

图书在版编目(CIP)数据

我的小学数学教育观 / 游小云著．— 南京：东南大学出版社，2022.6

ISBN 978-7-5766-0132-9

Ⅰ.①我… Ⅱ.①游… Ⅲ.①小学数学课—教学研究 Ⅳ.①G623.502

中国版本图书馆 CIP 数据核字(2022)第 088544 号

责任编辑：丁志星 **责任校对**：韩小亮 **封面设计**：毕 真 **责任印制**：周荣虎

我的小学数学教育观

著　　者：游小云
出版发行：东南大学出版社
社　　址：南京四牌楼 2 号 **邮　　编**：210096 **电　　话**：025－83793330
网　　址：http://www.seupress.com
电子邮件：press@seupress.com
经　　销：全国各地新华书店
印　　刷：南京工大印务有限公司
开　　本：700mm×1000mm 1/16
印　　张：13.5 彩插：0.25
字　　数：250 千字
版　　次：2022 年 6 月第 1 版
印　　次：2022 年 6 月第 1 次印刷
书　　号：ISBN 978-7-5766-0132-9
定　　价：58.00 元

序

小云一点都不小

我很高兴为小云的教育专著作序。从 2017 年底我们相识于无锡，2019 年相知于北京第二实验小学我的办公室，到如今他的第四本专著出版，对这位年轻上进的弟子，我是非常骄傲的。更让我不由想拿起笔来的是，当我静心翻阅这部书稿时，字里行间流露出他对教育的深刻思考，深深地感染了我，使我很愿意陪伴各位读者走进他的小学数学教育观，从中获得裨益。

小云性格坚韧，追求上进。从中师毕业到首都师范大学的教育博士，从乡村小学的包班老师到外国语学校校长，步步扎实。无论在什么岗位，无论工作再繁忙，都舍不得放弃三尺讲台，因为爱孩子，爱小学数学。在他的身上，我看到了自己专业成长的影子，甘愿做一名杏坛的守望者，从来没有离开过课堂，享受一名小学数学教师专业成长的幸福。

小云酷爱读书，手不释卷。读书已经成了他的生活习惯，他享受其中，常能引经据典，一语中的。《理想国》《教育漫话》《给生命涂上爱的底色》等教育教学专著，他百读不厌。读书不仅能触发他对生活的感悟，更能使他自由而兴高采烈地徜徉在数学教学的研究之中。由此看来，他经常性地学之、思之、辨之，实在不是有意为之，而是思风发于胸臆，言泉流于唇齿。

小云善于思考，笔耕不辍。这种思考甚至表现为一种执拗，一种锲而不舍。他从 2011 年开始，每天坚持把上课的感想记录下来，甚至上洗手间的时候也会用手机及时记录教学点滴、对教材处理的心得和对课堂的反思。我经常给年轻老师说："一定要坚持反思，反思不是反反复复地思考，反思是反过来思考，换一种角度思考，反思是批判性思考"。他近乎每天都写，几十字，几百字……无论繁忙与悠闲，乐此不疲，并经常把写好的文章发给我看。果然，好消息接踵而来。"心中有数无限好""单元整体教学设计：教学观的应然追求"等一篇篇文章相继发表。2021 年，他还获得苏州市教学成果一等奖。

看着小云一点点的进步，我倍感欣慰。他的成长之路能给年轻教师很多的启发。从数学教学来看，要做一位优秀的数学教师，一定要有宽广的视野，一是要跳出小学数学看数学；二是要跳出数学教育看数学；三是要用哲学思维看数学。在课堂实践中要不断追问“教谁，教什么，怎么教”等一系列教育哲学问题。

有什么样的教育观就有什么样的教育。“为以文化人而教”“为课程整合而教”“为关键能力而教”“为知识生长而教”等章节细细阐述了小云的数学教育观。一个好教师应该有科学的教育观，并在科学教育观的指引下进行教学实践。一个好老师应该给我们的学生什么呢？那应该是充满正能量的事物，正方向的、正确的、完美的、为人生奠基的、为学生终身发展和社会发展所必备的关键能力和必备品格。

如果要享有教师职业的快乐，就需要不断进行实践研究。30 多年来，我坚持听课，尤其是听自己的课，我要求徒弟也听自己的课。以旁观者的身份听自己的课，可以找到自己教学语言中存在的问题，可以克服时常出现方言土语、语调平板、层次紊乱、讲述颠来倒去等毛病，从而使学生愿听、想听、爱听。听自己的课是对讲课情况的“反刍”“复盘”，是对自己教学工作的一种反省。长此下去，教育的积淀便会实现质的飞跃，喷涌出教育的灵感和教育的机智。我相信，小云会做得更好！

以上是我最想让读者了解作者的点滴，尽管是几块碎片，但却折射出小云充满教育才智的光芒。再次翻阅我面前的这一摞书稿，让我品出了一个词：初心。期盼从事教育一线工作的年轻人都能像小云一样不忘教育初心、壮志凌云、好学坚韧，这样不仅能获得事业的快乐，整个人生也会发射出独特的光华。顾明远先生在《教育家成长丛书》总序中曾写道：教师的重要使命就是为每个孩子播种希望、点燃梦想，并帮助他们实现梦想。每一间平凡的教室、每一节朴实的课，不仅是知识的传递，更是人类文明精神的接续、人生梦想的启航。正是有亿万个孩子梦想的起飞、绽放，中国梦才更加光彩夺目。教师就是最伟大的“筑梦师”，用孜孜不倦的智慧劳动，让每一颗年轻的心灵都与中国梦激情相拥！

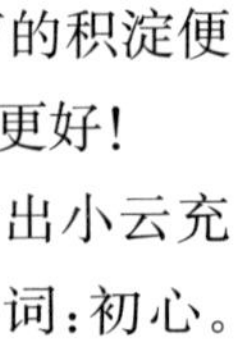

华应龙，全国著名特级教师，首批正高级教师，“苏派名师”，首批“首都基础教育名家”，现任北京第二实验小学副校长，北京师范大学等高校兼职教授

目　录

绪论　我的成长故事

身边有许多朋友问我："你喜欢小学数学吗?""你喜欢做一名小学数学教师吗?"

我的回答是肯定而坚定的。

这是为什么呢?

为什么喜欢做老师，随着年龄的推移，我对这一问题的思考也越来越深刻。曾记得在1995年7月报考江西省抚州市东乡师范学校之前，面试老师问我为什么报考中等师范学校，我的老师教我回答道：我愿在平凡的岗位上做出不平凡的业绩。说出的话语完全不像是一个15岁少年的口吻，倒十分像是在喊口号。后来，我越来越觉得和学生一起成长、提升学生求知的能力、增强学生的学科素养、着眼于学生的未来发展，就是老师这一职业的魅力所在。

日本教育学家佐藤学教授在《静悄悄的革命》这本书中写道："日本教师的工作时间是平均每周52课时，超过劳动省规定的标准12个小时，所以教师是非常繁忙的。但是，体现教师是教育专家的工作时间，如授课、课前准备、教研活动、课程建设等，却只占其中的一半，另外近一半的时间是浪费在各种各样的会议和杂务上。"所以，我们要以文字的形式进行反思，在浮躁中保持心灵的宁静。记录课堂，反思言行，多一份理性，不随波逐流。用文字的形式研究自己的课堂教学，对自己的实践进行反思和重建，以实现持续的"静悄悄的革命"。

一、我的三段教学成长经历

为什么要和大家分享这个话题? 截至目前，我已工作了二十三年。以时间为分界，正好分为在公办学校的前6年、在民办学校的10年以及担任校长的7年。我前6年在一所农村完小工作，后10年在苏州外国语学校、昆明南洋国际学校等地工作，从2014年7月开始，我先后创建泰州市第一外国语学校和山东济宁高新区蓼河新城外国语学校，在创建新学校的过程中，一手抓教育教学，另一手抓学校管理,坚持两手抓、两手都要硬的工作原则。

1998年6月,我刚刚师范毕业,当时被分配到一所农村完全小学任教,那个学校只有5个班,5个老师。那个时候我初出茅庐,有股初生牛犊不怕虎的豪情,天天吃住在学校。当时,我们校长让我带小学毕业班,我说没有问题。整整一年,我和学生们一同吃饭一起玩耍,课堂上我是老师,课下我们是朋友,当时压根没有想到要营造和谐的师生关系,但是不自觉地感觉到老师的人格魅力是吸引学生的重要因素之一。那一年,没有师傅引领,我就自己报考自学考试,学习教育学和心理学;没有教材教辅,我一人坐火车跑去南昌购买了一大摞的小升初试卷,自己先跳进题海,再有针对性地指导学生练习,教会学生解决问题的策略。最终,功夫不负有心人,我所带的班级以全县第一名的毕业统考成绩向社会、学校、家长、学生以及自己交了一份满意的答卷。

在公办学校的前6年,留给我最深刻的记忆还有发表的第一篇文章《中国为什么没有诺贝尔奖》,这篇文章很短,主要是探索了中国为什么没有人获得诺贝尔奖的几个原因,第一次指出了中国学生的创造力不足,往往只停留在做题解题的低层次发展水平,而发现问题和提出问题等高层次发展水平相对较弱,现在想起那篇文章时,我依旧庆幸自己有从事教科研的潜力。第一个6年,在艰苦的村小从教,我是那届师范生中分配最不好的,但是在宁静的山村教学环境中,我把精力用在了读书和研读教材上,通过反思教材,自己收获了一篇篇文章的发表。

2004年,我的教育人生进入一个转折期,由于孩子的出生,家庭开支一下子大了许多,由此萌生了到外面闯一闯的想法。我通过层层选拔,先后进入昆明南洋国际学校、福建西山学校和苏州外国语学校任教。苏州外国语学校浓郁的教科研氛围让我陶醉,备课组、教研组活动组织有序,教学之余注重撰写教学反思。洛克曾说过:“反思是以思维活动为思维的对象,是对思维的思维。”我的备课、反思等都是自己原创的;我向学校申请每年带两个年级,目的是尽快熟悉苏教版的小学数学教材;我从2011年开始,每天坚持把上课的感想记录下来,有时在上洗手间的时候,我也会用手机及时记录我对教学教材处理的点滴心得,记录我的教学手记、我的课堂、我的教学以及我的思考。我几乎每天都记录,几十字,几百字……无论繁忙与悠闲,我乐此不疲。反思不是反反复复地思考,反思是反过来思考,换一种角度思考,反思是批判性思考。反思是回到自身,将自身作为思考的对象,通过持续反思而不断调整自己的思路和行动。能每天从反思中有所收获,才是真的反思到位。磨炼心性从每时每刻开始,每一件事、每个情绪都是考验,要用智慧解决问题。静坐常思己过,闲谈莫论人非,要每天反省自己的言行,哪怕只是一句话、一件小事，都要反省有没有不足不妥之处，并对其加以改正，不再重复犯错。记得我在苏州时发表的文章《确定位置》，写作时我是这样进行思考的：

数学知识的起源和发展是自然的，数学方法的起源和发展也是自然的。在教学过程中，我们老师应该关注数学知识、数学方法的背景和发展，将数学知识和日常生活联系起来以及将数学知识之间内部联系起来，进而帮助学生理解“用数对确定位置”这一数学知识的本质和价值，体会数学的思想和精神。

例如，在以“小鸭在哪里”为核心问题的课堂上，通过唤醒学生的日常生活经验，用小鸭的三场旅行分别对应“用一个数确定直线上点的位置”“用数对确定平面上点的位置”和“用三个数确定空间中点的位置”，体会数学语言的符号化、公理化和形式化。学生经历了两次认知冲突，从直线到平面，再从平面到立体，渗透着“一一对应”的数学思想。从确定直线上点的位置到确定平面上点的位置，学生的自主探究意识跨出了一大步，使学生的注意力集中在如何在方格纸上用自然数标记出纵轴的刻度。荷兰数学家和数学教育家弗赖登塔尔认为：“与其说是学习数学，还不如说是学习‘数学化’；与其说是学习公理系统，还不如说是学习‘公理化’；与其说是学习形式体系，还不如说是学习‘形式化’”。学生运用数学方法观察世界，分析各种具体现象，并加以整理组织，这个过程就是数学化。我们老师要善于运用“数学化”意识进行数学教育，借助几何直观概念，创设直观思维，让学生感悟时间和空间的概念。

著名心理学家朱智贤说：“小学生的思维是由具体形象思维逐步向抽象逻辑思维过渡。”在教学中，我们要善于借助直观，如图形直观、语言直观、文字直观等，组织学生开展自主、合作和探究等形式的活动，引导学生深入思考，不断完善富有层次性思维的数学课堂。

我们一起来看《义务教育数学课程标准（2011 年版）》（以下简称《课标（2011 年版）》）是怎样规定“位置”教学的：在具体情境中，能在方格纸上用数对（限于正整数）表示位置，知道数对与方格纸上点的对应。

在例 38 的说明中写道：需要在方格纸上标明正整数刻度，希望学生能够把握数对与方格纸上点（行列或者列行）的对应关系，并且知道不同的数对之间可以进行比较。这个过程有利于学生将来直观理解平面直角坐标系。

在教学过程中，我没有创设用第几排、第几组的方法表示教室中的座位情境，有效回避让学生“左右为难”的表示位置的尴尬境地（坐在座位上的学生要把自己的位置假想成讲台前作为观察者的老师）。巧妙运用方向、距离两个有顺序的数对表示平面中点的位置，突出数学知识的本质。确定位置的教学本质，需要明确两个要素，即方向和距离，直线仅仅需要一个方向和距离，平面是两个方向和距离的交点，学生很容易迁移到对立体概念的理解，即三个方向和距离的交点。即使是六年级下册学生学习“用方向和距离确定位置”，依旧是明确“方向和距离”这两个要素。因此我在教学过程中整体构建了“确定位置”的一般方法，提升了学生的迁移学习能力，体现了“不教之教”的育人理念。我们要注重启发学生的独立思考，促进学生深度理解。数对中的数，不仅有自然数，还有小数，更有负数，可以用不同形式的数对确定小鸭的位置。变化的是数的形式，不变的是确定位置的方法，引导学生在千变万化中追寻不变的关系，即数对对应的是两条含有方向和距离的直线的交点。

美籍匈牙利数学家波利亚认为：“学东西的最好方式是发现它。”在课堂教学中，我们应注重培养学生主动探索的意识，为学生提供自由广阔的天地，尊重不同思维、不同方法的自由发展，不对学生思维作任何限制；注重培养学生独立思考的精神，培养学生的创新意识；注重培养学生“大胆假设，小心求证”的习惯，培养发现问题、提出问题、分析问题和解决问题的能力，使其具有初步的理性精神与数学品格。教育，不过是一场自然生长，顺势而为的过程，顺儿童成长之理，处儿童成长之势，给予生命支持。我们老师要充分尊重学生，把学生看作是学习知识的发现者、探索者、求知者和终身学习者，数学教育的大智慧正是尊重学生、发现学生、了解学生、信任学生，进而促进学生发展。

我的第三段教学经历是从 2014 年 7 月开始的，我一边担任校长职务，一边带一个班的数学教学。让知识自然生长是我的教学主张，白天上课做管理，晚上备课做方案。创品牌、塑内功、提思想和带队伍是我做教学管理的战略意识。

有这么一句话，大家非常熟悉——一个人可以走得很快，但一群人可以走得很远。在山东济宁蓼河新城外国语学校，这句话得到了更深刻的体现。在“博融天下、慧悦人生”理念引领下的伦华教育人，正以持续的学习力、高效的合作力、深刻的思考力，坚定的执行力成长起来。2020 年，1 人获济宁市评优课一等奖，6 人获济宁市高新区一等奖，成功创建 4 个市级品牌荣誉、成功申报 2 个教育科学规划办国家级课题，1 个省规划办课题、3 个市级课题、3 个名师工作坊……

教师，是生活在学校场域下的主要群体。教师的自由、尊严和荣誉等生活感受，都是在人与人的关系境况中得以体现和提升的。在学校场域之下，与教师发生关联的群体，在某种程度上可以给予教师积极的影响，可以推动教师的专业发展。所以，我带头走专业发展之路，上好课、做课题、写文章、多次参加苏州市、泰州市和济宁市的评优课比赛，以及省青年教师基本功比赛，为学校赢得了荣誉。在2021—2022学年第一学期的开学典礼上，我向1 647位学生和125位老师分享了《强国有我、强教有我、强校有我》的致辞，这是我将教学与管理的有机结合，全文如下：

各位老师、亲爱的同学们：

大家上午好！

今天是个好日子，是我们蓼河新城外国语学校举行2021—2022学年度第一学期开学典礼的好日子，还是我们学校又迎来719位新同学和51位新老师的好日子（欢迎各位新同学和新老师的到来！），更是我们全体蓼外人进入第三年，跨越再出发的好日子！今天，我和大家分享的话题是"强国有我、强教有我、强校有我"。

2021年7月1日，中国共产党百年华诞，天安门广场见证历史性盛典。"请党放心，强国有我"的千人献词，让我们久久回味；"请党放心，强国有我"的铮铮誓言，也道出了我们的心声。

天安门城楼上，站在"两个一百年"的历史交汇点，习近平总书记"以史为鉴、开创未来"，以"赶考人"的清醒自觉，擘画新的征程。

我每次去北京，都要到天安门广场和毛爷爷合影。今年7月23日晚上，我从复兴路，途经复兴门外大街、西长安街，骑行近100分钟，到天安门广场与毛主席像合了一张影。强国有我，应该向毛主席那样时时刻刻为他人着想。

著名文学家梁晓声说：文化是植根于内心的修养，无需提醒的自觉，约束为前提的自由，为他人着想的善良。

我们济宁高新区蓼河新城外国语学校全体师生都要做一个为他人着想的人。为他人着想，就是排队时讲究秩序，取餐时和同学保持适当距离；为他人着想，也是我们用完餐把餐桌擦得和吃饭前一样干净；为他人着想，还是不随意乱丢餐巾纸；为他人着想，更是上厕所及时冲洗，保持洗手间的卫生清洁……我们这样做了，会减轻餐厅阿姨的麻烦、会减轻保洁阿姨的麻烦、会减轻我们身边朋友的麻烦。一个有人情温度的学校应该有一群为他人着想的学生，一群为他人着想的学生就更有可能成为明日精英。

孟子说："得道多助，失道寡助。"为他人着想是不以自我为中心，而是以利他为中心，今天你帮我，明天我帮你，帮来帮去就是帮自己。正如北京大学辜鸿铭教授所说：真正的中国人有着赤子之心和成人之思，中国人的精神是一种永葆青春的精神，是不朽的民族魂。

强教有我指我们的教育教学。我个人认为:“教育就是自然生长,在过程中以生为本、促进生成、自然生长、回归生活和润泽生命。”强教有我,需要我们全体教师以赶考者的姿态奔跑出发,每一位新教师要成为努力奋斗的匠师、立德树人的良师、传播思想的大师,要有“一年站稳讲台、三年小有名气,十年成为名师”的奋斗勇气,要有“向着全面建成社会主义现代化强国的第二个百年奋斗目标迈进”“实现中华民族伟大复兴”的历史担当。强教有我,我们全体125位老师要把每一个孩子当成自己的孩子或弟弟妹妹,不放弃任何一个学生,心中有人、口中有爱、眼中有光,以学生为中心,以学生的学为中心,教师的教服务于学生的学。强教有我,不仅仅是指我们老师,还包含我们的学生。我们曹伦华总校长说过,教师是山、学生是水,只有山水相映,方成如画风景!

强校有我!学校成立仅仅两年,由345位学生、34位老师增长到1 647位学生、125位教师,每年实现翻番的跨越。我们蓼河外国语还很弱小,但我们有亮剑精神:直面现实的勇气和赢家之道。我们要把学校变成济宁高新区最好的公立学校,把学校的影响扩大到整个济宁市,甚至整个山东省,这需要我们一代又一代的蓼外人以“今天再晚也是早、明天再早也是晚”的精神,科学务实、自强不息、追求完美,实现“三年打基础、四年出品牌、十年成名校”的三步大跨越。今年是打基础的最后一年,每一位蓼外人都要思考:如何让自己变得更优秀?每天进步一点点,一段时间后回头一看,我们会发现所有的努力都值得。蓼外是读书学习的好地方,是成就自己的好地方,是梦想成真的好地方!

带着诚挚的感恩,带着美好的梦想,带着满怀的激情,我们从百年党史中汲取奋进的力量,豪迈地踏上教育高质量发展的新征程。

“请党放心,强国有我!”

“请党放心,强教有我!”

“请党放心,强校有我!”

二、教育生活,激励我成长

我常常问自己三个问题:

教这么多年的书,我喜欢教书吗?

做这么多年的老师,学生喜欢我吗?

对于数学这门学科,我是越教越明朗还是越教越迷茫?

未成家时，我基本不考虑这些问题，因为总觉得自己有足量的青春可以等待；等到上有老下有小时，开始考虑这些问题，似乎活得更加明白了！人总要有一些梦想。陶行知说："人生天地间，各自有禀赋。为一大事来，做一大事去。"我想天下大事必先成于细，我可能是"为一小事来，做一小事去"。以前我当班主任时，我觉得把一个班级的学生教育好——学生懂礼仪、讲文明、晓规则、会求知，就是快乐而幸福的。后来担任年级组长，一个年级10个班级、400多个孩子，我认为把一个年级的学生培育好了，我就是成功的！再后来成为教科室主任助理、小学部的管理中层，我发现通过阅读共享、读书沙龙等活动形式带领一支教师队伍走向专业成长，我是开心且受益的！现在我成为校长，我不能停留在当下的快乐，而应该成就孩子未来的幸福，我把一个学校的孩子引导好了，那将来可以说是幸福了一个个家庭。在教书育人过程中，我践行着我的"三活"人生。

"好好地活。"这是著名作家史铁生的母亲对爱子的嘱托，我第一次读到这句话时，瞬间就被它击中了内心。2015年上半年，我因腰椎间盘突出住院，当我躺在病床上，我害怕了！人只有躺在病床上才会想到珍惜自身的健康。一个人，只有拥有健康的体魄，才有本钱爱周围这个世界、爱自己的学生以及自己的家人。

我1998年中师毕业，先是在规模为5个年级、5个班，只有6位老师、120名学生的农村小学工作，后来调到有100多个班级、近4000名学生、400多位老师的苏州外国语学校工作。18年间，我先后亲历了农村小学、城市小学的教师生活，处在不同的工作环境，却有着同样做教师的滋味——繁杂、忙碌、辛苦、疲惫，这几个词，也是现实中大多数教师生活的写照。我们可能只熟悉那种教室、餐厅、家庭几点一线式的生活，从而产生倦怠。其实，无论干哪一行的人，经过一段时间后，大多数都会倦怠自己的工作。倦怠，来自简单，来自重复，来自单调。岁岁年年，朝朝暮暮，我们跨入校门，走进办公室，然后走向教室……这按部就班、日复一日、无声漫长的行程，委实静默平淡。我们大都行动在习惯之中，大多数的日常行为也都是习惯的重复而已；时间长了，习惯进入潜意识中，便成了秉性。习惯，有些是有益的，但有些是无益的，甚至是有害的。将无益、有害的改为有益的，哪怕一处小小的改变，假以时日，必能受益无穷。否则，我们仍只会继续那种以往一点一滴积淀的、旧的行为方式。缺乏思考的忙碌，犹如疯长的野草，如果熟视无睹、不求革除，将在习惯的支配下蔓延。正如著名经济学家汪丁丁所说："我们需要思考，尤其在忙碌的生活之流里停下来思考"。

"认真地活。"善待我的学生，做一个称职的老师；善待我的教学，做一个永葆激情梦想的追梦人；善待我的同事，做一个有情有义的人；善待我的事业，做一个匠气十足的教书匠、立德树人的良师或者是传播思想的大师……认真做好每一件事,即使放下粉笔、拿起书籍,也要凭借对学生的珍爱去唤醒孩子内在求知的力量,使孩子在成长过程中得到历练与收获。只有了解学生,才能走近学生;只有走近学生,才能走进学生的内心;也只有走进学生的内心,才能体现教育的价值。

曾经读到这样一个哲学故事:一位哲学家把学生带到旷野里上最后一节课。

哲学家问:"这旷野之上长满野草,如何除掉这些野草?"

有的学生说:"老师,只要用铲子就够了。"

有的学生说:"用火烧也是不错的办法。"

还有的学生说:"斩草除根,把草根挖出来就行。"

……

等学生都讲完了,哲学家说:"课就上到这里,你们回去,按照各自的方法除去一片杂草,一年后再来这里相聚。"

一年后,学生们都来了,相聚的地方是怎样的景象呢?——不再是杂草丛生,而是长满谷子的庄稼地。学生们这才恍然大悟:要除掉一片杂草,最好的办法或许就是在上面种上庄稼。

曾经和很多老师交流过这样的问题:学生不认真听课怎么办?学生的礼仪常规怎么训练?如何利用老师的身教作用,激发正能量?

记得班级里有位 C 同学,上数学课的时候,不是偷偷玩自己心爱的玩具,就是沉迷于画漫画,反复提醒,效果并不明显。之前教过她的老师忍无可忍,狠狠地批评一通甚至把她的画撕掉。她表面上被驯服了,但内心未必服气,负面的情绪、消极的对抗就此产生,逐渐讨厌上数学课了。我们老师和家长交流孩子的问题,家长却说孩子对数学不感兴趣主要是老师的课吸引力不够,孩子要画画就让她画好了,明显不配合老师的教育。

师道尊严,的确可以一时显威,但终究显得教育的策略与机智不足,有悖于教育的本意。面对 C 同学,我把她前两次的漫画收藏起来,请她签上她的大名,开玩笑地说:"如果将来你成名了,你的漫画就成为价值连城的艺术品了,我就成'土豪'了!"课间,我和她谈起她的漫画,我说你有兴趣的话可以进行漫画创作,我的提议引起了她的兴趣,她说正好这段时间在创作《猫咪特工队》,我们一起探讨漫画的构图,由漫画的构图谈到数学在漫画中的运用……我对她说,如果你在数学课上想画漫画时可以跟我说,我同意她到我的办公桌上创作《猫咪特工队》。同时,我和她的妈妈进行沟通,交流六年级孩子自主学习的要求、学习心理以及行为习惯的养成，得到家长的大力支持。两个月过去了，通过几次交流，C同学发现用数学的眼光画漫画果然更好看，由此激发她要学好数学的情绪，成绩逐渐提升，课堂上也能积极主动思考、踊跃发言了。我们教育学生正要如此，只有服其心，才能使学生把严格要求自己变成自觉行为，才能做到老师在与不在一个样，从内心深处进行自我监督，克服对老师“阳奉阴违”的行为。

反思教育生活并通过文字记录，就是以书面方式提醒自己不满足单调的、简单的、重复的生活，在试图改变的过程中穷尽创意生活的可能性，不断调整工作心态，改变工作方式，改善教育行为，重建教育观念。在这过程中，理智地复现自我，筹划未来的自我；在这过程中，辛苦但不心苦，忙碌但不盲目。我愿意用“心”来写一点文字。我相信有心的地方，就会有欣赏；有欣赏的地方，就会有爱；有爱的地方，就会有美；有美的地方，就会有自由；有自由的地方，就会有快乐！快乐工作，应该成为我们追求的目标。

还记得我第一次上公开课，我的板书是一块黑板接着一块，写满了再擦，擦了再写，压根儿不知道板书的作用与艺术性。课后，有一位老教师提醒我：小游老师，教师的板书一般是不能擦去的，要将本节课的重点和教学流程，简洁明了地展示给我们的孩子。正因为有许多老教师提醒我、鼓励我、引领我不断总结、反思自己的教学，我才能站稳这三尺讲台。

“真实地活”说真话、干真事、做真人；不违心、不虚伪、不欺骗。课堂讲错了内容不要遮丑，无意中伤了孩子需要道歉，若是在教学过程中出现了不认真备课而走进教室，我一定会羞于见人……这就是我，一个真实的人，风光也好，落魄也罢，皆以素面示人。“真实地活”这一点要求我们作为教师要尊重每一个学生。我常常告诉自己：教育因尊重每一个生命的平等而神圣！面对每一个孩子，我们更多的是要有一些爱心、耐心和责任心。

三、精耕教学，督促我成长

我的成长得益于几次教学比赛。我第一次参加苏州高新区青年教师评优课比赛是在2010年5月，当时我们高新区小学数学教研员刘健老师就采用了当前小学数学青年教师基本功（第一届是2012年）的比赛形式：初赛分为数学理论、解题能力、粉笔字和说课，复赛采用出数学试卷的形式，决赛采用上课的形式。由于我缺少对学生情况的分析（采用借班上课），最后得了二等奖，但刘健老师一句鼓励的话始终在我耳边萦绕：“游老师，你的理论知识很扎实，理论部分就你一个人满分。”这句话让我换了角度思考，作为一名老师，不仅要理论扎实，更重要的是要充分了解学情，从学生已有的知识经验出发，教学要建立在学生的心理和知识基础之上。

我把每一次比赛当成一种历练、一种经历和一种成长。2012 年 5 月，我参加了苏州高新区小学数学网络教研比赛，获得了一等奖第一名。比赛过后，我及时总结课件上的不足，在代表高新区参加苏州市市级比赛时再次获得一等奖。在 2015 年高新区小学数学青年教师基本功比赛中，获得了一等奖第一名，并代表高新区参加苏州市市级比赛；2015 年 5 月，参加苏州市小学数学青年教师基本功比赛，再次获得一等奖，并于 2015 年 11 月份参加全省基本功大赛；2015 年 10 月，参加泰州医药高新区评优课比赛，获得一等奖；2020 年 10 月，参加济宁高新区小学数学评优课比赛，获得一等奖第一名，又代表高新区参加济宁市比赛，再次荣获一等奖。除此之外，我还积极参加网络教研团队比赛、教师素养大赛、青年教师解题能力大赛，都获得市级一等奖。在参加各种比赛的同时，积极承担苏州市高新区的公开课，培养青年教师，“认识公顷”“认识射线、直线和角”和“认识比”“圆的周长”“认识百分数”等公开课在苏州高新区有效课堂活动中获得好评，“统计”“常见的数量关系”等公开课在市基本功培训中获得好评。在苏州市小学数学青年教师基本功比赛中，我抽到的演讲题目是“你怎么看数学阅读?”这个题目正好是我从事的数学课题，也是我一直倡导小学生通过数学阅读，提升数学能力的教学理念之一。在上课部分，我抽到的课题是“认识平行四边形”，我从两块一样的三角板引入课题，启发学生思考：用两块一样的三角板，你能拼出什么图形?通过找生活中的平行四边形、指一指、画一画等操作活动使学生初步感悟平行四边形的特征，接着我引导学生从边和角两个方面，讨论交流平行四边形的特征。在教学“三角形的高”这一知识点时，我借助知识的迁移理论，从三角形的高迁移到平行四边形的高。教学过程如下：

回忆：这是一个三角形，你能画出这个三角形的高吗?

谈话：如果再添加一个这样的三角形，通过旋转、平移等方式，这样两个完全一样的三角形就拼成了一个平行四边形，上下对边是一组平行线，你能量出两条平行线之间的距离吗？应该怎么量？把你量的线段画出来。

交流：学生自己尝试后交流。教师指导，明确“平行线之间的垂直线段就是平行线之间的距离”。

启发：大家画的垂直线段位置都不一样，你们想想这是为什么呢？这样的线段到底有多少条呢?

揭示:一组平行线之间的距离处处相等,垂直线段有无数条。

示范:画一组平行线之间的垂直线段。

说明:在平行四边形里,一组对边之间的垂直线段就是平行四边形的高,而对边就是底。

谈话:上下一组对边之间我们可以画出无数条高,如果左右一组对边呢?如果过其中一条边上的一个点作平行四边形的高,你会吗?

激趣:如果这个点向左或向右移动,你能想象出这个平行四边形的高吗?

交流:能。

以上教学活动是我在教学之前进行预设的,目的在于着眼发展学生的空间观念。但由于前一段引入部分有些拖沓,20 分钟的微课时间过去了,这一环节还没有展示完。这一次比赛让我明白了课要懂得取舍,把时间集中起来,讲清重点、分解难点、提高能力、提升素养。

最令我难忘的是 2015 年的江苏省小学数学青年教师基本功比赛。那几天我每天睡眠很少,身体也不争气,无论白天和黑夜,一直不停地咳嗽,但我依旧珍惜这样的一次学习机会。那一次我现场抽到的课题是"认识百分数",我从第八轮课程改革再出发这一点切入,重点培养学生发现问题和提出问题的能力。

除了自己亲身上课、执教教研课、做教育科研、写教学反思和教学论文外,我还牵手大师,听全国著名特级教师,我的师父华应龙老师的课,他的课我是百听不厌。

作为一名小学数学教师,我常常问自己:"教育是什么?"

美国哲学家、教育家杜威认为"教育即生长"。爱因斯坦说:"教育就是当一个人把在学校所学全部忘光之后剩下的东西。"特级教师华应龙在《教育要给学生留下什么》中指出:"教育不仅要传授知识,更要启迪智慧,点化生命。"

随着对教育本质的不断追问,拜师之路上的数个"高光时刻"又浮现在我眼前。

与师父华应龙相遇于网络。2012 年我参加江苏省中小学网络培训时,对"化错教育思想"有了初体验,随即成为一名忠实的"华粉";我们相识于 2017 年无锡的"我不是笨小孩"的课堂上;相知于我申请加入华应龙名师工作室的"赶考之路"。短信、微信、面对面交流……我不断向华应龙老师的化错教育思想靠近。

列宁说:"真理向前一步就是谬误。"同理,谬误向后一步亦是真理。拥有科学地对待错误的心态和思维方式,就有可能化"错"养"正",践行学科育人。教学的价值在于"育",育什么呢?育的是思维方式、学习欲望、开放心态和生命潜力……

化错思想的终极目标是“正”,“正”即正确的、正能量、美好的和全人的……

化错思想,真正是从教学走向教育,这改变了我的教育观和学生观。

老师在课堂上,对于学生的错误一般总是设法躲避。但华应龙老师告诉我们,课堂上不要“规避”学生可能出现的差错,应乐观面对学习过程中的差错,从差错中悟出道理、走向理解。正所谓“正确的,总是千篇一律;差错的,总是多姿多彩。”化错研究有三个过程,即错得好、多飞一会儿和拾起来,即“容错、融错和化错”。

“差错的价值并不在于差错本身,而在于师生从中获得新的启迪。”启迪何来?启迪来自思考,在问题解决过程中启发学生的哲学思考,将知识联系起来,从而弄清楚事物的含义,丰富学生的数学情感体验。

华应龙老师把儿童看作“探索者、发现者和创造者”,这一理念改变了我的学生观,我明白了培养学生探究未知事物的强烈兴趣,以及在探究中获得喜悦和满足感的重要性。当前,课程改革进入立德树人、培育学科核心素养的关键期。教师眼里不能只有分数和冰冷的知识,而应该从关注学科到关注人,关注学生的发展和成长,以学生的整体发展不断提升和改进数学教育,更应该关注“人之为人”的必备品格和关键能力。华应龙老师常常以“人皆可以为尧舜”这一行动理念点化学生生命,启迪儿童智慧。

师父对我说,数学课要有创新,课不润人誓不休!不仅要润学生,还要润听课老师。做到“润人”的唯一途径是“竭泽而渔”地阅读和思考。

前段时间我又有幸现场聆听了华应龙老师六年级圆的面积的练习课——买比萨的故事,教师给予学生充分的时间和空间,对经历思考、计算、比较、验证和解释“8 寸比萨加上 4 寸比萨比 12 寸比萨小”,经历“化错化人”学科育人过程。全课围绕“真的吗?为什么?还能怎么样?”这三个问题,教师点拨追问、启迪智慧。正如华老师所说:“牵手差错思且行,前方自有新风景”。好课只有细细咀嚼,方能品出独特滋味。

对话,从生活走向数学

“生活即教育”。现实生活多彩且复杂,有大量的数学问题和教育资源。华老师积极开发教学资源,以现实购物情境为切入点,引领学生从生活走向数学。通过联系生活实际选择合适的素材供孩子们学习,使学生的课堂生活与实际生活状态相关联,也就是说,密切联系现实生活展开对话教学设计,从封闭的课本和教室走向开放的生活。古罗马教育家普鲁塔克认为:“儿童不是一个需要填满的罐子,而是一颗需要点燃的种子。”教师有什么样的儿童观,就有什么样的教育观。华老师尊重学生的好奇心，即探究未知事物的强烈兴趣以及在这探究中所获得的喜悦感和满足感，他把儿童看作探索者、发现者和创造者，平等、尊重地与学生对话，启发学生从数学情境中发现问题、提出问题：你有什么疑问？有什么发现？还能发现什么？在一步步启发追问下，学生在学习过程中不再是一个“旁观者”，而是深入问题情境、主动探究的“当局者”，突出了学生主体地位。在华老师的鼓励下，学生提出了“8 寸的比萨和 4 寸的比萨加起来为什么小于 12 寸的比萨？”“后来老板又给 2 个 8 寸的比萨，再加上这 2 个 8 寸的比萨是不是就等于 12 寸的比萨？”等有价值的数学问题。

化错，从误解走向理解

“化错化人即教育”。在轻松自如的氛围中，学生通过“计算、画图、模型构建”等方法自由表达对“8 寸的比萨和 4 寸的比萨加起来为什么小于 12 寸的比萨？”这一问题的理解。华老师设身处地地启发学生的数学理解，而不只是简单地评定学生的解题步骤，通过多种可行的方法解决同一个问题，并讨论每一种方法的优点与不足，帮助学生深入理解有关“圆的面积”的数学知识。教学中教师支持学生的数学理解及程序流程，关注学生的思维，指导学生在讨论中提供与他人分享的机会，师生形成一个“数学交流学习共同体”。哈佛大学德爱科尔斯与其同事描述了“数学交流学习共同体”的四种水平，第四种水平叫“数学交流”，在这个水平，学生共同承担与教师交流的责任，证明自己观点正确，提问并且帮助其他学生。华老师常说：“让错误多飞一会儿”“牵手差错思且行，前方自有新风景”。如果错误悄悄出现了，老师让学生想象一张图或实际画一张图，这样多数错误就能由学生自我纠正了。让学生的思维看得见、摸得着的一种重要方法就是借助几何直观，画图可以为教师提供走进学生思维的窗口，提供如何更好地帮助学生沿着一条学习途径实现有效率地解决问题的信息。教学中从一维图到二维图，简单明了的解释了 $4^2+2^2<6^2$，为中学学习完全平方公式打下基础。从关注答案的对与错到错误答案的自主修正，从哪错了、为什么错并改正它，学生的元认知机能提高了，学会了提出问题、批判性思考、反思和评价自己的学习、阐释自己的观点、理解他人的看法……从误解走向理解，从化错到化人，有效落实了立德树人的学科要求，提高了学生发现问题、提出问题、分析问题和解决问题的能力。

思考，从封闭走向开放

“教是为了不教”。当前，课改进入立德树人、培育学科核心素养的关键期，课堂在静悄悄地发生改变，课程也随之发生静悄悄的变革。华老师的课不避讳出现差错，相反由于错误而精彩，老师和学生正确面对这些差错，从差错中悟出道理、有所收获，课才更有思考的味道。华老师说："差错的价值并不在于差错本身，而在于师生从中获得新的启迪。"启迪何来？启迪来自思考，在问题解决的过程中启发学生的哲学思考，将其与知识联系结合起来，从而弄清楚事物的含义，丰富学生的数学情感体验，关注学生的数学体验。从一维到二维、从"圆的面积大小问题"到"比萨是有厚度的圆柱体积大小"再到"喜欢吃比萨的翻边周长问题"又回到"面积或体积问题"，教师设计巧妙，让学生在学习过程中一题一得、得得相连。学生的学习应该从封闭走向开放；学生的学习应该具有敏锐的洞察力，有缜密、灵活地处理事情的能力，有自我评估、解释和评判的能力、更有举一反三、认知迁移的能力。随着学习化社会的到来，学生的学习体验应置于一定的社会、经济和文化背景之中，着眼营造有利于人的全面发展的育人氛围，实现"前方自有新风景"的人的发展，这是教育和文化的最终目标。

还有一次，我在首都师范大学上课，师父华老师忽然在工作室群里留言：明天我将上2019版"阅兵中的数学故事"，有空的小伙伴欢迎前来听课研讨。这是一节六年级"综合与实践"领域的课，以建国70周年阅兵式为背景，是纪念9月3日抗战胜利阅兵式课例的升级版。我对于华老师不断叩问数学教育的树人情怀，追寻培养什么样的人的哲学视角感到由衷钦佩。华老师给予学生充分的时间和空间，经历师生对话、数学思考、走向理解、文化拓展、情境模拟等过程，串联起"为了神圣的那一刻""为什么是6米""如果我来解说东风－41"三个数学故事，展示出"心中有数"的学科育人理念。以下是我整理的课堂教学片段和听课感悟：

对话中有数

课堂片段1：为了神圣的那一刻

（课前观看阅兵式。）

师：看过阅兵式吗？你觉得怎么样？

生：美、整齐、震撼……

师：今天我们走进阅兵中的三个数学故事："为了神圣的那一刻""为什么是6米""如果我来解说东风－41"。如果要解决"海军方队通过检阅区需要多少时间"，需要哪些条件？

生1：速度、路程。

生2：检阅区的长度，方队的长度。

师：同意吗？检阅区的长度是天安门前东西两个华表之间的距离，有谁知道长多少？

生：96 米。

师：为什么要知道方队的长度？

生：方队一共走过的路程等于检阅区的长度加上方队的长度。

师：那为什么要加上方队的长度？

生：因为从第一排开始到最后一排完全通过，方队才算是通过了检阅区。

师："完全通过"这个词用得好，相当于以前学过的什么问题？

生：火车过桥问题。

师：火车过桥问题要知道桥的长度和火车长度，这里方队的长度就相当于什么？

生：火车长度。

师：学习就是把新问题转化为我们熟悉的问题。

师：现在我们知道要求方队通过时间，需要知道方队的长度。那方队的长度到底是多少呢？这里是我收集到的原始数据：将军脚尖到第一排脚尖的距离为 6 米，后面 14 排都是前一排脚跟到后一排脚尖的距离为 0.9 米，脚长为 0.3 米。

师：可以算出方队多长吗？可以用计算、画图等策略进行解决。

生：独立思考，并找好朋友交流解题思路。

师：谁能说一说你是怎样想的？

生：6＋14×0.3＋(14－1)×0.9……

师：谁理解这个算式的意思？

生：我是借助线段图来理解的，我把方队分成三类，将军脚尖到第一排脚尖是 6 米，14 排的脚长为 14×0.3，14 排有(14－1)个间隔，总长度就是把这三部分合起来。

师：有没有不同意见？为什么要减 1？

生：我把它转化成植树问题，间隔比棵数少 1。

师：这样算下来，方队的长度是 21.9 米。方队行进速度呢？问别人还是自己研究？

生：自己研究。

师：妙！士兵每分走 112 步，每步 75 厘米。你能求出速度是多少吗？

生：112×75÷60＝140（厘米/秒）。

师：高铁速度为 250 千米/时，请算出是多少米/秒。

生1:0.069米/秒。

生2:69.4米/秒。

师:哪个对?为什么?

生:1秒才走0.069米,那不是蜗牛吗?与现实不符,他把千米当成米了。

师:现在你能计算出通过检阅区的时间吗……

【片段赏析】史宁中教授曾说过:"数学教育的目的是学生通过学习会用数学的眼光观察世界;会用数学的思维思考世界;会用数学的语言表达世界。"这也是数学学科核心素养的表达。"阅兵中的数学故事"告诉我们数学课可以从教科书跨越到现实生活,可以在现实生活中选择合适的素材供孩子们学习,密切联系现实生活开展教学设计,从封闭的教科书和教室走向开放的现实生活,启发学生思考数学问题。"阅兵中的数学故事"还告诉我们:心中有数,无限美好!眼中有人,万分美好!这里的"数",不仅是数字、数学,更重要的是数学活动、数学思维、数学意识、数学品质、数学理解、数学精神和思想方法……这里的"人"不仅是当下的学生个体,更重要的是人的素养和发展、全面人、理性人和未来人……在华老师的眼中处处有数学、处处是数学。聚焦"方队经过检阅区需要多少时间"这个现实问题,学生抽取数学元素、提取数学信息:方队的速度、长度以及检阅区的长度。在问题解决过程中,华老师给予学生充分的时间和空间,允许学生尝试、甚至犯错,不断积累解决问题的经验,培养学生发现问题、提出问题、分析问题和解决问题的能力。全美数学教师协会认为,数学知识的客观性要求任何个人的理解只有获得共同体成员的认可才具有意义,而且,也只有得到共同体的认同,个人的理解才能获得进一步的发展。学生自觉运用画图的策略去分析数量关系,并在华老师"独学而无友、孤陋而寡闻"的鼓励下进行交流合作,达成数学理解。学生就是在交流、反思、讨论、修正、化错的过程中形成自己的数学理解。

对话中有美

课堂片段2:为什么是6米

师:理解了几个常见的速度,又计算出通过检阅区的时间,我还发现一个问题,将军和第一排的距离为什么是6米,而不是7米或其他距离呀?和每步的长度有关系吗?

生:6米是75厘米的8倍,正好是8步。

师:这有什么妙处呀?

生：间距 6 米，将军踩在线上，走 8 步，第一排也正好能够踩到线上。

师：让我们一起来看看。（出示视频）

生：哇！

师：奥秘在于起点，“数”背后有秩序美，正如一位哲学家说过：哪里有数，哪里就有美……

【片段赏析】爱因斯坦曾说过：“旧学校给学生太多的好胜心，却很少培养学生的好奇心。”学生都有接触新事物的倾向，寻求着新的事物，并且不断主动扩大经验的范围。这些就是好奇心。好奇心和疑惑都是科学和哲学的创造者。学生的头脑不是一个等待填满的容器，而是一只等待燃烧的火把。《课标（2011 版）》对“综合与实践”有这样的描述：“综合与实践是一类以问题为载体，以学生自主参与为主的学习活动。”华老师在这节课中借助阅兵情境提出了“为什么是 6 米而不是 7 米”“我不说谜底，你们自己想！”“阅兵中的数学故事，心中有数更加美好”等一系列的引导和启发，培养的是独立思考和独立判断的总体能力，而不是获取特定数学知识的能力。为什么是 6 米？从思考到计算再到视频画面验证，发现数学的秩序之美、精确之美。正如伽利略所说：“数学是上帝的语言。”同学们的一句“哇”，发现了生活中的数学之美，而这种美的创生和发现都离不开数学眼光。

对话中有人

课堂片段 3：如果我来解说东风—41

出示视频：东风—41 视频。在受阅地面方队压轴的战略打击模块中，首次亮相的东风—41 核导弹方队彰显了我国最先进、最具有威慑力的重要地位。东风—41 洲际战略核导弹是我国战略核力量的中流砥柱，是战略制衡、战略慑控、战略决胜的重要力量……

师：这次阅兵式还展示了大国重器的威力，这就是中国先进洲际核导弹东风—41，有人知道它的速度是多少吗？

生：我课前查到的数据是 3 万千米/时。

师：地球的赤道大约多少？

生：4 万千米。

师：也就是 1 小时多就可以绕地球赤道飞行一周。北京到华盛顿的距离大约 1 万千米多一点，如果进行核防卫，需要多长时间？

生：20 分钟左右。

师：你能计算出它每秒飞行多少米吗？

生：8333.3 米/秒。

师：飞机的速度大约是 800 米/秒，比较一下东风—41 和飞机、高铁的速度，你有什么体会？

生：哇，太快了！

师：请再思考一下，请你来解说东风—41，你能一个接一个地报数据吗？解说需要考虑什么条件？

生：语速、东风—41 通过检阅区的时间……

【片段赏析】德国文化教育学家斯普朗格认为："教育绝非单纯的文化传递，教育之为教育，正是它是一种人格心灵的唤醒，这是教育的核心所在。"华老师始终把"立德树人"作为学科教学的根本任务，在东风—41 原文介绍的时候，华老师特别说明是防御速度 3 万千米/时，渗透爱国主义教育和不称霸不扩张不结盟的中国声音，跳出数学教育进行学科德育育人。在教学过程中，将"学为中心"的教学理念体现得淋漓尽致：以学生和学生的学习活动为中心，教师的教服务于学生的学，充分突显学生的学习主体地位。教师和学生的关系不再是以知识为中介的主体对客体的单向灌输关系。华老师和学生是一种教学对话关系，对话过程中呼唤人的主体性，尊重人的生命意义和价值。华老师基于学生已有的认知及经验，给予学生更多自主建构和体验的机会，开展思维性学习活动，进行情境预设，通过"如果你是主持人，你会怎样进行解说东风—41"这一开放性问题的交流，为学生的探究、反思、表达提供土壤，关注学生数学能力的培养。教师传递给学生的不再是静态封闭的知识，而是动态、开放的数学能力。这种能力在学生离开学校后最终能剩下来、带的走、可再生，这种能力对现代公民的生存生活不可或缺，是在数学活动中通过对数学知识的自主探索和创造中而发展起来的。在数学知识的积累，方法的掌握、运用和内化的过程中，学生以数学的视角去发现问题、用数学的思维去分析问题、用数学的方法去解决问题。

数学教育什么、教什么和怎样教、学什么和怎样学等一系列的问题都值得我们去再思考，在思考中不断提升我们的课程观、教学观、目标观和学生观……

习总书记说："一个人遇到好老师是人生的幸运"。在专业成长过程中，除了师父华应龙老师、我还遇到过许多好老师，他们给我引路，为我点灯。江苏省特级教师，苏州市教育名家朱红伟老师就是我众多师父中特别的一位。虽然没有正式的拜师仪式，但是他总是帮助我、鼓励我、启发我，逐步把我引进教书育人的神圣殿堂。

主体性思维的局限

有一次，朱老师听了我一节“树叶中的比”，这是一节“综合与实践”领域的数学课。备课时，我多次问自己：这节课的教学目标是什么？如何达成显性教学目标的要求，即基础知识和基本技能？如何达成隐性教学目标的要求，即以知识技能为载体，培养学生的数学素养和非智力因素？我制定活动规则，学生依照我的规则而行动；我选择学习内容，学生适应学习内容，教学过程环环相扣、行云流水，达成了我课前设定的“刚性目标”。正当我感觉良好时，朱老师严肃地对我说：“教学过程可不能是教师一人的独白、设计和控制，否则教学活动就是在这个早已有了结论的完美设计中按部就班地进行流程，这样的教学‘过程’只能是‘流程’，而不是‘生成’，更不是‘生长’。你的课堂教学思维是典型的实体性思维，把知识当成客观存在的真理，教学就是带着学生学，是纯粹的求知活动。典型的实体性教学主要表现在：教师教，学生被教；教师问，学生答；教师作出选择，学生被选择；教师作出行动，学生通过教师组织的活动而行动；教师确定教学内容，学生适应教学内容……对于教师来说，高明的教学艺术应该从实体性思维走向生长性思维，即知识的价值不在于给人现成的东西，而在于提供不断创造的生长点。对于学生来说，学习不再是被动的接受，而是通过师生、生生、师生与教材文本之间的交往和互动，达成师生对话、合作，是思维碰撞之中的知识生长。”从朱老师的话语中我感悟出：知识的价值不在于给人现成的标准答案，而在于给社会的未来主体（学生）不断创造生长的机会，包括数学知识、数学人文与数学精神的生长。我们常常说学生是学习的主体，学生的主体性在于享有充分思考、表达的机会和权利。数学教师应该通过开展积极、平等的对话，调动学生的积极性，有效激活学生的数学思维。朱老师又提出他的导入改进建议，比如在“树叶中的比”这一教学案例中，我们可组织学生欣赏一组同学们画的柳树树叶，启发学生为什么有的柳树叶画得非常像？有的又不像呢？原因在于所画的柳树树叶长和宽的比是否接近真实树叶长和宽的比，为第三学段“相似比”知识的学习进行铺垫。听完建议，我感叹道：“我怎么没有想到”“我怎样才能想到”等问题。

生长性思维的表达

朱老师的话使我对数学教学、儿童和发展有了更清晰的认知，正如古罗马教育家普鲁塔克所说：“儿童的心灵不是一个需要填满的罐子，而是一束需要点燃的火把。”教师要善于多层次地解读教材，由易到难、由浅入深，把握教学内容的显性目标和隐性目标，目标清晰准确，并品读出数学知识之间的联系和区别。数学知识的教学,要关注知识的“生长点”与“延伸点”,注重知识的建构和生长过程,把相对独立的数学知识点置于数学知识发展史与整体知识体系中,使局部知识与整体知识建立勾连关系,引导学生把握知识的整体性与结构性。著名儿童心理学家朱智贤认为:“小学生思维是由具体形象思维逐步向抽象逻辑思维过渡的转折时期。”在实际教学过程中,我们要借助动作直观或文字直观或图形直观的形式,充分考虑学生的认知发展水平和已有经验,从简单到复杂,从具体到抽象,由扶到放再到收,不断完善富有层次性的数学课教学。数学教学除了符合学生的认知顺序之外,我们还必须考虑数学知识的顺序,不断促进儿童发展。我们要遵循循序渐进与促进发展相结合原则,这一原则是指教学既要按照学生身心发展及学科知识演进顺序进行,又要尽可能地促进每一个学生的发展,正确处理学生现有的发展水平与可能发展水平之间的关系。要正确认识和科学评估学生现有发展水平及其潜在的发展可能,科学合理地组织教学。

实体性思维向生长性思维的转变

如何培养生长性思维,着眼点在于改变我们的教学设计观、教学师生观、教学目的观和教学评价观。朱老师给予了我细微的指导,并对我讲解了三个原则:为学而选、为学而教和为学而评。

为学而选,是在教材处理上我们要注重有效性、整体性和丰富性。生活中有教育,我们可以从生活实际中选取合适的素材供学生学习,并使学生的课堂生活与实际生活状态相一致。教学资源的选择应简洁、丰富,使各类资源形成一个有机整体。在教学过程中,我们要关注教学环节的整合,切忌重复。如在新授部分倡导简洁;在练习部分提倡素材的丰富;又如在“统计与概率”领域,我们选择身边的生活素材,让学生整体经历收集、整理、描述和分析数据的全过程,体会到统计的价值,在激发统计需求的基础上感悟统计思想方法。

为学而教,是在教学方式的处理上,把握直线推进和螺旋上升的尺度。如果是陈述性知识则采用直线推进的方式;如果是程序性知识则采用螺旋上升的方式。我们要思考知识的“生长点”和“延伸点”在哪里。教学中的行云流水和磕磕绊绊,哪一个更有利于教学?如何在教学过程中制造思维冲突来触发学生的数学思考?这些问题朱老师一一抛给我,并与我进行了深层次的交流。

为学而评,主要探讨课堂教学评价。朱老师特别提到如何进行课前交流、课中过渡以及课后总结?他把多年听评优课的心得和我一起分享:现在很多课堂常常以“同学们,通过学习你有什么收获”为结束语。他给我算了一笔账,作为评委老师,一天听十几遍都会产生乏味感,作为学生,年年岁岁每节课都以“你有什么收获"来结束,会不会更厌烦?他提出总结也要有数学味道,逐层逐步进行课后小结,形式可以多样,如一个综合性问题的解决。

"为学而选、为学而教、为学而评"三个原则告诉我教学应从关注教师的教走向学生的学;从关注教师的独白走向师生、生生的对话;从关注实体性思维到生长性思维的转变。

朱老师的这些话一直深深地影响我,改变了我的教育目的观、过程观、师生观和评价观。在20多年的教学经历中,朱老师的鼓励和引领使我从一名师范生成长为一名教育学博士;从一个初级教师成长为中小学高级教师;从一个乡村教师成长为骨干教师、一所外国语学校校长。

另外全国特级教师、南京市长江路小学校长周卫东老师的教学主张"为品格而教"也深深影响了我。

2017年11月,我有幸聆听了周卫东老师的一节五年级数学课——"分数的意义"。分数的意义是小学数学十分重要的内容,也是学生对数的认识的一次重大飞跃。认识分数在小学阶段主要经历3个阶段:二年级"平均分"的学习;三年级分数的初步认识,把一个物体或者若干个物体组成的整体平均分成几份,用分数表示其中的一份或几份;五年级分数的意义,包含部分和整体的关系、分数单位的认识及分数是分数单位的累计、分数与除法的关系、集合与集合中元素之间的倍比关系等4个方面。教学过程中,周老师不断点拨追问,给予学生充分的时间和空间,经历回忆、比较、辨析、变式等过程,循序构建"分数的意义",培养学生分析、综合、抽象、概括的能力,以此发展数学思考。正如周老师所说:"高观点立意,小口径切入。"好课只有细细咀嚼,方能品出独特滋味。

高观点关注以学生为中心

教学设计体现"学为中心"教学理念:以学生的学习经验及学习活动为中心,教师的教服务于学生的学,突出学生的学习主体地位。周老师基于课程内容标准和学生已有经验,按照学生的认知规律包括年龄及成熟程度进行教学,从顺应教材原有编排的内容结构走向基于学生发展的数学思考,整体思考与设计教学。

儿童被看作是由目标指引、积极搜索信息的行动者,他们带着丰富的先前知识、技能和概念进入课堂,而这些已有的知识极大地影响着儿童对周围环境的关注以及组织环境和解释环境的方式。学生带着分数的前概念进入课堂,教师如果忽视学生对分数的初始观念、观点,他们获得的理解可能与教师预期的想法大相径庭。如果学生的初期理解没有被卷入其中,那么他们也许不能掌握所教的新概念和信息,也许会为了考试的目的而学习知识,但仍会回到课堂之外的前概念。基于学生对于分数已有了初步的认识，课的一开始，周老师唤醒学生的已有经验，请学生画一张图来表示$\frac{3}{4}$的含义，画分数的过程有效地唤醒了学生对分数的认识，来源于学生的分数作品点燃了学生探究新知的学习欲望。在师生共同欣赏分数作品的过程中，对于$\frac{3}{4}$的不完整表达(如图 1)，由学生上展台修改(如图 2、图 3)。首先，通过画圈，让大家更容易看出单位“1”，然后增加 2 条虚线，让我们一眼看出平均分成 4 份。教师帮助每个学生对于“研究分数的过程中，前提是要平均分”

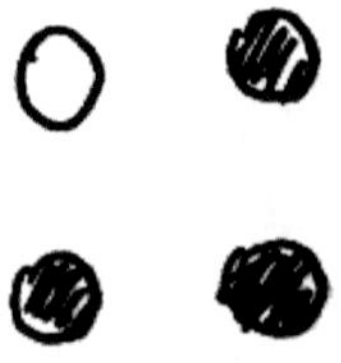

图 1

图 2

图 3

达到更成熟的理解程度。建构主义认为不管如何教一个人，所有的知识是基于已有的知识建构起来的。许多证据表明，如果教师将学习者带到已有知识和观念的学习任务中，将这些知识作为新教学的起点，并在教学过程中监控学生概念的转化，那么就可以促进学习。比较三幅作品，画法不一样，却都能表示四分之三。这一过程凸显出只要“把 1 个整体，平均分成 4 份，取其中 3 份”就能用分数$\frac{3}{4}$表示。师生在欣赏分数作品的过程中，学生产生浓厚兴趣，积极合作，主动探究对$\frac{3}{4}$这一特殊分数的理解，从一个图形、几个物体组成的一个整体、一个计量单位迁移到单位“1”，从$\frac{3}{4}$的意义到具体情境中多个分数的意义，最后抽象出分数的意义，培养学生的抽象概括能力，发展学生的数学思考能力，充分体现了周老师以学生为中心，以学生的经验为中心，以学生的活动为中心的教学设计理念。

高观点倡导对话教学方式

教师和学生的关系不再是以知识为中介的主体对客体的单向灌输，不再是“教师选择内容，学生适应学习内容(没人征求其意见)”的规训关系，而是一种教学对话关系。教学过程被看作人和文本、教师和学生、学生和学生之间的对话。现代教育观的教学，把教材看作对话的“文本”，教学就是人与文本的对话，包含师生和教材、教师和学生、学生和学生的对话，在对话中学习。通过对分数的意义进行整体分析与重构，学生可以把握数学结构，打破按部就班的传统教学方式，实现“用教材教”而非“教教材”。周老师针对学生充满好奇的心智特征，教学设计立足于学生心智发展需要和认知发展水平，对教材资源进行开发、利用、重构及整体设计，满足学生数学思维发展的需要，设计灵活多样的教学对话，尊重个体差异，避免“一言堂”和“满堂灌”。

在教学过程中，周老师设计了一道发展学生求异思维的练习题(如图 4)：

练一练

阴影部分占单位“1”的几分之几?

(请你先分一分，再用分数表示出来。)

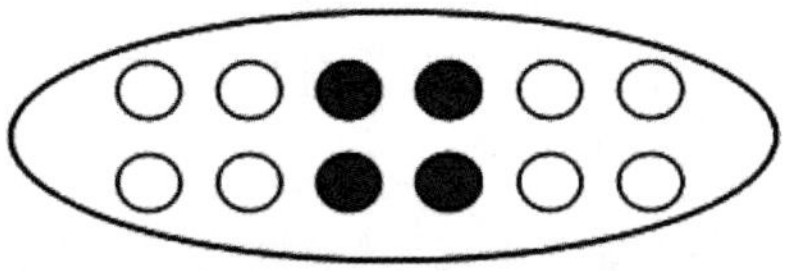

图 4

单位“1”有 12 个圆片，其中有 4 个圆片涂了颜色，请同学们先分一分，再用分数表示出来。这一练习促成教师与学生、学生与学生、学生与分数文本的多层次对话。可以是“把单位‘1’平均分成 3 份，涂色部分表示其中 1 份，就是$\frac{1}{3}$”，也可以是“把单位‘1’平均分成 6 份，表示其中的 2 份，用$\frac{2}{6}$表示”，还可以是“把单位‘1’平均分成 12 份，表示这样的 4 份，就是$\frac{4}{12}$”。随后在第二次“变与不变”的对话中感悟到：同样的单位“1”，不同的分法就能得到不同的分数；分的份数越多，每一份代表的数就越小；阴影部分没变，三个分数的大小相等……既有学生和练习文本的对话，又有学生和学生的思维对话，还有教师和学生的对话，更有学生与自我的思维对话，通过对话过程，丰富了对分数意义的理解和掌握。

高观点追求概念理解目标

美国教育家布鲁纳认为：不论教什么学科，都必须使学生理解学科的基本结构，即各门学科的基本概念、基本原理以及它们之间的联系。高观点下的教学设计不仅需要了解数学内容本身，还需要了解数学学科的内容结构。周老师根据学生的实际学情，基于“高观点”整体教学视角，研读课程、学段、年级、单元、课时等不同层面教学资源，分析教学内容及价值，重构教材编排。教学设计的出发点是班级实际学情，包括学生的知识背景、生活经验、年龄、心理特征和学习的需要等，凸显分数的意义结构性、整体性和连续性。课堂的着眼点是分数的意义，观点却是数学模型和数学思想，把数学的两个基本对象“数”和“形”有机结合起来。如表示圆形、4 个圆形和一个计量单位的$\frac{3}{4}$，12 个圆形的几分之一或几分之几，16 个圆片的几分之一等过程，建立和丰富了分数概念模型，同时渗透了数学的结合思想。在建立分数模型的过程中，分数的意义在知识技能、数学思考、问题解决和情感态度等方面建立知识结构的横向联系；在知识技能方面，分数的意义得到进一步扩展，在分物活动、具体测量等情境中用分数刻画现实生活现象；在数学思考方面，抽象的分数意义使学生的数学思维能力有更大的发展空间；在问题解决方面，分数既能表示部分与整体的关系，又能表示分数是由分数单位累计的数（课后我问周老师，为什么这课的教学内容没有涉及分数单位这一内容，他表示应用一节课教学分数单位，从度量角度进一步丰富分数的意义），学生在构建分数模型的过程中进一步提高分析、综合、抽象和概括的能力；在情感态度方面，对分数的意义、价值、性质的探究有更深刻的理解和体验。

周老师的教学设计关注学生的数学理解及程序流程，关注学生的思维方式，利用已有内容生成或揭示有意义的事情，即利用已有的知识经验去发掘事实和方法背后的含义并谨慎地加以运用，重组单元内容、重构教学内容体系，勾连学科的基本概念和原理，指向数学理解的教学设计。

通过教材内容分析，可以发现分数意义有两个维度，一个是作为“一种数”，它指的是一个结果，可以参与运算；另一个是作为“以比的形式出现的数”，它指的是部分与整体之间、集合与集合中元素之间的比率关系。从这两个维度进一步分析，分数主要有四个具体方面的意义，即比率、度量、运算和商。首先是“比率”，它是指部分与整体之间、集合与集合中元素之间的比率关系，在直观认识分数的基础上形成分数的概念；其次是“度量”，它是指将分数理解为分数单位的累积，教学中以分数单位为生长点，从真分数迁移到假分数，教学真分数和假分数，联系整数或带分数感受假分数的数值；再次是“运算”，它是指将分数的认识转化为运算的过程，如 16 个圆片的$\frac{3}{4}$是多少转化成 $16\div4\times3$；最后就是“商”，它是指分数转化为除法之后的一个运算结果，在分数与除法之间建立联系。

本节课主要是分数的比率意义，周老师将在后续教学中教学度量、运算和商的分数意义。同时，本节课的教学过程中也渗透了“运算”的意义，如 10 个圆片的$\frac{1}{5}$是 2 个，6 个圆片的$\frac{1}{3}$是 2 个，把 16 个圆片都摆在一起成为一个大的单位“1”，请学生取圆片，问打算取几个，是 16 个圆片的几分之一。这一开放性练习采用学生喜欢的游戏方式，激发了学生学习分数的兴趣与热情，提升了学生对分数本质的认识：把“单位‘1’平均分成若干份，取这样的一份或几份，可以用分数表示”，而且第三次辨析“什么变了，什么不变”，在“变与不变”中凸显分数比率关系意义的本质。

将“冰冷的分数意义”化作“火热的数学思考”，离不开周老师高观点视角的教学设计和充满智慧的师生对话与课堂组织。以学生为中心、倡导对话方式、追求概念理解等体现出周老师先进的教学理念和精湛的教学艺术。

四、从教学研究走向学校管理

作为山东省济宁市高新区蓼河新城外国语学校的校长，同时在首都师范大学教育学院攻读学校课程与教学论专业教育博士，又兼任了一个初中班级的班主任和一个班级的数学教学，我白天上课加做管理、晚上备课加方案计划，每天都过得非常充实。在担任校长的过程中，我从思考教育教学到思考学校管理，尤其是在课后服务这一主题上进行了深入思考，写出了“英美国家课后服务的兴起、嬗变对济宁的启示”。

（一）课后服务兴起、嬗变及启示

课后服务是学校教育的一种延伸，是学生放学时间与家长下班时间发生错位，衍生出的对学生这一“空档期”的教育服务方式。“空档期”即“三点半现象”难题。“三点半现象”是随着社会变化和经济发展产生的，这一问题的治理对社会稳定和学生发展具有重大意义。

1. 英国中小学课后服务兴起之路

在英国，课后看护是指在放学后或是假期为 5—12 岁儿童提供安全的、具有创造性的活动环境。中世纪，英国课后看护就已出现，主要由教会与慈善等机构看护孤儿或残疾儿童。“二战”时期，劳动力需求巨大，妇女走出家庭参加工作，社会出现广泛的应用托幼服务。1998 年，工党政府推出儿童保育战略（childcare strategy），儿童保育被赋予更高的政策优先权，其核心理念是为学龄儿童提供能够负担得起的、适当的和优质的保育项目，帮助父母平衡工作和家庭生活的矛盾。儿童保育战略的关键部分是提供校外看护(out of school care)。英国政府又在2002年专门设立"确保开端办公室",统一负责儿童早期教育、保育以及确保开端项目的相关事宜。至此,学前教育阶段儿童的看护和教育基本走上了一体化的道路。《儿童法案》(Children Act 2004)和《儿童保育法案》(Childcare Act 2006)的出台,强调了由相关部门、机构、人员通力合作,提供整合式的儿童课后服务。

英国课后看护服务主要包括以下五大类:第一类,全日托育服务(full day time),主要由全日托育中心负责组织,也有一些其他参与机构,如日间托育所、儿童中心与部分家庭中心。第二类为部分时段托育服务(sectional day care)。第三类为临时托育(creches),提供暂时性托育服务。第四类为课后照顾(out of school care),为儿童提供课前、课后、放学后和放假期间的日间照顾,期间每日必须超过2小时。第五类为居家保姆(Child minding)。根据英国1989年《儿童法》规定,保姆必须到地方政府申请登记,并符合其准则及附带款项的要求。

在英国,学校是课后服务的核心力量,48%的机构将课后服务地点设在公立学校内,服务场所也有可能是社区中心或托儿所。除了服务类型和服务场所的多样性外,英国课后服务的时间也尽可能兼顾所有的家庭需要,覆盖全年,包括上学前、放学后和假期,家长可在非学校上课时间之外根据自己的需求灵活选择。

2. 美国中小学课后服务嬗变发展

随着社会经济的高速发展带来家庭结构的变化,"1950年,美国有56%的家庭保持父母中有一人居家的传统生活方式,有充裕的时间照顾孩子。到20世纪90年代,这一数字却降低到了25%"。同时,工作时间进一步延长,"从1960—1998年,美国人的平均工作时间增加了7.9%"。对未成年人而言,课后无人看管的时间潜藏着巨大危机。"华盛顿特区'打击犯罪,投资孩子'组织在2013年的报告中指出,下午3点到6点是青少年犯罪和吸毒、酗酒、吸烟及发生性行为的高发时期"。意识到学生课后无人管理的潜在威胁,许多有识之士提出组织课后服务,促进学生个人发展和社会进步。克林顿政府提出"21世纪社区学习中心"(21st Century Community Learning Centers)计划,宣称"我们必须让每一个孩子放学后均有一个安全而且对其身心有益的去处",并在1999年度财政预算提案中提议在5年间为课后教育计划增加8亿美元经费。自此,美国中小学课后教育在全国发展起来。

经过多年探索,美国形成健全的课后服务保障机制。首先,通过立法、制定计划、提供资金保证课后服务的制度化和常态化。基于《不让一个孩子掉队法案》(No Child Left Behind),2015年奥巴马政府签署了《让每个学生成功法案》

(Every Student Succeeds Act)，强调要关注儿童的全面发展，根据地方计划和需求支持学校教育，包括课后教育和暑期学习机会等。其次，公私立学校、俱乐部、宗教组织等多元主体参与课后教育。通过调查，2014 年"43%的课后教育项目由公立学校提供，18%由男孩女孩俱乐部 (Boys & Girls Clubs)提供，15%由基督教青年会(Young Men's Christian Association)提供，11%由私立学校提供，7%由图书馆提供，3%由科学中心与博物馆提供"。再次，课后服务内容和形式丰富。美国 80%的课后教育项目包含体育活动，77%包含家庭作业辅导，72%包含小吃、饮料等饮食服务，72%包含阅读和写作活动，69%包含 STEM(Science, Technology, Engineering, Mathematics)教育，65%包含学术项目或学术社团，63%包含音乐或艺术活动，46%包含劳动技能发展(如合作能力、领导力和批判性思维的培养)，45%包含亲子活动。最后，课后服务有专门机构进行监督评估。课后联盟(Afterschool Alliance)的定期评估促进课后教育的品质提升。美国课后联盟作为无党派非营利的教育组织，2000 年由默特基金会(Charles Stewart Mott Foundation)、美国教育部 (the U. S. Department of Education)、杰西·彭尼股份有限公司(J. C. Penney Company, Inc)、娱乐产业基金会(the Entertainment Industry Foundation)和创意艺术家基金会(the Creative Artists Agency Foundation)等资助成立，旨在促进地方、州、联邦的课后教育系统发展，为扩展优质课后教育发声。

3. 英美国家课后服务政策对济宁的启示

英美两国课后服务的产生背景与我国相似，都是由于社会经济发展和城市化进程的提高，双职工家长的下班时间与孩子的放学时间不一致，尤其是外来务工人员，在接送孩子在时间和人力上存在困难，推行课后服务是维护社会稳定和促进学生发展的有效途径。英美两国课后服务实施与发展对济宁有以下四点启示：

(1) 建立课后服务保障机制

中国为开展课后服务在"资金来源、举办主体、服务内容、监管评估"等方面提供了法律保障。2017 年 3 月，《教育部办公厅关于做好中小学生课后服务工作的指导意见》提出，充分"发挥中小学校课后服务主渠道作用"，在家长自愿的原则下，开展包括"安排学生做作业、自主阅读、体育、艺术、科普活动，以及娱乐游戏、拓展训练、开展社团及兴趣小组活动、观看适宜儿童的影片等，提倡对个别学习有困难的学生给予免费辅导帮助"等多项服务与活动。2019 年 5 月，山东省教育厅联合发改委、财政厅、人社厅等 4 部门出台《关于全面推进小学课后服务工作的指导意见》(以下简称《意见》),《意见》指出:9月底前,全省小学课后服务全面开展,对有需求的小学生进行全面保障,坚持“政府主导、学校主体、社会参与、学生和家长自愿参加”的原则,按学校组织、班级汇总、统筹分组的方式,正常放学后家长无法及时接送,对托管有刚性需求的小学学生家长提出书面申请,由学校根据场地、师资、学生家庭距离、家长实际工作和接送等情况开展课后服务。目前,济宁各区县很多学校都开展了课后服务,举办主体和服务内容(学校主要是起看护作用)得到保障。但课后服务实施一学期,由于收费的敏感性,学校没有收费,课后服务在实施过程中遇到很多困难。保安保洁等后勤人事成本、水电费成本、固定资产采购与维护成本等占据很大一部分支出,导致办学经费紧张。经费紧张不利于课后服务的健康、稳步和常态化发展。一方面缺少适当的收费标准,收费过高给家长造成经济负担,过低则家长对课后服务的质量产生怀疑;另一方面各个学校也没有发放课后服务加班费的标准。合理支付教师课后服务报酬有利于课后服务的可持续性发展。如果课后服务只是一味地依靠学校教师的自觉性来实施,这项工作就缺乏可持续、常态化机制。由于课后服务不属于义务教育时间,故课后服务成本应由政府、社会和家长共同承担。各级政府要将课后服务列入年度经费预算,本着“财政性补贴、服务性收费、社会赞助”的原则多方筹措经费,评估课后服务成本,吸引社会资本捐助,鼓励社会参与、积极捐赠,以减轻家庭与政府负担。同时,由政府确定家长承担比例,应多部门协作,由市或县发改委会同教育局充分听取社会和家长的意见制定收费标准,贫困学生家庭全部免费。当然,经费运行方式可以多样化,可借鉴美国经验,成立家校委员会,设立独立账号,由家校委员会决定课后服务的经费收支和运行方式等。

(2) 拓宽课后服务参与主体

美英两国课后服务充分利用学校的管理、师资、场地、资源等优势,以学校为主渠道:英国48%的课后服务在学校,美国43%的课后教育项目由公立学校提供。美英两国也鼓励社会力量积极参与,发挥日间托育所、儿童中心、男孩女孩俱乐部和私立学校等社会力量,促进服务主体的多元化。由于学校具有教育、看护、救助等多种功能,在管理、师资和场地等方面具有优势便利条件,故学校理应且有能力承担起课后非义务教育的社会服务重任。中小学生课后服务分为校外课后服务和校内课后服务。校外课后服务是指在非教学时间段提供接送、用餐、休息及课业辅导等服务,即离开学校参加的服务,这类是营利性的、有收费的(多为校外机构提供的有偿服务)。校内课后服务是指在学校内的非教学时间段开展形式多样的学科辅导、兴趣爱好活动等。校内课后服务一定要坚持自愿、公益和非营利性原则。政府要鼓励社会力量参与课后服务，比如“购买社会服务”、整合各类培训机构提供“看护功能”。学校采用“招投标”的方式，与通过教育局审核认证有资质的社会培训机构合作，整合教师、教具、课程等资源，在放学后、寒暑假进行课后服务合作，减轻家长的经济压力，提高课后服务质量。在举办主体上，政府可进一步拓宽路径，出台相关指导意见，充分拓展校外服务的可能与空间，探索更多的课后服务对策。至 2016 年，全国各类校外活动场所共 15337 所，形成了国家、省、市、区县和乡镇街道五级校外活动场所网络。但这些校外活动场所的使用率和使用效果与场所的发展形成强烈反差。因此，需要调整不适宜推进学校提供课外社会服务的规定，提高校外活动场所使用率和使用效果，拓宽课后服务途径，依托社会资源来丰富育人资源。

(3) 拓展课后服务课程内容

课程内容是实现课后服务价值的有效载体，科学规划内容是开展课后服务的重要环节。英美两国课后服务内容和形式丰富，有体育活动、家庭作业辅导、饮食服务、阅读和写作活动、STEM、学术项目或学术社团、音乐或艺术活动、劳动技能发展、亲子活动等等，这些丰富的内容给济宁市带来很多启示。服务课程可以有以下 4 个内容：一是人格课程，比如在 STEM、亲子活动、研究性学习中与人相处、团队合作，充分培养学生的理性精神、批判性精神等；二是智育课程，比如阅读与写作、学术项目等；三是审美课程，比如体育、音乐、艺术等；四是生活课程，比如劳动教育、亲子活动等。课后服务内容应具基础性、综合性、实践性和发展性等特点，既有基础性文化课，也有书法、绘画、STEM 等多样化的学习内容，适应学生未来发展和终生发展所需要的必备品格和关键能力。综合性和实践性的课后服务内容可以是研究性学习，它是指学生基于自身兴趣，在教师的指导下，从自然、社会和生活中选择和确定研究专题，主动地获取知识、应用知识、解决问题的学习活动。研究性学习强调学生通过实践，增强探究和创新意识，学习科学研究的方法，发展综合运用知识的能力。各种富有时代感的主题都可以不断渗透于研究性学习活动中：可以是自然科学类，即研究人与自然的关系，如数学统计在生活中的应用，环境问题、生态建设、新能源的开发和利用、动植物的保护问题等；也可以是人文科学类，即学习人类相关的人文科学与人类发展进步的关系；还可以是跨学科综合类，比如“经济＋生活”，即从科学与人文的角度研究经济生活的方方面面，如知识产权的保护、商品安全。应跨学科、跨领域综合设置学习内容，五育并举，培养学科素养和思想方法。

(4) 完善课后服务评估机制

美国课后服务由“课后联盟”进行监督、评估,促进课后服务的品质提升。国内各级政府一方面应确立课后服务评价标准,明确规定课后服务机构的标准与资格准入条件,对服务提供方的资质、人员、收费等进行规定和监督,充分保障学校与教师、家长与学生的合法权利。另一方面,应定期进行课后服务评估,建立由“学校、社会、家庭或第三方机构”组成的课后服务评估系统。开展课后服务的学校和机构,要建立健全课后服务安全管理制度,比如,安全问题一直是教育部门和课后服务主办单位关心的重大问题,一旦学生出现安全事故,是否有应急预案?是否定期开展安全演练?责任主体是谁?这就需要在日常监管的过程中联合教育、公安、消防、城管等多部门多管齐下,发动教师(包含退休教师)、家长志愿者、在校大学生等共同参与课后服务,共同解决这一社会性难题。提供课后服务的学校和社会机构应投保校方责任险,根据中小学课后服务需求,探索“综合意外、户外运动人身意外伤害、食品安全”等项目的新险种。同时,教育行政主管部门应对课后服务机构的资质、课后服务质量评价标准和教师资格标准定期进行课后服务的全过程评估反馈,建立动态调整和退出取缔机制,对服务质量低的机构、课后服务质量差的个人给予整改取缔。

总之,“建立课后服务保障机制、拓宽课后服务参与主体、拓展课后服务课程内容和完善课后服务评估机制”等 4 个对应策略,可以有效突破课后服务困境。社会和学校还需要在实践中不断探索多种途径,缓解课后服务带给家长、教师、学生和社会的压力,不断深化教育改革。

(二) 从惩戒走向教育

教育惩罚与惩戒一直是颇具争议的话题。因教师管教、“体罚”学生引起的家校纠纷时有发生。几乎所有事件发生后,舆论都会质疑教师的管教方式,要求严惩教师,加强师德师风建设,而广大教师则心生感慨,现在的学生真是“打不得”“管不得”。“惩罚”与“惩戒”到底有何不同之处?两者是如何界定的?教师是否有惩戒权?这些问题困扰着广大一线教师,为此,笔者查阅资料,以期找到“罚”与“戒”二者之间的区别。

1. 惩罚与惩戒教育观的两种表达

《说文解字》对“罚”与“戒”分别这样解释:“罚,罪之小者。从刀、从詈,会意。未以刀有所贼,但持刀骂詈则应罚。戒,警也。从廾持戈,以戒不虞。”由此分析,“罚”是一种行为和手段,如体罚、变相体罚等,强调了“罚”的教育行为;“戒”则是一种教育方式、手段和目的，即戒除、预防，强调了教育结果和目的的达成。

（1）传统教育观的惩罚

教育惩罚是指教师对学生的不良思想行为给予约束或否定性评价，从而促进学生身心健康发展的教育方法。惩罚会对学生的身心发展造成伤害。伤害身体、身心、精神的惩罚即“体罚”，这种惩罚不具备教育性。我国自古就有体罚现象，如“棍棒底下出孝子”“放下棍子，宠坏孩子”等就是例证，当下在中小学校仍然广泛存在，具有高频率、大强度、强偶发性等特点，且形式多样：有以“罚站、打手心”等直接伤害学生身体的形式；也有以“讽刺、漫骂”等侮辱学生人格为主的体罚形式；还有变相体罚，如罚抄、罚劳动等。传统的“教育惩罚”没有教育性，甚至是“反教育”，在以“教师、书本、课堂”为中心的传统教育下压抑了生命本真，奴役了学生的精神，使教育成为一种“规训”活动。

（2）现代教育观的惩戒

国外心理学家对惩戒进行了大量研究。桑代克、斯金纳等认为，惩罚本身不具有强化作用，只能削弱某种行为倾向，并不能使受惩罚者形成新行为。布鲁纳、班杜拉等认为，外部惩罚不可能自动地影响学习者的行为，而应重视其如何对行为过程的影响，只有当学习者将外部影响内化为内部的经验时，才能调控其行为。以杜威为代表的现代教育学派认为，教育即生长、教育即生活、教育即经验的不断重组和改造，以“儿童、活动和经验”为中心，倡导师生在民主、平等、尊重、包容和爱的氛围中进行对话，从“惩罚”走向“惩戒”。保罗·弗莱雷认为，教育过程中要以“挚爱、谦虚、信任、希望和批判思维”为基础和条件，否则就不可能产生本真的教育。教育惩戒是一种特殊的教育方式，其目的是为了学生的进步，教师常通过给学生身心施加某种影响而带来教育效果，使学生感受到对错、荣辱、愉悦、痛苦等，以督促其悔改，从而达到矫正的目的。国外较常用的惩戒方式有：言语责备、隔离措施、剥夺某种特权、没收、留校、警告、记入学生档案的处分等。

（3）惩罚与惩戒的界定

狭义的惩罚（体罚）与惩戒是有本质区别的：一是方式不同。惩戒是以提醒、警戒为主的一种不愉快感，可达到矫正作用；而体罚是以肉体上或精神上的痛苦为目的，对人的伤害程度较大。二是手段不同。惩戒是以对事物或活动的否定、限制、剥夺等可接受性的方式和方法，来使受罚者达到行为的可能变化，而体罚则是采取击打或者限制身体自由等强制性的手段，来使受罚者达到行为的可能变化。三是影响不同。惩戒是以不损害学生身心健康为原则的一种教育方式，是教师的职业权利之一，造成受罚者行为的变化，甚至心灵的可能转变，而体罚虽然可能引起受罚者行为的改变或限制，但对学生的身心却造成了伤害，是一种违法行为。

2. 教育惩戒的困境

当下，独生子女教育问题成为社会性难题，师生关系、家校关系相对紧张，教师不敢管、不好管、不能管的情形时常出现。经常有媒体报道学生在教室做与学习无关的事情，因此，有必要授予教师或学校教育惩戒权。教育惩戒权作为立法赋予学校或教师的权利，是国家教育权的具体化，具有典型的公法特征。2019 年 7 月，《关于深化教育教学改革全面提高义务教育质量的意见》的提出，保障了教师依法享有教育惩戒权。2019 年 11 月，教育部研究制定了《中小学教师实施教育惩戒规则（征求意见稿）》。惩戒权本应该是教师管理学生的一项正当权利，也是教师教书育人应尽的责任，然而这项权利却常得不到维护，反而陷入权利无法实现与责任不能推卸的两难境地。针对当前教育惩戒实施的困境，笔者分析如下：

（1）认知层面

首先，教师对惩戒权的错误认识，导致实施错位。由于教师缺乏相关的惩戒权法律概念，加上鱼龙混杂的社会媒体传播不正确的舆论导向，以及自身传统的惩戒观的理解与模仿，导致许多教师将惩戒权错误地等同于体罚权。

其次，随着基础教育改革的不断推进，民主、平等、和谐等成为构建新型师生观的主流词汇。在大力推崇“生本教育”“赏识教育”“激励教育”的背景下，教师轻视惩戒的价值及功能。

最后，家长、学生、社会人士以及部分教师担心“教育惩戒”被滥用、有副作用、不人道，因而对此不置可否；作为实践主体的学校和教师则担心“惩戒”不合法、不适当、被追责而犹豫不决。

（2）法律层面

法律层面的困境表现在缺乏对惩戒主体、方式、范围、地点、标准和实施细则等的相关法律规定。《义务教育法》《未成年人保护法》等明确了“禁止体罚或变相体罚学生，不得侮辱学生”等行为禁止性规定，以及“口头批评教育”等惩戒行为允许性规定。但相关法律只是在文字上简单描述禁止体罚或变相体罚，却没有进一步指出体罚和变相体罚的定义、具体的实施标准以及体罚、变相体罚与正当惩戒之间的严格界限。由于法律规定缺乏具体的参考性和可操作性标准，教师畏惧因惩戒不当会侵犯学生的合法权益，从而引起教育法律纠纷。

（3）社会层面

社会的高速发展、网络社会的兴起，导致社会信息传播更快、更加透明化，且成本较低。在社会舆论对教师惩戒的认知偏差以及部分媒体不实报道的推波助澜的联合作用下，教师惩戒权在行使上不堪重负。一些媒体对不实事件进行断章取义、大肆渲染，不分青红皂白就将矛头直指学校、教师，其中不乏为了博人眼球而做出颠倒黑白的报道，导致师生间矛盾日益凸显，形成向家长、孩子一边倒的舆论导向，教师处于较弱的地位。社会舆论对教师的偏见，使教师常回避正当的教育惩戒，放任学生的不良行为。

（三）时代转换：走出教育惩罚的对话方式

保罗·弗莱雷的革命性主张——对话教育被认为是教育走向解放的最终落脚点，是从"惩罚走向惩戒"的教育理念的时代转换。在保罗·弗莱雷看来，"对话"教育是一种比较有效的师生之间交流的方式。"真正的教育不是通过'甲方'为'乙方'（'A'for'B'），也不是通过'甲方'关于'乙方'（'A'about'B'），而是通过'甲方'与'乙方'（'A'with'B'）在一起，以世界为中介而进行下去的。"在这种新的"我和你"之间的"对话"教育方式下，"教师的学生"（students-of-the-teacher）和"学生的教师"（teacher-of-the-students）都将不复存在，新的术语即将出现："教师学生"（teacher-student）及"学生教师"（students-teachers）。这样，教师和学生不会简单地分开，他们相对于对方都是教师，也都是学生。教师不仅传授知识，也从学生中学习，在这种合作中和学生共同成长。"对话"教育方式下的师生关系是教师和学生站在平等的位置上进行平行交流，这种师生间双向性的互动交流是平等、真实、民主的交流。在这种"对话"中，师生双方"不再是强制的，不再是被操纵的，而是一种合作"。师生在民主、平等、宽容和爱的氛围里，通过言语、理解、反思等对话方式在经验中创生教育意义，提升人生品位、境界及有价值的教学形态，它尊重学生的主体性、体现创造性和追求人性化，是走出教育惩戒的重要途径。

总之，教育是一门技术，更是一门艺术。教育惩戒要讲科学、讲艺术、讲技巧。如何合理使用惩戒，既不伤害学生，又达成良好的教育效果，这始终是一个值得探讨的话题。使学生养成良好的生活习惯、学习习惯、行为习惯是我们为之不懈努力的目标。人性化的惩戒还要和其他教育手段相结合，如挫折教育、赏识教育等，才能发挥更大的作用。

阅读、实践和写作让我的个人成长之路走得更加坚定，对教育的本质认知更加清晰，对于"培养什么养的人、如何培养人、为谁培养人"等哲学问题有了更深刻的思考。

第一章　为以文化人而教

一、问题的提出

在当前的小学数学教学中，很多孩子不喜欢数学，甚至到了“望数生厌”的地步。在学生眼里，数学学习除了上课，就是练习和测试。对于不少学生来说，苦游题海、备战考试的岁月并未给他们带来多少快乐的数学学习体验。

（一）数学文化的背景

数学是人类文化的重要组成部分，有促进人和文化双重构建的基本使命，曾被柏拉图视作人类文化的最高理想。数学作为一种传统的智力活动，是必须传给后代的最好的人类文化遗产，它在人类文明中的地位绝不亚于语言、艺术和宗教，同样是影响人类文明全局的部分。数学教学，既是为了人的发展，又传承着它本身的文化。

日本数学教育家米山国藏认为，对学生而言，作为知识的数学，通常在出校门后一两年，很快就忘记了，然而，不管他们从事什么工作，那些深深地铭刻在头脑中的数学精神、思想方法、研究方法、推理方法和着眼点等都随时随地地发生作用，让他们受益终生。可见，数学教育不仅包含数学知识本身，而且包含数学的理性精神、思想方法、研究方法、推理方法等方面的渗透。历史、文化、建筑、美术、物理、天文等各个领域都和数学建立了紧密的联系。

数学与生活的联系、学生学习数学的方法、探索数学的理性精神、感悟数学的思想似乎已经超越了数学教学的要求，但换一个角度思考，数学教学需要有突破的可能和空间。长期以来，小学数学课堂教学内容以偏、难、繁、杂为主要特点，学生总是感觉到数学“冰冷而又美丽”。课堂上，教师的教表现为教学数学的概念、定理、法则、解题技巧……学生的学表现为练习、解题、考试……将数学与人类生活各个领域内在的文化联系起来的教学少之又少。然而数学教学需要着眼于提高学生的数学素养，渗透数学文化。

1. 数学文化渗透的重要性

数学作为人类文化的一个深刻而强有力的部分，已经渗透到生活的各个领域。正如意大利罗马大学数学教授查利·爱玛在《数学与文化》中所指出的，“数学的结构与思想能够有效地应用到我们称之为‘现实的’世界。我们只需回想一下物理、天文、测量学、电信、生命密码和医药，它们都离不开数学，但这还不是全部，数学过去也总是与音乐、文学、建筑、艺术、哲学相联系，现在又与戏剧、电影有关”。

《课标（2011 年版）》将传统的“双基”发展为“四基”，即基础知识、基本技能、基本思想和基本数学活动经验。在第八轮课程改革再出发的路上，学生应通过“数学文化”活动，感悟数学思想文化，在活动中积累“四基”经验。但是，传统应试教育的唯一目标是试卷上的数学分数，强调的是解题技巧和方法，学生眼里只有冰冷的符号和枯燥的数学语言。长此以往，学生逐渐丧失对数学的兴趣，不会运用数学的思维方式进行思考。这样的数学，容易使人形成错误的数学观和刻板的数学思维方式，产生对数学的厌恶情绪。在小学数学教学中，笔者发现大多数数学教师很少涉及数学文化价值方面的数学活动。即使少数数学教师意识到了让学生了解数学文化价值的重要性，但由于缺乏相关的资料、经验和方法，往往只停留在介绍书本“你知道吗”这一栏目的内容（苏教版小学数学教材注重选取与学生生活密切联系的素材作为学生的学习内容，以静态的数学知识呈现在学生面前，而关于这些内容的其他背景性材料，需要通过渗透数学文化活动的形式动态地呈现出来。这里的数学文化活动，指的是围绕某一主题，由学生参与，为积累数学活动经验、感悟作为数学思想文化的教学活动）。

2. 数学文化渗透的必要性

早在 20 世纪 50 年代，美国著名数学家和数学教育家 M. 克莱因（M. Kline，1908—1992）就将“数学文化”作为数学课程的四原则之一：“知识是一个整体，数学作为这个整体的一部分。我们必须将数学与历史、科学、哲学、社会科学、艺术、音乐、文学、逻辑学以及与所讲主题相关的别的学科联系起来。我们必须尽可能地组织材料，使数学的发展与我们的文明和文化的发展联系起来。”当前大部分数学教学，依旧与数学文化的原则背道而驰，过分关注数学知识的积累、数学技巧的训练，数学拥有的文化气质和气度逐渐丧失，这是数学教育的悲哀。

数学文化的教育价值已经广为人知，数学文化融入小学课堂教学也已经成为数学教育研究中的热门话题。近年来，各种期刊也刊发过有关小学数学教学中数学文化渗透的文章，在数学文化与数学教育关系的研究中，讨论重要性的较多，而对数学文化活动“如何组织”的讨论却很少，数学的文化价值在小学数学课堂中并没有得到很好的体现。数学教会我们数学地思考问题，我们所掌握的数学知识与技能在一定程度上能够帮助我们解决生活中的实际问题，但数学更大的价值在于给我们提供了一种数学的思维方式，让我们数学地思维，为我们正确认识客观世界提供了新的工具。

数学作为人类文化深刻而强有力的一部分，已经渗透到各个领域之中，影响着人类的文化生活。正如数学家华罗庚所说：“宇宙之大，粒子之微，火箭之速，化工之巧，地球之变，生物之谜，日用之繁，无处不用数学”。

“教的课程”过盛、“学的课程”贫弱是当下小学数学课堂教学中极为普遍的一种病态现象。这种病态现象严重影响了学生在数学思考、问题解决、数学思维、思想方法、理性精神等各方面自主、持续、和谐地发展。改变这种病态现象需要我们小学数学教师在教学过程中有意识地渗透数学文化。

3. 当前小学数学教学中存在的问题

在数学文化渗透与凸显上存在着以下三个问题：

第一，数学文化变成解决实际问题。在实际教学中，老师组织学生算 24 点、玩七巧板、介绍鸡兔同笼问题、讲李白喝酒等古代趣味题，但学生读题之后就开始迫不及待地解决问题，教师却认为在教学中渗透数学文化了。在变味的数学文化活动中，学生只是了解了古代数学题，而没有通过数学活动感受数学的文化价值。学生知道了怎么做，但对于数学的思想方法、思维方式和数学的理性精神缺少感悟。

第二，数学文化变成介绍数学历史。数学史是数学文化的一个重要的载体，但“数学文化≠数学史”。有些老师片面地认为在小学数学教学过程中介绍一些诸如历史上著名数学家的故事就是渗透了数学文化，其实这只是彰显数学文化的一个举措而已。数学史是数学文化的一部分，数学文化与数学史相比较，有着更加丰富的内涵与更为开阔的外延，在教学中不要也不能把数学文化简化成数学史。

第三，淡化了数学魅力与感悟数学文化的美。有的老师把数学文化的美窄化了，比如只在综合实践活动中和学生一起剪纸、欣赏轴对称图形，缺少对数学本质的叩问：为什么折痕两边的图形会完全重合？应该让学生感悟到对称轴两边对应点到对称轴的距离相等，同时了解生活中轴对称图形的运用。

东北师范大学校长史宁中在义务教育数学课程标准修订的过程中常常思考：数学内容的教育价值是什么？数学思考的本质是什么，应当如何在教学过程中体现这些本质。数学文化中的理性精神、思想方法、推理方法是一种隐性的东西,然而恰恰是这种隐性的东西体现了数学素养。数学素养的培养是悟出来的而不是教出来的,会悟会看的底蕴是把握数学思想。

基于以上出现的“数学文化演变成解决问题”“数学文化等同于数学史”和“淡化了数学魅力”的教学误区,加上在小学数学课堂教学中进行文化渗透势在必行。笔者结合实践,从“数与代数”“空间与图形”“统计与概率”和“综合与实践”四个领域各选取了一个教学案例作为研究内容,阐述在小学数学教学中渗透数学文化的方法和原则。

(二) 数学文化的研究内容

本章为了揭示小学数学文化渗透的教学原则,重点在于研究渗透数学文化活动的主题创设、数学文化的渗透方式、数学文化活动的渗透策略以及数学文化活动的设计实施。将对江苏教育出版社出版的小学数学义务教育教科书(以下简称苏教版教科书)和《课标(2011 年版)》进行分析,在教学案例实施中,对教师进行问卷调查,对课堂观察数学进行分析与评价,从而阐述小学数学文化渗透的一般方法。

(三) 数学文化的研究意义

数学文化的研究意义在于可以提高我们对小学数学文化的认识,基于数学文化的视角研究小学数学的课堂教学,即什么教学内容适合渗透数学文化,熟悉渗透数学文化的方式,还可以提高学生欣赏数学之美的能力。它的现实意义主要有以下四点:

1. 丰富学生的数学素养

克莱因说过:“音乐能激发或抚慰情怀,绘画使人赏心悦目,诗歌能动人心弦,哲学使人获得智慧,科学可改善物质生活,但数学能给予以上的一切。”

数学具有广泛的应用性,影响到人类生活的方方面面,每一个现代公民应该具备一定的基本数学素养。因此,《课标(2011 年版)》明确指出:“数学素养是现代社会每一个公民应该具备的基本素养。” 2014 年,《教育部关于全面深化课程改革,落实立德树人根本任务的意见》提出,研究制定学生发展核心素养体系,明确学生应具备的适应终生发展和社会发展需要的必备品格和关键能力。在新的历史背景下,知识信息迅速更新,科技革命日新月异,在信息技术时代,人们越来越感觉到:老师教给我们的知识与技能已经远远超出了个人所能承载的范围。

真正重要的是离开学校之后“能带的走并伴随一生的东西”，它关乎个人未来的生存和发展。在小学数学教学中渗透数学文化，尤其是数学思想方法、数学理性精神，有利于提高学生的数学素养。

应承认数学是一种文化，数学可以从根本上改变一个人，使其在数学学习中获得精神涵养。正如母语学习可以使人在获得语言训练的同时，寻得思想和精神的家园一样。数学学习，可以影响和润泽一个人的生命和精神成长。在人的一生当中，数学能伴随人们“走多远”并不完全取决于学习者拥有多少具体的数学知识，更取决于学习者是否练就了一种数学的头脑和眼光，养成了数学的思维习惯和思维方式。良好的数学教育给予学习者的是一种数学素养的浸润，是一种润物细无声的数学文化的滋养。

从摆石到结绳，从刻痕到算筹，从筹算到珠算，每一次数学的抽象都凝聚着人类的集体智慧和创造力。从蜂窝的神奇图案到大自然的鬼斧神工，从大雁南飞的神奇队形到自然界的对称现象……自然给我们展示了神奇的数学图形世界。在课堂教学中，教师应该充分挖掘现实世界的数学元素，和孩子们一起感悟和体验数学的美。

在小学数学课堂教学中，渗透数学文化，尤其是数学的理性精神、思想方法、研究方法、推理方法可以丰富学生的数学素养，提高学生发现问题、提出问题、分析问题和解决问题的能力。

2. 构建灵动的文化课堂

我们需要对数学学科、数学教育重新定位和理解，以一种客观、全面、严谨的姿态，构建灵动的文化课堂。

笔者认为，应让数学课堂重回适度的宁静，让数学思考和数学品质的构建成为数学课堂的主旋律，让数学教育担当起培养学生优秀品质的职责。

3. 在小学数学课堂中渗透数学文化提供实施建议

很多老师认为，有些数学课程很难体现数学文化，比如“数与代数”领域的许多内容，尤其是计算教学；再比如“综合与实践”领域。正如前面所提到的认识误区所言，如果将数学文化窄化为数学史，那么，“数学文化”就会成为数学课堂的奢侈品。

从文化的静态层面上看，数学文化是“以数学家为主导的数学共同体在从事数学研究活动中形成的一般的思想方法、思维方式、价值理念、精神品格等”，其核心词在于一般的思想方法、思维方式、价值理念、精神品格等；从动态的层面上看，数学文化是由人类在实践过程中创造出来的，与此同时，数学文化一旦固定下来，它往往对人的思维方式、行为观念等反过来产生相应的作用。通过教学研究，我们可以从动态层面探索培养学生数学思想方法、思维方式、理性精神的方式。本书的探索实践能为小学数学文化活动的渗透提供教学原则和主题的呈现方式。

4. 为教材的修订提供一点参考建议

《义务教育数学课程标准（实验稿）》提出："数学是人类的一种文化，它的内容、思想、方法和语言是现代文明的重要组成部分。"这一教学理念得到越来越多的一线教师的认同。《课标（2011年版）》中，将数学教育从"双基"扩展为"四基"，尤其是"数学是人类文化的重要组成部分，数学素养是现代社会每一个公民应该具备的基本素养"的进一步阐明，使许多教师把研究的视角再一次地聚焦在数学文化和数学素养等问题上，进而思考数学文化和数学素养的联系。本书的探索与实践能为教材的进一步修订与完善提供一线参考建议。

二、数学文化研究现状

（一）数学文化的相关研究

数学文化的研究包含许多研究领域，如数学文化的内涵、数学文化的内容与分类、数学文化的教学、数学文化的渗透策略以及对学生学习的影响。

1. 什么是数学文化

"数学是一种文化"这一观点始于20世纪60年代，美国学者怀尔德(R. L. Wilder，1896—1982)在他的数学著作《作为文化系统的数学》中最早提出来。怀尔德从文化生成和发展的理论等方面提出了数学文化的概念及有关理论体系，他的数学文化观是长时间以来出现的第一个比较成熟的数学哲学观。

国内最早关注数学文化的是北京大学的孙小礼教授。1990年，她与邓东皋、张祖贵合编了《数学与文化》一书，书中精选了一批国内外著名的数学家以及研究数学的哲学家的文章，如A. N. 怀特海的《数学与善》、M. 克莱因的《数学与文化》、S. 麦克莱恩的《数学模型——对数学哲学的一个概述》等，从多方面说明数学在整个文化领域中的地位。他们都力图把数学从单纯的逻辑演绎推理的圈子中解放出来，充分揭示数学文化的内涵，肯定数学文化存在的价值。自从邓东皋等编著的《数学与文化》出版以来，相关人士开始从文化的角度关注数学及其文化价值，对数学与文化的关系进行深刻思考，并且有越来越多的人投身于研究之中。

张奠宙、王善平著的《数学文化教程》从认识“什么是数学”开始，了解周围的数学世界，体验信息时代的数学文化氛围；用历史的眼光，展现古今中外各种数学文化的特征；欣赏在中小学已经知晓的数学，让数学意境和人文意境得以沟通；介绍了应用数学的分支等。

齐民友著的《数学与文化》探讨了数学与文化的关系，从数学和文化的起源谈起，直至它们的演变和进化，用诸多的事例说明数学对人类文化的影响不仅显示在现代科学技术方面，更重要的是它表现了一种理性的探索精神，该书还特别指出：“一个没有现代数学的文化是注定要衰落的。”

汪晓勤著的《数学文化透视》以精彩的历史故事、丰富的插图，充分展示了数学文化的魅力。涉及自然界的数学奥秘、文明的足迹、数学常数及其历史、建筑的几何之美、艺术中的数学原理、跨越文理之间的鸿沟、有趣的作图问题、各种数学游戏以及历史上的一些数学家的轶事。体现了作为素质教育的一部分，数学文化在我国得到了越来越多的重视。

王宪昌等的专著《数学文化学》强调并指出数学文化是“数学共同体”产生的文化效应，数学文化并非是自生自灭的封闭系统，而是一个开放的系统。院士王梓坤在《今日数学及其应用》一文中总结了数学的四个作用，数学对全体人民的科学思维与文化素质的哺育就是其中的一个作用，他指出：“数学文化具有比数学知识体系更为丰富和深邃的文化内涵，数学文化是对数学知识、技能、能力和素质等概念的高度概括。”

顾沛著的《数学文化》是南开大学数学文化课的教材，是在十轮教学实践的基础上修改而成的，贴近教学实际，以学生为本。它从数学问题、数学典故、数学观点等三个角度展开，以比较浅显的知识为载体，讲授数学的思想、精神、方法，使学生初步了解数学与人类社会发展的关系，体会数学的科学价值、应用价值和人文价值。

美国斯坦福大学齐斯·德福林教授著的《数学的语言——化无形为可见》试图阐释数学的本质，内容兼顾历史发展与目前的广度。论述了有关数学知识活动，将数学形容成人类文化一个丰富而生动的成分。

2. 数学文化的教学与渗透

随着数学文化研究的深入，人们对教育的认识由知识层面上升到了精神层面，从关注知识的传授转变为同时关注数学思想的感悟和数学活动经验的积累。数学文化于 2001 年首次进入大学课堂，顾沛教授在南开大学主持开设了“数学文化”选修课，共有 34 课时，每周 2 课时。该选修课自开设以来深受学生欢迎，取得了较好的效果。此后，许多高校纷纷效仿，通过开设数学文化选修课，提高学生的数学素养。2003 年，首都师范大学、高等教育出版社联合举办了“全国数学文化课程建设与教学”研讨会，王元、李文林、顾沛等在会上进行了相关的学术报告；2011 年，南开大学又举行了“全国高校数学文化课程建设研讨会”，这表明数学文化在高校得到了普遍重视，并作为一门课程广泛开设。

不论在大学还是在中小学，数学文化都有其独特的作用，可以提高学生的数学素养。在数学教学过程中渗透数学文化，是推进数学素质教育的一条行之有效的途径。

《课标(2011 年版)》提道：“数学是人类文化的重要组成部分”，另外，在“教材编写建议”中也指出：可以适当介绍有关的数学背景知识，包括数学在自然与社会中的应用以及数学发展史的有关材料，帮助学生了解在人类文明发展中数学的作用，激发学生学习数学的兴趣，感受数学家治学的严谨，欣赏数学的优美。比如，可以介绍《九章算术》、珠算、《几何原本》、机器证明、黄金分割、CT 技术、蒲丰投针等。这充分肯定了数学文化的价值，说明课程改革要求在进行数学教学的同时进行数学文化教育。

李兆华主编的《中国数学史基础》介绍了中国数学的历史，叙述了中国数学史的发展阶段以及每个阶段的基本内容和主要特征，介绍了中国数学的若干主要算法。研究学习《中国数学史基础》对于提高教师的数学素养有积极的促进作用。

数学文化不仅在课程标准中体现，而且已经渗透到中小数学教材。在现行的各种版本的小学数学教材中，每册都安排了不少“你知道吗”，这些“你知道吗”从各方面体现了数学文化的身影。许多小学数学教师根据多年的小学数学教学实践经验，对数学文化在小学数学教学中的渗透进行了研究。李翠梅和任荔在《数学文化在小学数学教学渗透的研究初探》中进行了营造“数学文化”氛围、开展多样性的“数学文化”活动和利用数学史等这三种方式进行数学思想渗透。

许海燕老师以小学数学课堂教学为出发点，探索了基于数学文化的小学数学课堂教学策略，分析了数学文化的意义，提出了转变思想正视课堂教育中数学文化的渗透、改变教学方式和灵活运用课堂教学突出数学文化价值等三种渗透方式，在课堂教学中运用数学来解决实际问题。

卜骥老师在他的论文《在小学数学教学中渗透数学文化的研究》中提出运用

融合学习内容、营造数学文化园、丰富课外作业和走进社区数学等四种教学策略对数学文化加以传承和彰显。数学学习伴随数学文化的探索，数学教学也会变得更具有魅力，学习也会变得充满快乐，学生也会变得更加聪慧。

西安文理学院曹建玲副教授在她的论文《浅谈数学文化对小学数学课堂教学的作用》中，结合具体实例，从数学美的教育、数学文化史的渗透和小组合作的学习方式等三个方面，提出了在小学数学课堂教学中渗透数学文化的具体措施和意义。

小学数学特级教师张齐华老师在他的著作《审视课堂：张齐华与小学数学文化》中通过三次执教圆的认识、交换律、平均数和分数的初步认识等几节教学实录，引领学生感知数学史之美、数学文化之美，尝试构建具有文化意蕴的小学数学课堂，充分演绎数学的文化魅力，展现数学的意趣与价值。

综上所述，很多教师在渗透数学文化的课题上进行了探索，分析了渗透数学文化的教学价值和渗透策略，尤其是张齐华老师通过具体的案例说明教学中渗透数学文化的点滴做法。但现有研究没有阐述在小学数学教学过程中渗透数学文化的教学原则，也没有从培养数学核心素养的视角提出渗透数学文化的策略。本书尝试从数学文化主题的创设论述渗透数学文化的原则和策略。

（二）数学文化渗透的心理学理论基础

数学文化的渗透方法需建立在认知主义和建构主义等学习理论基础之上，通过独立思考，培养学生的数学理性精神；通过主动建构，积累数学活动经验，感悟数学思想方法；通过动手操作、自主探索、合作交流，重走数学家的探索之路，培养学生的质疑与批判精神。

1. 认知主义学习理论

皮亚杰认为，认知的形成与发展是一种建构过程，是个体与环境在不断地相互作用过程中实现的。儿童心理发展就是通过同化和顺应从低一级水平的图式不断完善达到高一级水平的图式，从而使心理结构不断变化、创新，形成不同水平的发展阶段。

皮亚杰将儿童认知发展分为四个主要阶段，即感知运算阶段、前运算阶段、具体运算阶段和形式运算阶段。根据皮亚杰的认知发展阶段理论，小学生正处于具体运算阶段，他们能进行初步的逻辑思维，但运用数学符号和语言符号解释和运用概念还有困难，需要在感性材料的支持下才能顺利进行。因此，在小学数学教学渗透数学文化的过程中，要运用动作和感知等直观活动，借助事物操作活动和问题解决活动作为数学文化渗透的主要手段。在教学过程中将认知理论渗透数学思想，通过自主探索、动手操作、合作交流等学习方式渗透数学文化，通过独立思考、质疑探究培养学生的理性精神、探究精神和批判精神。

2. 建构主义学习理论

建构主义是认知主义的进一步发展，主张世界是客观存在的，关注如何以原有经验、心理结构和信念为基础来构建知识，强调学习的主动性、社会性和情境性。建构主义认为要突出学生的主体性，教师不能直接将知识传输给学生。数学学习是一种过程，在教学中，我们可以让学生重走数学家的探究之路，去发现数学知识，培养学生的探究能力和理性精神。建构主义认为数学教学必须关注学生学习的个性化特征，从每一个学生当前的实际出发进行教学，建立在学生的认知发展水平和已有的经验基础之上。另外，数学教师要从学生熟悉的生活经验出发，设计数学问题情境，激发学生学习的内在动力，增强数学应用意识。只有关注学生数学知识的“生长点”和“延伸点”，学生才能将数学知识建构成一个认知体系。建构主义学习理论有利于培养数学的理性精神。

3. 人本主义学习理论

人本主义认为学生是有思想、有天赋、有学习潜力、有主观能动性的个体，是不断发展与进步的个体。教育的目标应该是促进变化和学习，培养能够适应变化和知道如何学习的人。人本主义提倡教育是知识、能力与情感发展三者的结合。人本主义重视情意发展。因此，在设置数学学习目标时，要包含知识、能力和情感因素，使学生得到最基础、全方位的发展，把培养学生情意发展贯穿于整个数学学习过程中。人本主义学习理论有利于渗透数学的思想和精神，有利于感悟和理解数学与社会的关系、数学和其他科学的关系。

总之，认知主义、建构主义和人本主义都是渗透数学文化的心理学理论基础。应借助具体操作和问题解决培养学生的数学精神和方法；让学生经历数学过程，经历数学再创造，重走数学家的研究之路，培养学生的数学思想和观点；在教学中，始终把学生放在学习的正中央，培养学生的人文意识和应用意识。

本书从研究框架和研究方法两个方面进行阐述，从学生情况和课堂观察分析进行研究，运用文献法、调查法以及案例分析法确立研究的主题和方向。

（三）教学文化研究框架

根据上面部分内容的分析，用以研究小学数学文化渗透的框架中包括两个板块：一个板块是课程标准、教材和学情分析；另一个板块是课堂观察数据分析。通过对这两个方面的分析，揭示出小学数学文化渗透的原则，阐述数学文化的渗透方式和渗透策略(图 1－1)。

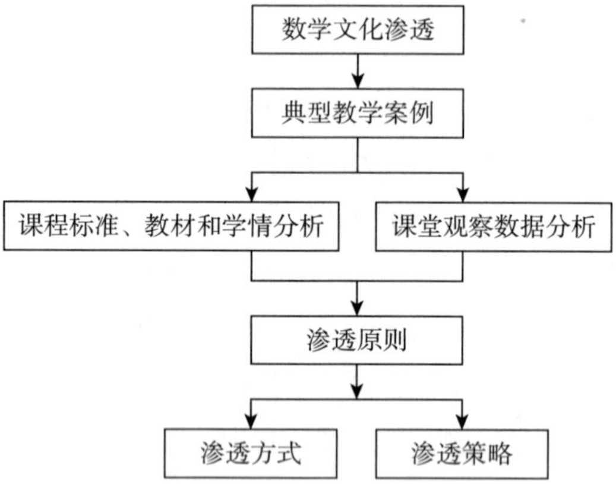

图 1－1　数学文化的研究框架图

(四) 研究方法

本书的研究方法主要有文献法、调查法和案例分析法。运用这三种研究方法探索在小学数学教学中渗透数学文化的原则、主题创设方式和教学策略。

1. 文献法

本书的研究是建立在诸多研究者的现有研究之上的，笔者在中国知网、万方、重庆维普等数据库收集了关于数学文化的文献、研究数学与文化的资料等，一方面作为研究基础，另一方面也为本书研究提供理论支撑。

数学文化的资料有很多，很多大学课堂还开设了“数学文化”这门选修课。《数学与文化》《数学文化教程》《数学文化透视》《数学文化学》等书中普遍认为数学是一种文化，重点介绍了数学中的文化，但没有论述在数学课堂中如何渗透数学文化，尤其是在小学数学课堂，如何培养小学生的数学精神、思想方法、研究方法、推理方法和解决问题的着眼点。

通过阅读理论专著和报纸期刊等资料，借鉴网络、相关理论资料，寻求理论支撑，指导本书的研究。

2. 调查法

为了了解教师对数学文化的理解、获得数学文化的途径、在教学设计和教学实施等过程中是否具备渗透数学文化的意识、对数学文化教学价值的认识等问题，笔者对教师进行了问卷调查。问卷调查主要包含 13 个问题，调查对象为 40 周岁以下的数学教师，具有 10～15 年的任教年限，学历为大学本科。调查教师的目的是为了了解教师渗透数学文化的途径、形式以及渗透数学文化是否有利于提高学生的学习兴趣等，同时更好地了解老师对数学文化活动的认识和渗透的意义。

对教师访谈的目的在于了解教师在课堂教学中渗透数学文化的困难在哪里？如何加强数学文化在小学数学教学中的渗透，有什么好的建议？通过对小学数学教学中数学文化的渗透现状进行问卷调查和访谈，结合具体教学案例，采用课堂教学评价表，进行初步分析，获得教师对数学文化活动的态度、认识以及建议等。

3. 案例分析法

郑毓信认为案例分析重在分析而不是数量的积累。第一，案例分析当然以个案的收集作为实际出发点，但是除去"以生动活泼的形式呈现学生做数学的真实过程"以外，更应该在分析上花更大的力气，否则有益的启示不能在头脑中真正得到确立，更不能对改进实际教学产生持久、稳定的积极效果。第二，案例深入分析无疑是为了更好地去教学。第三，案例分析为我们深入开展数学教育研究提供了重要的思路。也就是说除了"纯自然状态"下的学习情况的真实纪录外，我们也可以将在教师指导下的学习作为我们的案例，并通过两者的比较分析引出进一步的结论：我们既应充分肯定学生的巨大潜力，同时又应肯定教师的教学工作对学生的发展有着不可或缺的重要作用。在积极鼓励学生主动探索的同时，我们又应充分发挥教师的促进和指导作用。后者的关键在于适当的方法和时机。第四，如果我们能使"案例分析"成为教师培训者和接受培训的教师的共同活动，那么，不仅将使教师培训活动变得更加生动活泼，也可使教师从中获得切实的收益。

我在数学文化的研究过程中，选择了数与代数领域的"常见的数量关系"、图形与几何领域的"用数对确定位置"、统计与概率领域的"数据的分段与整理"以及综合与实践领域的"树叶中的比"四个案例，分别以渗透数学思想方法、数学精神、研究方法、推理方法和着眼点为研究重点，对这 4 个教学案例进行分析和评价，以分析数学文化渗透的教学策略和启示。在课堂教学评价表中，教师对"教学目标、教学活动、教师素质、学生个人情感、自主学习和教学效果"等 6 个方面进行评价、分析。

三、问卷和访谈的结果与分析

在研究过程中，笔者对小学数学教学中数学文化的渗透现状进行了问卷调查，选择了50位小学数学教师作为被采访对象，其中男教师14人、女教师36人，任教一至六年级。

（一）调查问卷的结果与分析

全部被采访对象都认为数学文化包含数学家、数学史和数学美，也包含数学教育和数学发展过程中的人文成分及数学和其他各学科的关系，还包括数学的思想、精神、方法、观点、语言及形成与发展的过程。从这一点可以看出，被采访对象对数学文化的认知是正确的。从调查问卷中还可以看出，被调查者获得数学文化的途径比较单一，主要是培训和同事交流，而从网络、期刊、书籍中获得数学文化的比较少。

通过调查，有以下六个问题值得分析：

第一，您会在课余时间有意识地收集学习有关数学文化的知识吗？问卷反馈如图1－2：

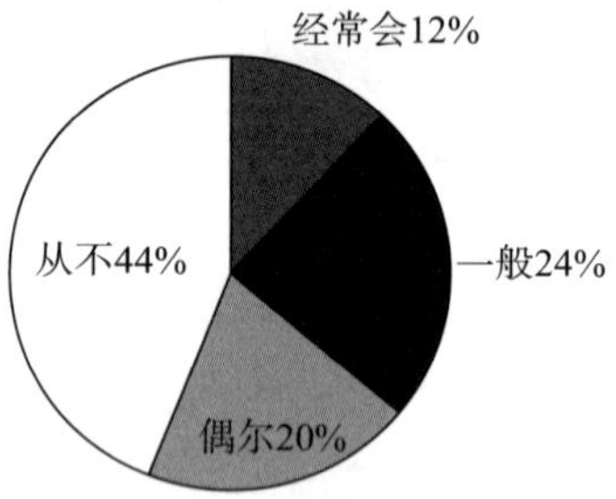

图1－2 课余时间收集学习有关数学文化知识人数统计图

从图1－2可以看出，多数被采访对象不会在课余时间有意识地收集学习有关的数学文化知识，备课过程主要依靠教学参考用书、教学案集、网络、期刊，缺乏有意识地渗透数学文化的教学理念。

第二，您在课前教学设计时会设计与数学文化有关的内容吗？问卷反馈如图1－3：

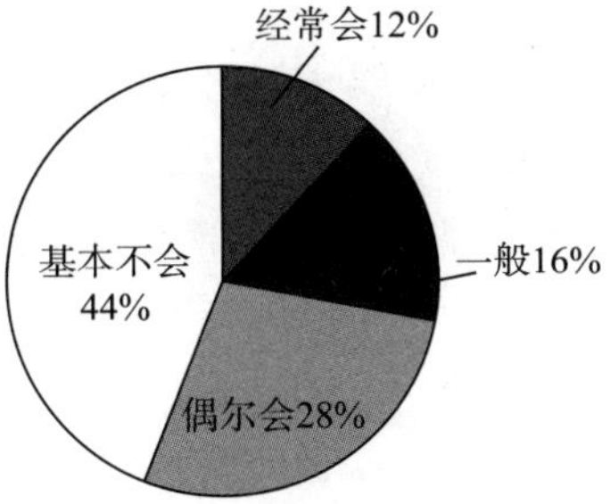

图1-3　教学设计时设计与数学文化有关内容人数统计图

从图1-3可以看出，近一半被采访对象在教学设计过程中不会设计与数学有关的内容，28%的被采访对象偶尔会在教学设计中涉及数学文化，说明在实际教学中渗透数学文化的课堂比较少。大部分访谈对象认为在实际教学中渗透数学文化最大的困难是缺乏教学资料和素材，学校、家长重视成绩，而成绩的评价指标在于分数，只有讲练结合才能有效提高数学分数。

第三，数学教材中的"你知道吗"等课外阅读材料，您会给学生讲解渗透吗？问卷反馈如图1-4：

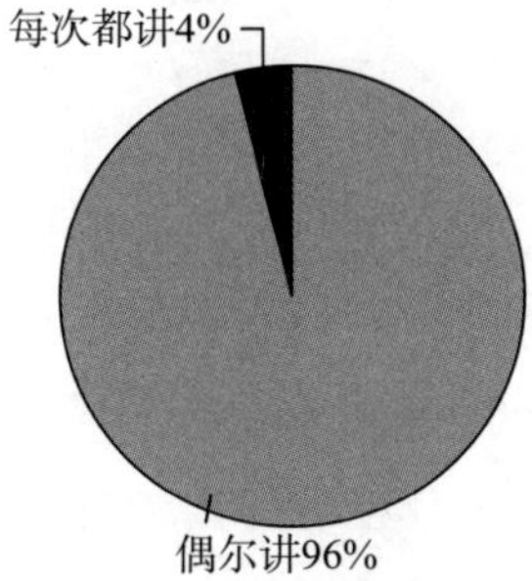

图1-4　教学中讲解渗透"你知道吗"等课外阅读材料人数统计图

从图1-4可以看出，绝大多数教师不重视数学教材安排的数学文化，只偶尔进行讲解以渗透数学文化，只有极少数教师在教学过程中讲解渗透。

第四，您觉得数学文化对学生提高数学学习兴趣有帮助吗？问卷反馈如图1-5：

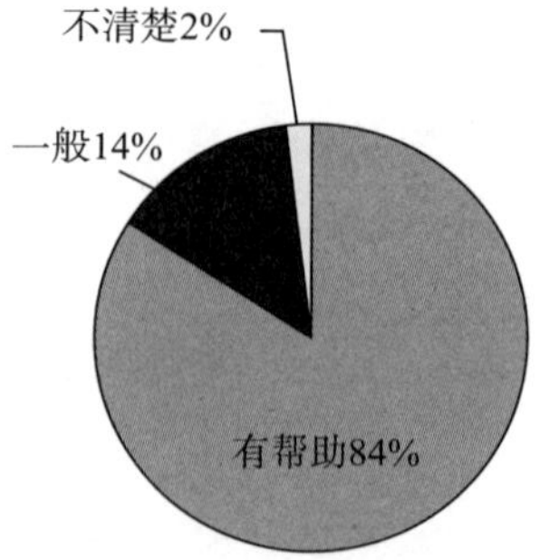

图 1－5　数学文化对学生提高数学学习兴趣是否有帮助人数统计图

从图 1－5 可以看出,大多数被采访对象认为渗透数学文化对提高学生的数学学习兴趣是有帮助的,认可数学文化的育人价值。

第五,您会补充课本上没有的但与教学内容有关的数学文化吗？如数学史、数学家的故事、数学的发展、数学的精神等。问卷反馈如图 1－6：

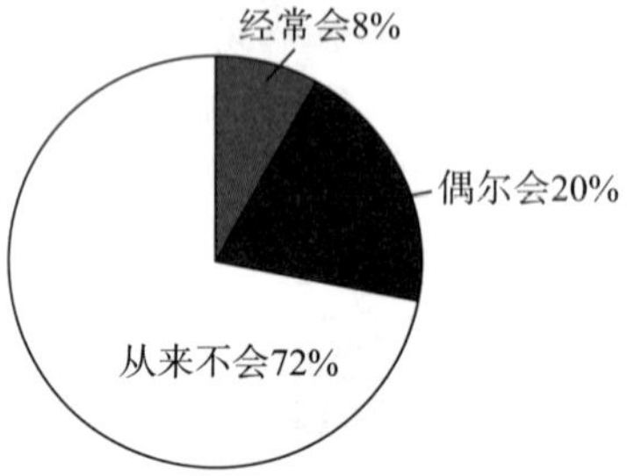

图 1－6　是否会补充介绍课外数学文化知识人数统计图

从图 1－6 可以看出,大多数被采访对象不会介绍课本以外的数学文化知识,虽然知道数学文化对提高学生学习数学的兴趣有帮助,但没有在实际教学中渗透数学文化。

第六,您会让学生进行数学课外阅读或进行数学演讲吗？问卷反馈如图 1－7：

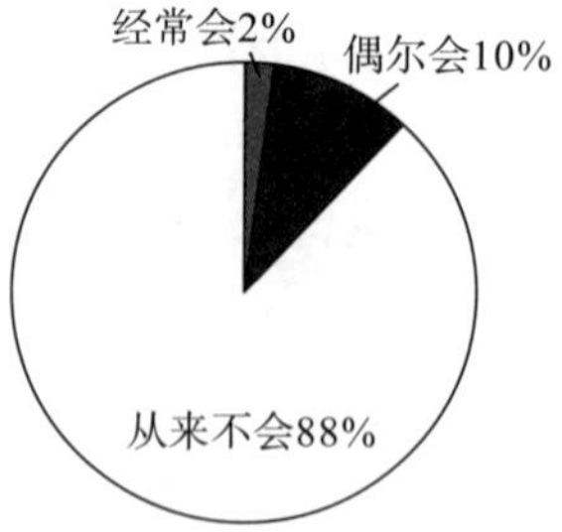

图 1－7　学生进行课外阅读或数学演讲人数统计图

从图 1－7 可以看出，大多数教师没有培养学生数学阅读和数学演讲的习惯，没有意识到数学阅读和数学演讲在数学学习中的价值。很多教师认为只有语文学科才需要阅读和演讲，这是学科教学认识上的误区。

综上所述，教师对数学文化的认识清晰，充分认识到数学文化在数学学习中的作用和价值，但是在教学设计和教学实践中缺少渗透数学文化的意识和教学策略。

（二）访谈的结果与分析

笔者对小学数学教学中数学文化的渗透现状进行了访谈，选择 5 位小学数学教师作为访谈对象，其中男教师 2 人、女教师 3 人，任教二至六年级。

对于"小学数学教学渗透数学文化的困难"这一问题，有的教师认为困难在于缺少数学阅读的书籍等教学资源或是教学安排时间，有的教师教学理念滞后，以传统的眼光看数学教学，注重数学知识的教学和数学技能的训练，也有教师认为数学文化离我们的教学非常遥远，还有的教师认为最大的困难在于数学文化如何儿童化，使儿童能理解数学的本质。

对于"如何加强数学文化在小学数学教学中的渗透？有什么好的建议？"这一问题，大多数教师认为每周可以安排一部分时间进行数学阅读，认为渗透形式要多样化，让学生喜欢数学。比如，巧编数学小故事、设计数学谜语、撰写数学日记、制作数学手抄报，又如在学习了人民币这一单元知识后可以组织学生开个"爱心小超市"等。

对于"您会在课后布置学生涉及数学文化方面的课外作业吗？比如看数学读物、制作数学小报、数学日记、撰写数学小论文等"这一问题，大多数教师没有在课后布置涉及数学文化方面的课外作业。但经过这次访谈初步感悟到数学文化在小学数学教学中能够让学生感受到数学所独有的文化价值，会尝试在教学中增加绘本阅读、数学手抄报评比活动。

综上所述，访谈和问卷调查反映出很多被试对象了解数学文化且熟悉数学文化的作用，但教学理念相对滞后，缺乏渗透数学文化的教学策略，不知道如何创设渗透数学文化的教学主题和渗透数学文化的方式，看数学读物、制作数学小报、数学演讲、写数学日记和数学小论文这样常见的渗透数学文化的课外作业比较少。

四、数学文化渗透的教学设计与实践分析

在研究文献和教学理论的基础上，笔者对数学文化在小学数学教学中的渗

透策略进行了尝试，选取了“常见的数量关系”“用数对确定位置”“数据的分段与整理”和“树叶中的比”等四个案例，分析了教学设计的想法，阐述了渗透数学文化的教学原则。我们所掌握的知识与技能在一定程度上能够帮助我们解决生活中的实际问题，但数学更大的价值在于给我们提供了一种数学的思维方式，让我们数学地思维，这种思维方式为我们正确客观地认识世界提供了新的工具。

案例1：常见的数量关系

常见的数量关系指向培养学生的数学抽象和数学建模两种数学思想，在现实生活中，数学抽象和数学建模有利于培养学生的数学应用意识和创新意识。数学抽象主要是指思维运动中的抽象。数学抽象的深度大体上可分为三个层次：首先，把握事物的本质，把繁杂问题简单化、条理化，能够清晰地表达，我们称其为简约阶段。其次，去掉具体的内容，利用概念、图形、符号、关系表述包括已经简约化了的事物在内的一类事物，我们称其为符号阶段。最后，通过假设和推理建立法则、模式或者模型，并能够在一般意义上解释具体事物，我们称其为普适阶段。徐利治教授也曾就数学抽象的层次性在认识论上的意义进行过分析，同时他创造性地提出了“数学抽象度”的概念对数学抽象的层次性进行了一种数量刻画。

如常见的描述现实生活中某一类数量关系的数学模型具有一定的抽象性。学生在日常生活中已经积累起来的具体数量关系，正是进一步抽象与概括的基础。应引导学生利用已有的知识和经验解决问题，并通过比较、分析和概括，把实际问题中具体的数量关系抽象成能表示一类数量关系的数学模型。这一过程既可以帮助学生提升对数量关系的理解水平及解决问题的能力，又有利于学生体验数学抽象的一般过程。

1. 课程标准、教材及学情分析

以苏教版小学数学四下教材（书本第28页和第29页的图1-8、1-9）为具体课例研究对象：

单价每支 12 元可以写成“12 元/支”，元/支读作元每支。

你知道练习本每本 3 元可以怎样写、怎样读吗？

先填写商品的单价和购买的数量，再分别求出总价。

	单　价	数　量	总　价
钢　笔	（　　）元/支	（　　）支	（　　）元
练习本	（　　）元/本	（　　）本	（　　）元

总价与单价、数量之间有什么关系？

总价 = 单价 × 数量

已知总价和单价，可以求什么，怎样求？已知总价和数量呢？

3

一列和谐号列车每小时行 260 千米。

李冬骑自行车每分行 200 米。

每小时 260 千米、每分 200 米是速度，可以写成“260 千米/时”“200 米/分”，千米/时读作千米每时，米/分读作米每分。

图 1－8　电子教材常见的数量关系 1

三位数乘两位数

先填写和谐号列车与李冬骑自行车的速度，再分别求出行驶的路程。

	速　度	时　间	路　程
列　车	（　　）千米/时	3 时	（　　）千米
自行车	（　　）米/分	8 分	（　　）米

路程与速度、时间之间有什么关系？

路程 = 速度 × 时间

已知路程和速度，可以求什么，怎样求？已知路程和时间呢？

通过上面的学习，你有什么收获？

练一练

1. (1) 每套运动服 218 元，可以写成________。

(2) 狮子奔跑的速度是每秒 16 米，可以写成________。

2. 声音在空气中传播的速度是 340 米/秒，5 秒可传播多少米？

3. 课桌椅的单价是 325 元/套，华新小学买了 48 套这样的课桌椅，一共要付多少元？

图 1－9　电子教材常见的数量关系 2

《课标(2011 年版)》提出了数感、符号意识、空间观念、几何直观、数据分析观念、运算能力、推理能力、模型思想、应用意识和创新意识等十个核心词。模型思想是在《义务教育课程标准(实验稿)》的基础上新增加的核心词之一，也是学生数学学习的核心素养之一。数学中的数量关系是人们对客观世界中复杂的数量关系的概括和总结，具有高度的抽象性、严密的逻辑性和广泛的应用性。学生在以往学习中积累了丰富的数量关系的基础上，学习"常见的数量关系"这一知识，既是培养学生分析问题和解决问题能力、提高数学思维水平的需要，也是学生进一步学习和生活的需要。《课标(2011 年版)》提出："模型思想的建立是学生体会和理解数学与外部世界联系的基本途径。建立和求解模型的过程包括：从现实生活或具体环境中抽象出数学问题，用数学符号建立方程、不等式、函数等表示数学问题中的数量关系和变化规律，求出结果并讨论结果的意义。这些内容的学习有助于学生初步形成模型思想，提高学习数学的兴趣和应用意识。"

笔者基于模型思想的指导，以苏教版小学数学四年级下册"常见的数量关系”为例，尝试在教学过程中培养学生的模型思想。模型思想是数学三大基本思想之一，建立数学模型思想主要有三个过程，即要让学生经历“问题情境—建立模型—求解验证”的学习过程，提高发现、分析、提出和解决问题的能力，渗透数学模型思想，积累数学活动经验，提升数学核心素养。

笔者认为，在小学阶段，模型思想体现在从现实生活或具体情境中抽象出数量关系和变化规律，从而使问题得到解决这一过程中。学生已经在生活和以前的学习中初步理解和感受到数量关系，如购物情境中的数量关系、工作情境中的数量关系等。对于“常见的数量关系”这节课，笔者做如下思考：

如何激发学生的已有经验，创设学习主题，抽象出单价、数量、总价、速度、时间和路程？在学习过程中如何建立数学模型，即从具体情景中抽象出数学问题，用数学符号表示数学问题中的数量关系？

如何体验速度？在北师大版小学数学教材中，认识速度是作为一课时的教学内容，而在苏教版教材中一课时要抽象 2 个数量关系，即体验速度的同时构建速度模型。

在小学阶段，我们主要学习总量模型和速度模型，而这节课建立的总价、速度模型能否用具体形象的图形表示出来？

2. 课堂观察分析与评价

课堂从“借助生活情景初步建立模型”“利用生活经验认识并体验模型”“自主学习探究体验数学模型”“回顾反思灵活运用数学模型”和“延伸课堂教学丰富数学模型”等五个方面进行分析和评价。

一、借助生活情境初步建立模型

师：生活中有许多数学问题，今天的数学课我们就从购物开始。

师：出示例 2 局部图（图 1－10），从图中你知道了哪些条件？

图 1－10　购物主题图

生：钢笔每支 12 元，练习本每本 3 元。

师：单件商品的价钱，叫作商品的“单价”。单价可以用另外一种方法表示，例如钢笔的单价“每支 12 元”可以写成“12 元/支”，按照从左往右的顺序读作“12

元每支”。

师:“12 元/支”表示什么意思?

生:每支钢笔 12 元。

师:练习本的单价“每本 3 元”又可以怎样写、怎样读呢?

生:尝试着写一写、读一读。

生:写成“3 元/本”,读作:3 元每本。

师:“3 元/本”又表示什么意思呢?

生:每本练习本 3 元。

师:像“元/本”这样的单位我们称为复合单位。

师:认识了单价,我们继续看图,现在你从图中又能找到哪些条件?

生:购买一种商品的件数,叫作购买商品的“数量”。

师:根据我们找到的条件,你能提出一步计算的数学问题吗?

生 1:买钢笔一共用去多少钱?

生 2:买笔记本一共用去多少钱?

师:总共用去的价钱,叫作“总价”。

师:你能计算出买钢笔的总价是多少?

生:12×4=48(元)。

师:你是怎么想的?

生 1:每支钢笔 12 元,买了 4 支,就是 4 个 12,用乘法计算就是 12×4=48(元)。

生 2:买练习本的总价是 3×5=15(元)。

师:如果购买了 7 本练习本,一共用去多少元?

生:3×7=21(元)。

师:10 本呢?

生:3×10=30(元)。

师:根据上面的计算,你发现单价、数量和总价之间有什么关系?

生:总价=单价×数量。

师:从解决购物问题的过程中我们发现:总价=单价×数量,这是生活中常见的一种数量关系。

【分析与评价】学生认识单价、数量和总价,理解并掌握单价、数量和总价之间的关系,掌握购物情境中这一常见的数量关系,并能应用它们解决相应的简单的实际问题,初步培养学生借助几何直观理解数学的能力,建立总量模型。教师在教学过程中应渗透数学模型的建构。

师：在二年级的时候，我们就遇到过类似的问题。出示图片（图1-11）：

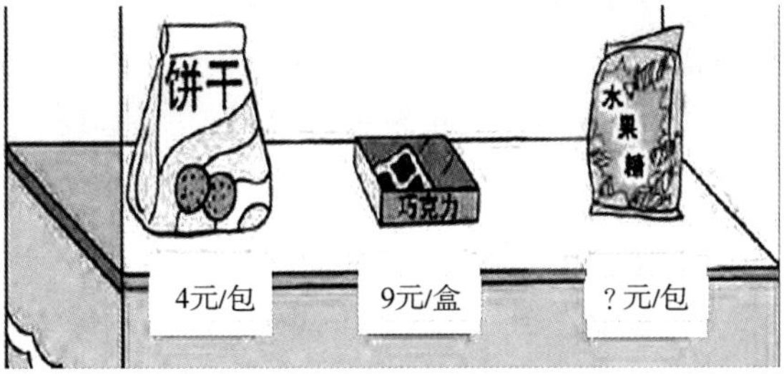

图1-11　购物情境图

师：张阿姨要买9包饼干，一共要用多少元？要求什么，你是怎样想的？

生：要求饼干的总价，用饼干的单价4元/包乘数量9包，一共要用36元。

师：李阿姨用27元，可以买多少盒巧克力？这又要求什么，你是怎样想的？

生：要求巧克力的数量，用27÷9=3（盒）。

师：想一想，知道总价和单价，可以求什么？怎么求？

生：数量=总价÷单价。

师：如果知道总价和数量，可以求什么？怎么求？

生：单价=总价÷数量。

师：赵阿姨用18元买了3包水果糖，每包水果糖多少元？

生：18÷3=6（元/包）。

师：回顾一下，我们发现了哪些数量关系，是怎样发现的？

生：我们通过解决求总价的实际问题，发现了“总价=单价×数量”，根据这个数量关系，可以推导出另外两个数量关系。

师：张叔叔在购物的过程中也遇到这样一个问题，你能分别求出下面三种商品的总价、单价和数量吗？

表1-1　购物发票表格

客户名称：张××　　　　开票日期：2015年12月7日

商品名称	单价	数量	总价
红花牌餐具	24元/套	3套	
CD光盘	5元/盘		125元
A4复印纸		10包	360元
人民币（大写）	仟　佰　拾	元　角	分
备注			

师:你是怎样想的?

生 1:我运用总价和单价、数量三者之间的关系。

生 2:我发现了总价、单价和数量这三个量,只要知道其中的两个,就可以求出第三个量。

【分析与评价】基于建构主义学习理论,学习起点建立在学生已有的学习经验基础之上,借助具体情境,激发学生的生活经验,进一步理解和掌握单价、数量和总价的关系,在练习中及时回忆二年级的问题解决,使学生从感性认识上升到理性认识。运用所学的单价、数量和总价三者之间的数量关系解决购物中的发票问题,从生活到数学,再从数学回归生活,学生积累了数学活动经验。

二、利用生活经验认识并体验速度

1. 认识速度

师:苏苏从家到学校走了 320 米,贝贝从家到学校走了 350 米,你认为哪位同学走得快一些?

生:只有一个条件不能判断哪位同学快一些? 缺少时间。

师:物体行驶的距离叫作“路程”,现在提供给你时间。

师:苏苏走了 4 分钟,贝贝走了 5 分钟。

生:苏苏每分钟走多少米? 320÷4=80(米)。

贝贝每分钟走多少米? 350÷5=70(米),所以苏苏走得快一些。

师:在行程问题里,每小时或每分钟、每秒钟等行驶的路程叫作速度,这里的每分钟走 80 米是苏苏的速度,每分钟走 70 米是贝贝的速度。

师:速度单位怎么写呢?

生 1:每分钟走 80 米可以写成 80 米/分。

生 2:每分钟走 70 米可以写成 70 米/分。

2. 体验速度

师:生活中很多物体的速度是不能直接测量的,而是通过计算得出来的。

师:刘翔 110 米跨栏的速度是 8.5 米/秒;你觉得刘翔跨栏的速度怎么样?

生:非常快,“滴答”一下,刘翔就从教室的这边跑到了教室的另一边。

师:你们知道,动物界谁的奔跑速度最快?

生:猎豹。

师:猎豹奔跑的速度是 30 米/秒;它的速度和刘翔相比较,怎么样?

生:快多了!

师:如果给你“500 米”,你能判断这个物体速度的快慢吗?

生：不能，如果是 1 小时行走 500 米，那就非常慢了，我们还要看时间的长短。

师：海龟在陆地上爬行的速度是 500 米/时。

生：海龟的爬行速度和刘翔叔叔比较，慢多了！

师：物体的速度和什么有关？

生：与路程和时间有关。

【分析与评价】学生认识了速度、时间和路程，理解并掌握了速度、时间和路程之间的关系，并能应用它们解决相应的简单的实际问题。理解速度是本节课的教学难点。通过对速度的体验，明确速度和行驶的路程和时间有关，进一步理解速度。

三、自主学习探究体验数学模型

师：游老师从苏州开车到泰州，每小时行驶 90 千米，行驶了 2 小时，苏州到泰州一共多少千米？

李冬骑自行车到学校，每分钟行驶 200 米，骑了 8 分钟，李冬家离学校多少米？

生：根据研究单的提示自主探索。

(1) 写：把速度改写成复合单位的形式。

(2) 算：计算出汽车和自行车行驶的路程。

表 1－2　速度、时间和路程三者之间的关系

	速度	时间	路程
汽车		2 时	(　　)千米
自行车		8 分	(　　)米

(3) 想：路程与速度、时间之间有什么关系？

生：路程＝速度×时间。

师：如果我骑摩托车从苏州到泰州，行驶了 3 小时，摩托车行驶的速度是多少？

生 1：180÷3＝60(千米/时)。

生 2：速度＝路程÷时间。

师：如果泰州开通了高铁，每小时行驶 180 千米/时，几小时可以到苏州呢？

生 1：180÷180＝1(时)。

生 2：时间＝路程÷速度。

师：我们把三种交通工具的信息放在一张表中。

表 1-3　速度、时间和路程三者之间的关系

	速度	时间	路程
汽车	90 千米/时	2 时	180 千米
摩托车	60 千米/时	3 时	180 千米
动车	180 千米/时	1 时	180 千米

师：当路程不变时，速度和时间有什么变化？

生：当路程不变时，速度越快，花的时间越少。

师：我们通过解决求路程的实际问题，发现路程＝速度×时间；根据这个数量关系，又可以推导出时间＝路程÷速度，速度＝路程÷时间。

【分析与评价】基于人本主义学习理论，在教学中以学生自主学习为主。在教学“速度、时间和路程”这一组数量关系时，学生理解“速度”的难度很大，所以在教学过程中，先引导学生认识“速度”以及体验“速度”，再探索“速度、时间和路程”三者之间的关系。从简单到复杂，从具体到抽象，由扶到放再到收，符合学生的认知顺序。学生初步感悟“数学就是研究千变万化中不变的关系”。学生通过将问题抽象，概括出常见的数量关系，体验模型思想；能说明自己的思考过程，进一步提高分析、比较、抽象、概括，以及分析、解决问题的能力；感悟数量关系，进一步发展数感。

四、回顾反思灵活运用数学模型

师：回顾刚才的学习过程，我们今天学到了哪些内容？

生 1：生活中有很多常见的数量关系。

生 2：常见的数量关系可以帮助我们解决实际问题。

生 3：在解决实际问题的过程中，要学会总结和应用数量关系。

师：苏苏从家到学校去上学，他的速度是 180 米/分，还有 5 分钟就要开始上课了，他离学校还有 720 米，他能按时到达吗？

生：学生独立思考，小组交流，全班汇报。

师：你是怎么想的？运用了哪个数量关系式？

生 1：我是用比较路程的方法，180×5＝900（米），900 米＞720 米；

生 2：我是用比较速度的方法，720÷5＝144（米/分），180 米/分＞144 米/分；

生 3：我是用比较时间的方法，720÷180＝4（分），5 分＞4 分。

师：灵活运用不同的方法都发现，苏苏能按时到达。

五、延伸课堂教学丰富数学模型

师：如果单价、速度可以用一段线段表示，3 支或 3 时我们就用这样的三段来表示。今天我们学习的两个数量关系可以用下面的线段图表示。

师：整条线段表示什么数量呢？

生：总价或路程。

师：看到这幅线段图，你能想到什么？

生：单价、速度我们可以看作是每份数，数量、时间我们可以看作是份数，用每份数乘份数就可以求出总数。

师：线段图中的每一份还可以表示什么吗？

生：每一份还可以看作是每天完成的工作量，整条线段表示的是完成的工作总量。

师：刚才我们说速度是不能直接测量的，而是通过计算得到的，如 8.5 米/分，这个复合单位是不是也隐藏着一个数量关系呢？ 12 元/本又表示什么数量关系呢？ 带着这样的问题，课后我们再思考。

【分析与评价】基于建构主义学习理论，借助线段图了解了本课所学习的两个数量关系。学生在构建数学模型思想的过程中，能够选择不同的数量关系解决生活中的实际问题，由“生活化”到“数学化”最后到“再创造”。在这个过程中，学生进一步感知每一种数量关系体现了不同的数学模型，进一步了解社会生活中与数学相关的信息，感受现实生活中蕴含的大量与数量有关的问题；能主动参与数量关系的分析与概括活动，培养有据思考、说理严密的品质。

3. 案例 1 的启示

在认识常见的数量关系时，教材一方面通过具体的问题，引导学生全方位地理解“单价、数量、总价”“速度、时间、路程”这两组数量之间的关系，掌握根据每组中任意两个量求第三个量的方法；另一方面，通过题组对比练习，引导学生初步体会“工作效率、工作时间、工作总量”三者之间的关系，进而掌握日常生活和生产中最常见的数量关系。本案例渗透数学文化的核心在于学生感悟和建立数学思想：模型思想。从教师行为和学生发展两个维度进行分析。学生在学习过程中采用动手实践、自主探索、合作交流等学习方式进行自主学习，情感获得进一步发展。学生自信学习，通过独立思考，探索乘法模型。

学生感悟模型思想需要经历一个长期的过程。小学数学建模必须结合学生的实际水平分层次逐步推进，既要考虑数学知识的“序”，又要考虑学生认知的“序”，教学过程中要让学生循序渐进，逐步提高学生的数学思考力和学习兴趣。渗透数学模型思想的教学策略如下。

1. 正确把握学生认知的“序”

著名儿童心理学家朱智贤认为：“小学生思维是由具体形象思维逐步向抽象逻辑思维过渡。”在实际教学过程中，要从学生熟悉的日常生活中购物情境出发，如学生比较熟悉的“单价、数量和总价”；在教学中以学生自主学习为主。

2. 合理安排数学知识的“序”

除了考虑学生数学学习认知的“序”之外，我们还必须考虑数学知识的“序”。教材是先出示图 1－8 的购物情景图，引导学生说说图中的每种商品的单价和数量，同时用复合单位的形式表示单价，接着呈现表示购买文具单价、数量和总价情况的表格，要求学生先填表再求出总价，并思考“总价和单价、数量之间有什么关系”，在此基础上，引导学生由得到的数量关系式进一步思考：根据总价和数量，如何求单价？根据总价和单价，如何求数量？

图 1－9 的编排和图 1－8 完全相同。在教学中，笔者在遵循教材编排内容的基础上增加了回顾以前解决过的实际购物问题、发票中的数学问题、借助生活经验体会速度，用线段图表示多个数量关系并抽象出“每份数、份数和总数”这一“乘法模型”。在构建“乘法模型”的过程中，笔者让学生循序渐进，并把模型的构建过程展示给学生，让学生在过程中体会数学模型的作用和价值。

在数学学习中，建立数的概念、探索规律、理解常见的数量关系……都是学生主动获取知识的活动，需要经历自主探索建立数学模型的过程。自主探索、合作交流是学生建立数学模型的重要方式。学生在借助“总价＝单价×数量”这一数量关系进行学习时，对“乘法模型”的理解还只停留在感性的层面上，在实际教学中，必须丰富学生的感性认识，从感性认识上升到理性认识，积累数学活动经验，从“生活化”上升为“数学化”。笔者安排了认识速度，体会速度和探究速度、时间和路程三者之间的关系等数学活动，再次引发学生对“当路程不变时，速度和时间有什么变化”这一问题的数学思考，学生的理解是非常出彩的：“当路程不变时，速度越快，时间花的越少。”在体验数学模型的过程中也体会到了“数量关系中的变与不变”。

在实际的备课过程中，笔者查阅了大量资料，并思考能否把本课中的两个基本的数量关系合并成一个数学模型呢？数学模型思想结构的两个主要特点如下：

1. 数学模型是经过抽象、舍去对象的一些非本质属性以后所形成的一种纯数学关系结构；

2. 这种结构是借助数学符号来表示的，并能进行数学推演。

基于这种认识，笔者和学生有如下对话：

“单价、速度可以用一段线段表示，3 支或 3 小时我们就用这样的三段来表示。今天我们学习的两个数量关系可以用线段图表示。

刚才我们说速度是不能直接测量的，而是通过计算得到的，如 8.5 米/分，这个复合单位是不是也隐藏着一个数量关系呢？12 元/本又表示什么数量关系呢？带着这样的问题，课后我们再思考。”

课后，很多有兴趣的学生在老师问题的引领下继续思考，12 元/本包含了“单价＝总价÷数量”这一数量关系，8.5 米/分包含了“速度＝路程÷时间”这一数量关系。在教学过程中，我们应让学生有更多的时间和空间去掌握数学思考的方法，体验数学问题解决的变化与联系，回味数学理性的美，最终提升学生的数学核心素养。

案例 2：用数对确定位置

“数学是思维的体操”，数学帮助我们形成良好的思维品质。在使人的思维更广阔、更深刻、更敏捷、更富有批判性和独创性中，数学扮演着重要的角色。在如今的课堂上，很多老师的问题是“你是怎么做的”，而极少的老师的问题是“你是怎么想的”，如今的课堂“想一想”多了，但真正独立、深刻、富有创造力的“思考”少了。

数学文化的渗透表现为数学理性精神的培养。数学作为文化的一部分，其最根本的特征是它表达了一种探索精神。理性，体现在数学追求一种完全确定、完全可靠的知识；理性，还体现在数学对解放人类起到了极大的作用。数学在理性地研究宇宙本源的同时使人类的思维逐渐脱离宗教的束缚，带领人类走向理性的时代。培养学生的理性精神有利于培养学生优秀的学习品质，养成严谨的良好习惯。

1. 课程标准、教材及学情分析

以图形与几何领域的“用数对确定位置”为例，探索在小学数学教学中培养学生数学精神的途径与策略。苏教版小学数学四年级下册“确定位置”（图 1－12、图 1－13）主要学习数对的意义以及用数对确定位置。

八 确定位置

1

通常把竖排叫作列，横排叫作行。一般情况下，确定第几列要从左向右数，确定第几行要从前向后数。

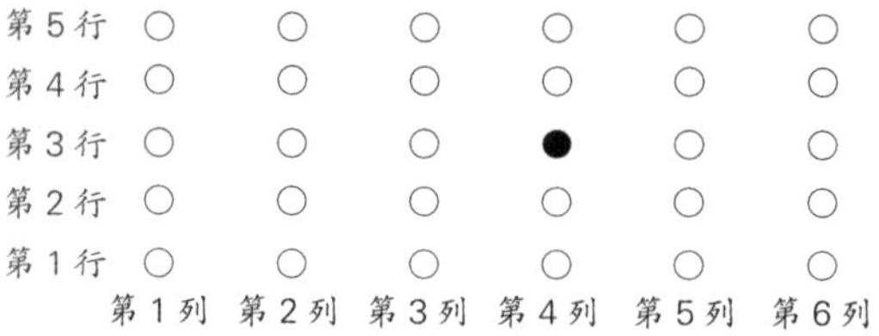

小军坐在第4列第3行，可以用数对(4，3)表示。

练一练

1. 在上图中找出第2列第4行的位置，用数对表示是(____，____)。
2. (6，5)表示图中第____列第____行的位置。

图1-12　电子教材用数对确定位置(1)

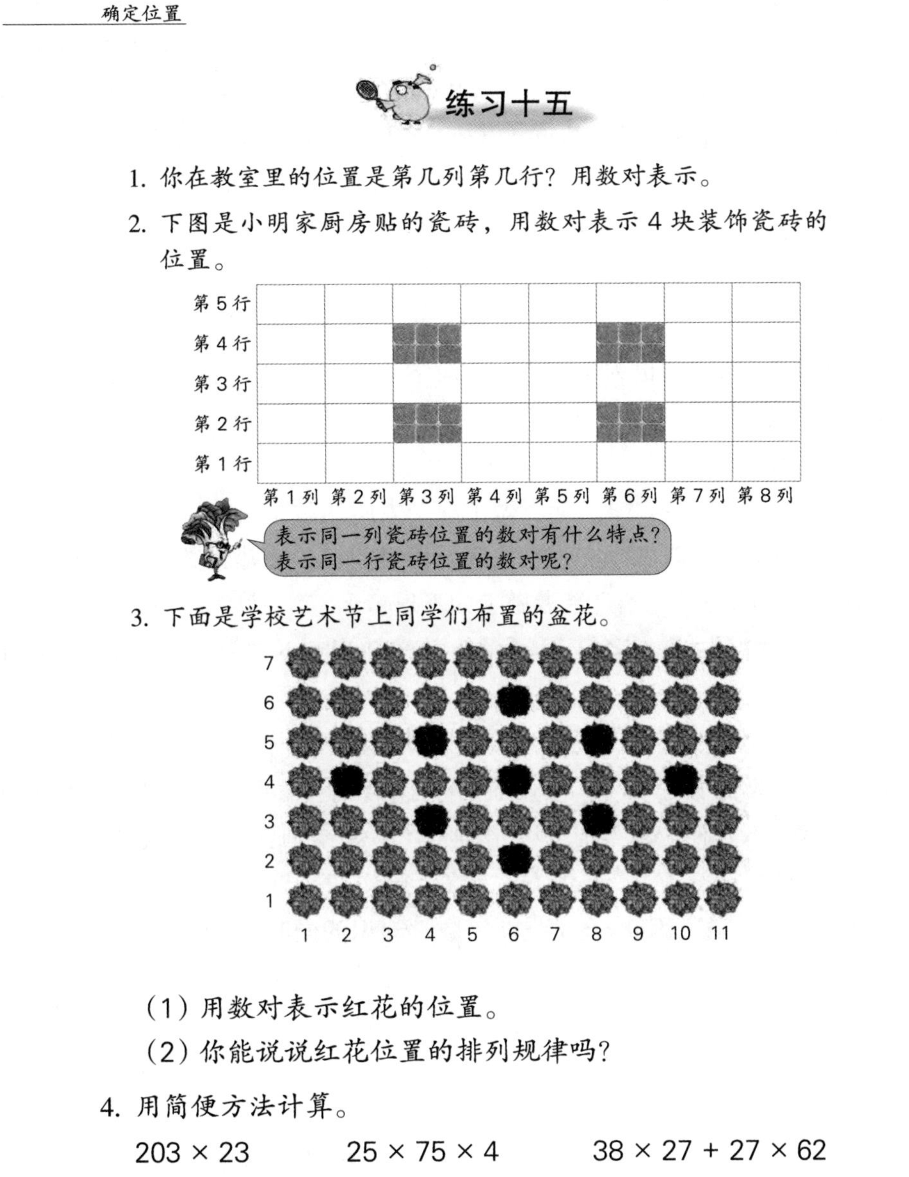
确定位置

练习十五

1. 你在教室里的位置是第几列第几行？用数对表示。

2. 下图是小明家厨房贴的瓷砖，用数对表示 4 块装饰瓷砖的位置。

3. 下面是学校艺术节上同学们布置的盆花。

（1）用数对表示红花的位置。

（2）你能说说红花位置的排列规律吗？

4. 用简便方法计算。

203×23　　　$25 \times 75 \times 4$　　　$38 \times 27 + 27 \times 62$

图 1－13　电子教材用数对确定位置(2)

《课标(2011 年版)》指出："在具体情景中，能在方格纸上用数对(限于正整数)表示位置，知道数对与方格纸上点的对应。"

学生在一年级已经学习了用"前、后、左、右、上、下"表示物体的位置，会用类似"第几""第几排第几个"等方式描述物体在方向或平面上的位置，初步获得了用自然数表示位置的经验。本课主要对这种经验加以提升，用抽象的数对来表示位置，进一步发展空间观念，提高抽象思维能力。数对能帮助学生初步建立平面的表象，架起数与形之间的桥梁，初步渗透数形结合及坐标思想，这也是学生以后学习平面直角坐标系的重要基础。学生经历由“用自己的方法确定位置”到“用列和行的方法确定位置”，再到“用数对确定物体的位置”，体会数学符号的简洁性和正确性；从学到用，体会一一对应的数学思想。

学生的感性经验上升到用抽象的数对来表示位置，那么怎样引发学生的学习需求？如何发展学生的抽象思维能力？如何增强空间观念，初步形成数形结合的思想方法，同时也为学生第三学段学习平面直角坐标系做一些铺垫和准备？如何将确定直线上点的位置、面上点的位置以及空间中点的位置形成一个完善的认知系统？

在进行备课思考之后，笔者做了一个大胆的教学尝试，即给三年级的同学上“用数对确定位置”，教学实施后发现学生也能够正确建立数对这一模型，初步理解数对表示的意义。于是笔者做了如下思考：

教学过程中，我们除了给予学生数学知识和基本技能之外，还能给予他们什么？

日本数学教育家米山国藏在他的著作《数学的精神、思想和方法》一书中说道：在学校学的数学知识，毕业后若没什么机会去用，一两年后，很快就忘掉了。然而，不管他们从事什么工作，唯有深深铭刻在心中的数学的精神、数学的思维方法、研究方法、推理方法和看问题的着眼点等，却随时随地发生作用，使他们终身受益。因此，在学生获得数学知识的同时，应渗透数学的理性精神和数学思想。

在教学过程中，我们应该渗透哪些数学思想？

课余时间，笔者查阅了大量的数学史料，当看到笛卡儿在发明数对的过程中对数学探索的理性精神，利用数对把数学和图形完美地结合起来时，便在第二轮备课中将“体会数形结合、一一对应的数学思想”作为教学目标之一。

通过以上两点思考，笔者在设计中突出了以下两个环节：在冲突中建立数对以及在感悟中建构数学和图形的联系，学生在探究的过程中感悟数形结合、一一对应的思想。

在教学过程中，我们怎样让学生重走数学家的探索之路，培养学生的数学精神呢？

上课之后，笔者再一次对这一节课进行打磨，学生在自主探索“数对”的过程中，数学思维的灵活性、敏捷性和批判性得到了训练，在汇报交流中通过对比、分析、反思，逐步形成了用数对确定位置的方法，并领悟到数学文化的魅力，把数学知识和图形联系起来，渗透了数形结合、一一对应的数学思想。笔者再次进行深入思考：学生在学习了确定位置后，知识是否系统化、板块化了，并在教学过程中展示一个完整的确定位置的体系？发展空间观念的最佳途径又在哪里？能否将教学内容指向数学素养，凸显数学的本质？

2. 课堂观察分析与评价

课堂从"用自己的方法确定位置""用行和列的方法确定位置""用数对的方法确定位置"和"数对的运用"等四个方面进行分析和评价，探索学生在学习数学的过程中自主探索的理性精神。

一、用自己的方法确定位置

谈话：这是四年级某班一横排的座位图，你知道了什么？

交流：有 6 个人，其中一个人叫小军。

谈话：你能说出小军坐在哪里？

汇报：从左边数，小军坐第 4 个位置；从右边数，小军坐第 3 个位置。

小结：是的，我们可以用"左"或者"右"确定物体的位置。

教师板书：左和右。

谈话：现在换成了一竖排，小军坐在哪里？

交流：从前面数，小军坐在第 4 个位置；从后面数，小军坐在第 3 个位置。

小结：是的，我们也可以用"前"或者"后"确定物体的位置。

教师板书：前和后。

谈话：这是小军班级的座位图，你知道小军坐在哪里？

汇报：小军坐在第 4 组第 3 个；小军坐在第 3 排第 4 个。

谈话：你是怎样想的？

设疑：为什么同一个位置，说法却不一样呢？引发学生对已知的确定位置的方法进行质疑。

引导：标准不统一。有的同学是从左右方向数的，有的同学是从前后方向数的。你的方法你能懂，他的方法他能懂，这样交流起来会怎样呢？

交流：麻烦！

引导：怎样才能不麻烦呢？我们需要统一标准。

揭题：今天我们一起来研究确定位置。

教师板书:确定位置。

二、用列与行的方法确定位置

1. 认识列和行的概念

谈话:像这样排列时,通常用“列”和“行”来确定位置。什么叫作“列”?

汇报:竖排叫作“列”。

启发:哪儿是第一列呢?(可以请学生上台指一指)

交流:确定第几列,一般从左往右数。(完善板书:从左往右)

谈话:什么叫作“行”呢?

汇报:横排叫作“行”。

启发:哪儿是第一行呢?(也可以请学生上讲台指一指)

交流:确定第几行,一般从前往后数。(完善板书:从前往后)

2. 用列和行确定位置

谈话:现在你能用列和行的方法说出小军坐的位置吗?让学生尝试用第几列第几行进行描述。

汇报:先确定第几列,从左往右数是第4列,再确定第几行,从前往后数是第3行,合起来说就是第4列第3行。(教师板书)

简化:为了研究方便,还可以把这张座位图变成圆圈图,红圆圈就是小军的位置,你还能能用列和行的方法说出小军坐的位置吗?

启发:你是怎样想的?

汇报:先确定第几列,从左往右数是第4列,再确定第几行,从前往后数是第3行,小军在竖线和横线交汇的地方。

练习:你能用“列和行的方法”说出小明和小芳的位置吗?

汇报:小明坐在第3列第4行,小芳坐在第5列第5行。

【分析与评价】教学应从学生的已有经验出发,让学生在具体情境中知道列、行的含义,知道确定第几列、第几行的规则;让学生用自己的方法确定小军的位置,激发学生的认知冲突,产生运用一种统一、简洁的方式确定物体的位置的需求。一旦产生了学习的内在需求,就可以让学生动手探索、合作交流,去发现用一种简洁明了的数学语言确定物体的位置。在探索的过程中,培养了学生的数学理性精神。

三、用数对的方法确定位置

1. 初步认识数对

谈话:第几列第几行让我们确定位置有了统一的标准。但以小军的位置为例,美国人看不懂中文,你能不能发明一种所有人都能看得懂的方法?

尝试:学生思考、讨论、汇报交流。

汇报:去掉中文,只留下阿拉伯数字,中间都用逗号隔开。

交流:为了表示第几列和第几行是一个整体,我们用一个括号将它们括起来。

像这样表示位置的一对数我们称为"数对"(板书:用数对)。

启发:数对(4,3)表示什么意思?

交流:表示第4列第3行。

练习:你能用数对表示小明和小芳的位置吗?

比较:数对(3,4)和数对(4,3)表示的意思一样吗?两个数的位置调换了,表示的意思也就改变了。数对(5,5)中两个5表示的意思一样吗?

小结:数对中的两个数各表示什么呢?谁在前?谁在后?通常先写列,再写行,老师有一个特别棒的方法,让你一看就明白(把"列"的一竖和行的"二"用红粉笔加粗)。

交流:你发现了什么?

汇报:列字里面有一个"1",行字里面有一个"二"。

2. 体验价值

谈话:用数对确定位置的方法有什么好处呀?

汇报:简洁明了,便于交流。

【分析与评价】在自主探究方法的过程中,初步理解数对的意义,运用数对表示具体情境中物体的位置。从用自己的方法到用列和行的方法,到最后抽象出用数对确定物体的位置的数学化过程,让学生体会数学的抽象和模型思想,培养符号意识,学生在构建数对知识的过程中,培养了数学精神。

四、数对的应用

1. 教室中的数对

谈话:你能用数对表示你坐在教室里的位置吗?

交流:(略)

数对中的两个数都一样,你发现了什么?

汇报:这些同学在同一条斜线上。

表示第一列同学位置的数对有什么特点?你发现了什么?为什么?

表示第一行同学位置的数对有什么特点?你又发现了什么?为什么?

小结:我们不仅找到了自己的位置,而且还发现了数对和图形之间的特点,有了数对，我们就能更好地去研究图形了。

2. 交流：生活中还有哪些地方会用数对确定位置？

学生汇报交流，课件出示。

3. 介绍数对的发明。

谈话：数对给我们的生活带来了方便，但数对的发明却是一件非常偶然的事情。（课件播放）

启发：笛卡儿写给瑞典公主克里斯蒂娜的心形线密信。

4. 如图1-14，如果学校所在的位置用数对(4,3)表示，那么你能想办法用数对表示出其他各点的位置吗？

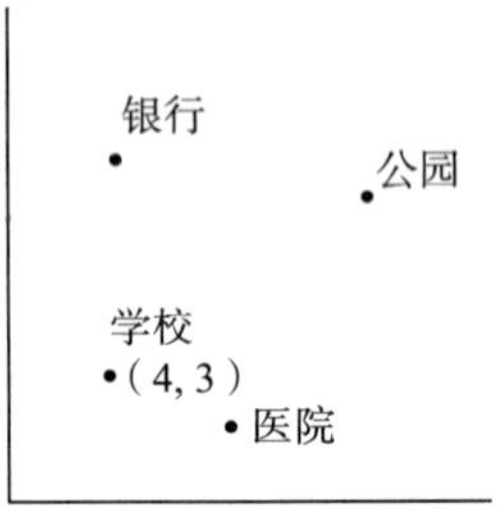

图1-14　建筑位置图

【分析与评价】学生经历了“用自己的方法确定位置”到“用列和行的方法确定位置”最后到“用数对确定位置”这三个阶段，由模糊到清晰、由具体到抽象，逐步掌握了用数对确定位置的方法，丰富了对现实空间的认识，进一步培养了学生的数学理性精神。学生积极参与学习活动，感受数对与生活实际的联系，体会数形结合的数学思想，拓宽知识视野，激发数学学习的兴趣。通过一系列练习，逐层深入，沟通数学和生活的联系，巩固并熟悉方法，在掌握方法的基础上，着重体会数对和物体的位置一一对应的关系。

五、激发兴趣，拓展思维

谈话：教室空间里的一个物体，它的位置又应该怎么样确定呢？下课后我们还可以继续研究。

3. 案例2的启示

本教学案例中数学文化渗透的核心点在于数学精神的培养，数学的核心是理性精神。

《课标(2011年版)》提出了数感、符号意识、空间观念、几何直观、数据分析观念、运算能力、推理能力模型思想、应用意识和创新意识等十个关键词，这节课要指向哪些数学素养？如何使确定位置这一教学内容在学生的认知结构中建立一个完整的体系，即形成“经历确定点的位置—确定线上物体的位置—确定面上物体的位置—在空间内确定物体的位置”？带着对以上两个问题的思考，笔者以培养学生的符号意识、模型思想，发展学生的空间观念，感悟“数形结合、一一对应”的数学思想为目标，借助生活经验，激发认知冲突，构建系统化的教学设计。

经过几轮磨课，笔者对“用数对确定位置”这一教学内容有了更深刻的理解。因此，在教学过程中要多反思自己的课堂，在学情分析的过程中要关注学生的知识起点在哪里？应该将学生引导到哪里去？只有多从学生的角度去把握教材，才能为学生的数学素养的不断提升奠定基础；在进行教材处理的时候，作为教师既要关注数学的基础知识和基本技能，还要关注教材的上位知识，即我们在数学课堂中应渗透数学思想和方法，把提升学生的数学核心素养作为我们的教学目标。

培养学生的数学理性精神在于发展学生的数学思维。在探索“用列和行的方法确定位置”到“用数对的方法确定位置”的过程中，应充分发挥学生的创新能力和做数学的能力。

案例3：数据的分段和整理

数学让我们从确定性中寻找力量。法国数学家波莱尔说过：“数学是我们确切知道我们在说什么，并肯定我们说的是否对的唯一科学”。数学中的每一个结论都不可能带有任何个人感情色彩，除了可以给予我们知识和方法外，更可以借助存在于数学中的“真”让我们正确、客观地认识我们所生活的世界，建立起人们对确定性、真理的最初印象。数学分析是数学六大思想之一，是统计领域的核心。在大数据时代，培养学生的数据分析能力有利于提高学生发现问题、提出问题以及分析问题、解决问题的能力。

1. 课程标准、教材及学情分析

分段整理数据是基本的统计活动，也是最常用的方法。“数据的分段和整理”是苏教版小学数学四年级上册的内容(图1-15，1-16)，教材要求学生采用画“正”字的方法整理，并提供了分类统计的记录单。在分类整理数据时，要做到不遗漏、不重复，并把各个数据正确地归属到统计表中。

2 梅峰小学准备为鼓号队员购买服装。服装分为大号、中号和小号。身高130~139 cm 的队员适合穿小号，140~149 cm 的适合穿中号，150~159 cm 的适合穿大号。你知道每种服装各要购买多少套吗？

梅峰小学鼓号队员身高记录单

2012 年 9 月

编号	身高/cm	编号	身高/cm	编号	身高/cm	编号	身高/cm
1	146	9	146	17	137	25	156
2	144	10	143	18	143	26	139
3	134	11	136	19	138	27	159
4	142	12	145	20	141	28	145
5	137	13	151	21	144	29	143
6	140	14	157	22	141	30	152
7	137	15	151	23	152	31	146
8	138	16	140	24	153	32	137

身高/cm	人数
130~139	
140~149	
150~159	

图 1－15　电子教材统计(1)

统计表和条形统计图(一)

把整理的结果填入统计表中。

梅峰小学鼓号队员身高情况统计表

年 月

身高/cm	合 计	130~139	140~149	150~159
人 数				

通过统计，你有什么收获？

通过分段整理，可以知道每种服装要买多少套。

分段整理时，要注意不重复、不遗漏。

练一练

铁道部门规定，儿童身高在120厘米以下乘火车免票，120~150厘米之间享受半价票。你们班有多少人乘火车可以享受免票？有多少人需要购买全价票？

先在小组里了解每人的身高，并分段整理，再全班汇总。

姓 名	身高/cm	姓 名	身高/cm	姓 名	身高/cm	姓 名	身高/cm

____班同学身高情况统计表

年 月

身高/cm	合 计	120以下	120~150	150以上
人 数				

你们班同学乘火车时，是需要购买全票的人多，还是享受半价票的人多？你还能想到什么？

图1-16 电子教材统计(2)

对于统计的内容标准，《课标(2011年版)》指出：“经历简单的收集、整理、描述和分析数据的过程。”在统计与概率教学领域，数据分析是核心，应让学生体会到数据中蕴含着信息，同样的数据可以有多种不同的方法表示，可以用统计图分析，也可以用统计表分析；在统计过程中体验随机性。

学生已经初步学习了如何进行简单数据的收集和整理，知道用画“√”、画“□”、画“正”字等方法收集整理原始数据，依据学生的认知发展规律和已有经验，运用画“正”字的方法把数据进行分段整理，学生借助自己能理解的特殊“记号”帮助自己在计数过程中不重复、不遗漏地进行分段整理，并充分理解分段整理的好处以及在什么情况下需要进行分段整理，增强学生的数据分析意识，提升学生的数据分析能力。

基于以上对教材的理解，笔者在教学过程中针对以下几个问题进行思考：

数据的分段标准是老师直接给予学生还是让学生自主探究？在教学过程中如何培养学生的数据分析观念？

如何让学生体会到分段整理数据的好处？是指向解决问题吗？

如何在学生经历完整的数据分段与整理的过程中，给学生建立起数据分析观念？

2. 课堂观察分析与评价

本案例从“创设情境、激发需求”“回顾反思、提升素养”“巩固练习、内化新知”和“全课总结、增强意识”四个方面进行分析和评价，旨在培养学生的数据分析观念。

一、创设情境，激发需求

谈话：同学们经常到超市购物，你知道这个货架上的商品为什么这样摆放吗？

交流：超市商品摆放的黄金法则。

出示图片：这样的例子还有很多，如大数据背景下的天气预测等。

揭示：统计对于我们的生活非常重要。

1. 激发冲突，引入学习

谈话：梅峰小学就遇到了这样一个实际问题。

出示：主题图片。

谈话：梅峰小学准备为鼓号队员购买服装，服装分为大号、中号和小号。你知道每种服装各要购买多少套吗？

汇报：缺少条件，即缺少每位同学的身高。

谈话：是的，购买服装需要知道队员的身高、体重、性别等信息。

引导：最重要的信息是身高。

出示：鼓号队1至32号队员的身高。

启发：现在你能知道每种服装各要购买多少套吗？

汇报：不能。

激趣：为什么呢？

汇报：缺少“多高穿多大的衣服”，即统一的分类标准。

交流：你认为应该以什么样的标准进行分类？

讨论后汇报：应该以身高这一标准进行分类，身高高的穿大号，身高矮的穿小号，不高不矮的穿中号。学生可以举例说一说。

谈话：是的，你们和老师想到一块去了。

出示标准，学生观察：你知道了什么？

交流：身高130—139 cm的队员适合穿S号，就是小号；140—149 cm的队员适合穿M号，也就是中号；150—159 cm的适合穿L号，也就是大号。

谈话：上面这些数据分成了几段？每10厘米一段，这样分有什么好处？

交流：段数不能太多，也不能太少，在这里，分3段比较合适。

【分析与评价】教学目标应该符合课程标准，切合学生的实际，学生在学习过程中感悟数学的研究方法。结合具体情境，理解并掌握对较多的数据进行分段整理、分析。通过分段整理、分析数据，解决生活中的实际问题，让学生感受到生活中的数据的价值。在大数据时代，我们怎样研究数据呢？

2. 尝试统计，体验方法

启发：身高数据有了，分段标准也确定了，现在我们知道各种服装需要购买多少套吗？

交流：要统计不同身高的人数。

谈话：你能用画“正”字的方法统计不同身高的人数吗？

尝试：学生尝试进行统计数据。

汇报：我是用画“正”字的方法进行分段整理数据，方便统计人数。

谈话：这就是我们今天要研究的数据的分段整理。教师板书课题。

设疑：为什么这两位同学都是用画“正”字的方法进行统计，可是统计结果不一样呢？

汇报：分段整理时，可能重复计算了，也可能遗漏了。

谈话：有什么好的方法能让我们统计各段人数不多也不少呢？

启发：看看这张表格整理的分段结果，你要知道不同身高的人数，你要数一遍,他要知道结果也要数一遍,我看还是要数一遍,你觉得怎么样?

汇报:很麻烦。

启发:怎么样才能不麻烦,让人一样看出不同身高的人数呢?

谈话:把整理的结果填入统计表。

学生尝试填表。

启发:合计这一栏你是怎么样得到的?填写这一栏有什么好处?填写制表时间,作答以解决问题。

谈话:现在能知道购买各种服装多少套吗?

分析:从这张统计表中,你能知道哪些信息?

27号队员的身高是159 cm,你估计一下他在鼓号队担任旗手还是指挥,为什么?

3号队员的身高是134 cm,你估计一下他在鼓号队担任什么角色?为什么呢?

【分析与评价】通过日常生活情境,激发学生的认知冲突。从用画“正”字的方法进行统计中,学生体验到分段整理数据的好处,层层深入,循序渐进,提高学生的数学分析能力。数据分析最终能够解决生活中的问题。

二、回顾反思,提升素养

1. 回忆过程,提高能力

谈话:我们刚才进行分段整理数据经历了哪几个步骤?

汇报:收集数据、整理数据和分析数据。

启发:通过统计,你有什么收获?

交流:通过分段整理,可以知道每种服装要买多少套,我们最终解决了实际问题。

分段整理时,要注意不重复、不遗漏。

设疑:如果不给你原始数据整理表,直接给你统计表,你可以用画“正”字的方法进行统计吗?

汇报:可以的,先统计,后验证,填表之后再擦去。

2. 增强意识,提升素养

谈话:在什么情况下我们要对数据进行分段整理统计。

交流:在数据较多,要分成几段不同的范围的时候。

【分析与评价】经历自主探索、合作交流等学习方式,运用分段整理数据进行统计、分析。经历统计的过程,积累数据统计经验,体验分段整理数据的好处,不重复、不遗漏。通过回顾与反思,体验数据分析的方法,增强数据分析意识,提高学生的数学素养。数学分析帮助我们解决了生活中的实际问题。在分析数据的过程中,学生感悟到数据的分段非常重要,为了合理地对数据进行分段,首先要找出这组数据中的最大值和最小值,然后根据最大值和最小值确定数据区段,一般以5、10、15等为区段,也可根据实际情况来灵活确定。

三、巩固练习,内化新知

1. 初步练习,练一练

出示:练一练。

谈话:读完这段话,你知道了什么信息?

汇报交流。

启发:要解决什么问题?

交流:要知道购买免票、半价票和全价票各有多少人?

统计收集各小组的身高,并分段整理。

启发:120 cm以下是什么意思? 120—150 cm? 150 cm以上呢?

交流:120 cm以下不包含120 cm,150 cm以上也不包含150 cm。

尝试:学生尝试解决。

汇报:全班汇总。

交流:我们班级同学乘火车时,是需要购买全价票的人多,还是半价票的人多? 你知道了什么?

小结回顾。

2. 深入练习,练习七第2题

学生尝试练习。

汇报:集体汇报交流。

设疑:张小红1分钟仰卧起坐的成绩在这个班女同学中排在前10名。你能估计她的成绩可能是多少吗?

启发:你有什么话对张小红说吗?

【分析与评价】通过练习,学生能够熟练运用所学知识,理解知识、巩固新知,积累数学活动经验,体会到数学学习的乐趣,提高学好数学的自信心。

四、全课总结,增强意识

这几节课我们学会了什么? 你能上台说给同学们听吗?

学生交流。

3. 案例 3 的启示

案例 3 渗透数学文化的核心在于数学的研究方法，让学生感悟数学的价值，即我们所学的“数据的分段和整理”有什么用，它的价值在哪里？通过数学研究方法的渗透，培养学生的创新精神和实践能力。

首先，要把学生往前推。精彩的应该是学生的思维，让学生自主探索、学习新知，从学生内需出发，明确学生的学习要求。“数据的分段和整理”要把重点放在学生数据分析观念的培养上，让学生带着问题去思考。基于解决问题的需要，让学生体会到为什么要分段？怎样分段？分段有什么好处？

其次，“数据的分段与整理”这节课看上去很简单，但简单的课如何上出数学味，我们需要对数据进行分析、对数据进行解读，除了关注教学过程，我们还要有数据分析的味道。

最后，要对教材进行解读。作为一线教师，我们要读懂教材，更要高于教材解读，要收集素材，为学生建立数据分析观念建立基础。一节课，我们用问题引领学生，尤其是用核心问题引领学生进行数学思考。比如，对学生的服装进行分段整理，我们要考虑哪些有效的信息？孩子的身高、服装的型号、身高与型号的匹配关系等都是我们要考虑收集的有效信息。基于实际问题，我们可以选择不同的分段标准，让学生经历收集数据、整理数据、描述数据和分析数据的一个完整过程，提高学生的数据分析能力。

案例 4：树叶中的比

新课程标准指出：“推理是数学的基本思维方式，也是人们学习和生活中经常使用的思维方式，因此，推理也贯穿在整个数学学习中。”推理一般包括合情推理和演绎推理。合情推理是从已有的事实出发，凭借经验和直觉，通过归纳和类比等推测某些结果，是由特殊到一般的过程。演绎推理是从已有的事实（包括定义、公理、定理等）出发，按照规定的法则（包括逻辑和运算）验证结论，是由一般到特殊的过程。在解决问题的过程中，合情推理有助于探索解决问题的思路、发现结论；演绎推理用于验证结论的正确性。

1. 课程标准、教材及学情分析

“树叶中的比”是苏教版小学数学六年级上册的教学内容（图 1-17，1-18），属于“综合与实践”领域，本案例要求组织学生测量树叶的长和宽，并计算它们的比值，探索其中的规律。在这次活动中，学生要联系刚学到的比的知识，运用已经掌握的测量长度的技能；要利用统计的思想方法，充分开展收集和整理数据活动；要积极参与小组合作交流，和同伴分享各人获得的数据，共同发现规律。在本次活动中，学生应通过细心测量、认真计算得到正确的数据，通过对数据的比较和分析，发现树叶中隐藏的规律。针对以上认识，本案例的数学文化的渗透重点在于数学的推理方法和着眼点上。

树叶中的比

提出问题

你认识这些树叶吗？观察下面的树叶，你有什么想法？

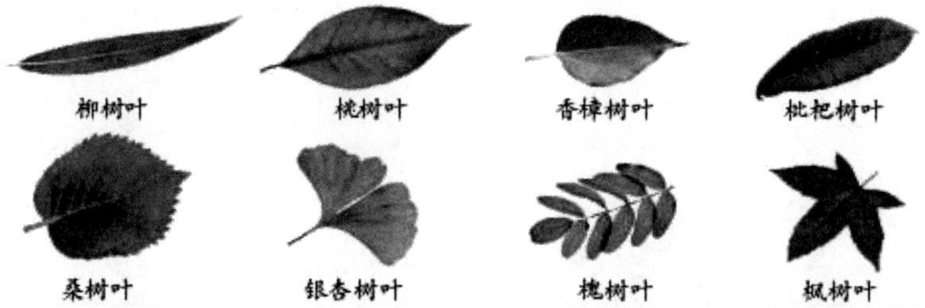

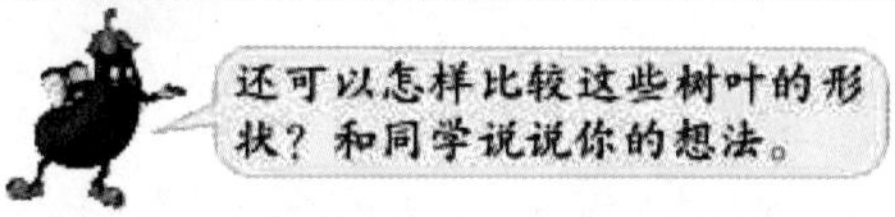

探索实践

每人采集一种树叶（10 片），像下面这样量出每一片树叶的长和宽，算出长与宽的比值（得数保留一位小数），填入下表。

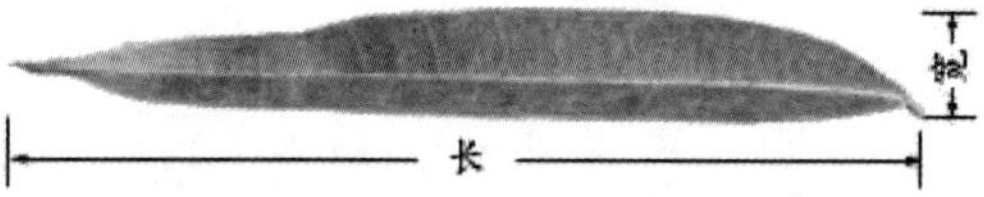

图 1-17　电子教材树叶中的比(1)

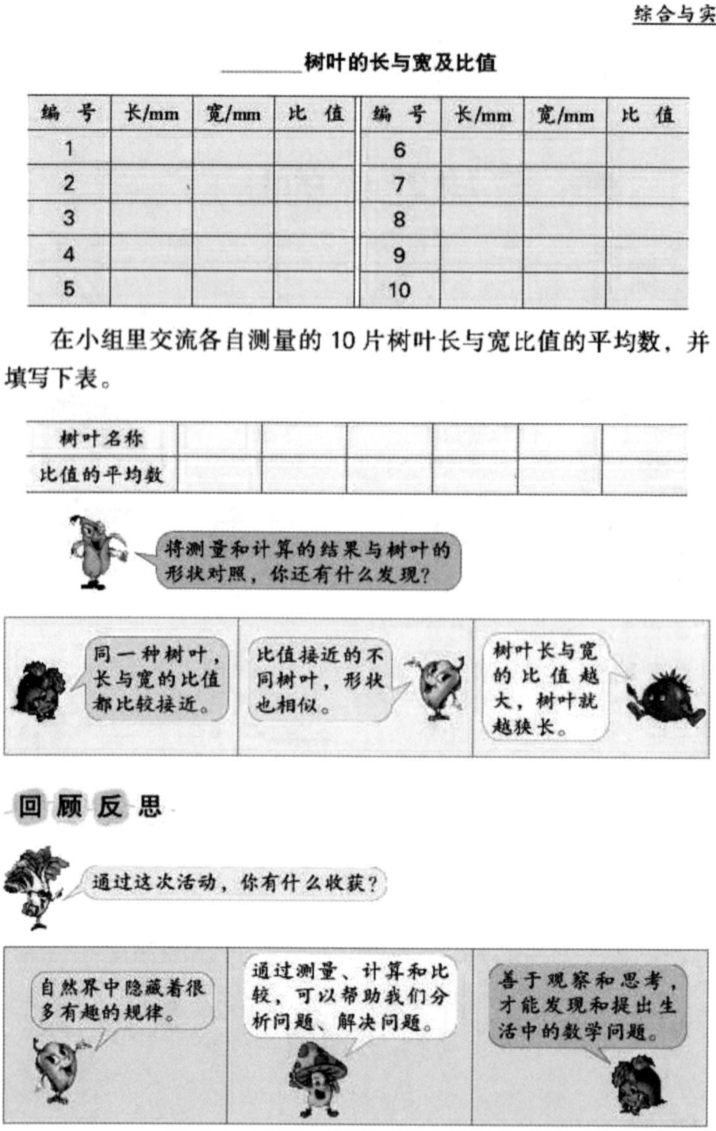

综合与实践

______树叶的长与宽及比值

编号	长/mm	宽/mm	比值	编号	长/mm	宽/mm	比值
1				6			
2				7			
3				8			
4				9			
5				10			

在小组里交流各自测量的10片树叶长与宽比值的平均数，并填写下表。

树叶名称						
比值的平均数						

图1－18　电子教材树叶中的比(2)

“综合与实践”是培养应用意识很好的数学载体。《课标(2011年版)》指出：“结合实际情境，体验发现问题和提出问题，分析和解决问题的过程。在给定目标下，感受对具体问题提出设计思路、制定简单的方案解决问题的过程。通过应用与反思，进一步理解所用的知识和方法，了解所学知识之间的联系，获得数学活动经验。”

这部分内容是在学生掌握了比的相关知识，特别是学习了如何求比值之后安排的一个综合与实践活动——测量树叶中的比。教学内容引导学生经历收集整理数据、分析数据、发现规律的过程，通过测量、比较同一树叶的长和宽的比值，发现树叶中隐藏的秘密。比如同一种树叶，长和宽的比值都比较接近；比值接近的不同树叶，形状也相似；树叶长与宽的比值越大，树叶就越狭长等。让学生在动手操作的过程中进一步体验比在现实生活中的应用，加强学生对比的认识，积累通过数据分析发现事物特征的经验，增强数据分析观念，提高初步的实践能力和创新意识。同时为第三学段学习图形的相似性打下基础。本节课笔者的思考如下。

如何引发学生的数学思考，提出问题，特别是提出核心问题？

综合与实践活动如何培养学生的创新意识和应用意识？

如何培养学生的推理方法和着眼点，并渗透数学的推理思想？

2. 课堂观察分析与评价

本案例渗透数学文化的核心在于培养学生的推理方法和解决问题的着眼点上，从“创设情境、提出问题”“动手实践、自主发现”和“课堂总结、回顾反思”等三个方面进行分析与评价。

一、创设情境、提出问题

1. 情境导入

出示：这是两位同学画的柳叶。

引导学生观察。

启发：谁画得更像？

激趣：这是为什么呢？

2. 观察比较

谈话：图形有自己的形状，那生活中的树叶呢？课前大家收集了很多树叶，仔细观察一下采集的树叶，看看每种树叶有什么特点，小组里互相说说看。

启发：看看它们的大小、形状是怎样的，不同树叶的大小、形状区别在哪里？相同的树，树叶的大小、形状又有怎样的关系？

小组观察后进行讨论。

学生汇报交流，可能出现以下汇报内容：

① 树叶有大有小，有的树叶长长的，有的圆圆的；

② 相同的树，树叶的大小不同，但形状是相似的；

③ 不同的树,树叶的形状一般是不同的。

3. 揭示课题

谈话:这是为什么呢?相同的树,树叶的大小不同,但是形状相似,联想刚才的两片柳叶,我们从数学角度看,它有什么特点呢?让我们一起进入今天的学习,研究树叶中的比。

4. 设疑提问

交流:怎么样可以知道每种树叶长和宽的比呢?怎么样比较这些树叶长和宽的比呢?说说你的想法。

明确:先测量树叶的长和宽,再比较长和宽的比值。

指出:测量、计算、比较是我们研究数学常用的好方法。

【分析与评价】在学生发展方面关注了学生自主学习能力的培养,鼓励学生独立思考,培养数学思维的深度和广度。学生在解决问题的过程中能够用数学的眼光观察现实世界,能用数学的思维理解现实世界,能用数学的语言表达现实世界。这一环节从学生熟悉的长方形的比到树叶中的比,从学生的已有经验出发,探寻学生新的知识的“生长点”和“延伸点”。

二、动手实践、自主发现

1. 认识长宽

谈话:动手实践之前,我们先要弄清楚树叶的长和宽指的是什么。

交流:以书本上柳叶为例,请同学们上台指一指柳叶的长和宽。

巩固:桃树树叶的长和宽、桑树叶的长和宽、枇杷树叶的长和宽以及银杏树叶的长和宽在哪里?请学生上台介绍解释,同桌互相说一说。

2. 动手实践

出示活动要求:

(1) 4 人一组,测量柳树的树叶,组长分工。

(2) 每个小组测量出 10 片同一种树叶的长和宽,并算出长和宽的比值(保留一位小数),填在 67 页的表里。

(3) 计算出你测量的树叶的长和宽的比值的平均数。

(4) 在小组里交流各自测量得到的树叶的长和宽的比值的平均数。

(5) 将测量和计算的结果进行对照,在小组里说说你的发现。

学生操作实践,记录数据并进行相应计算。

3. 汇报交流

可能有以下想法:

① 柳树树叶的长和宽的比值大约是8；

② 同一种树叶的长和宽的比值比较接近，虽然大小可能不同，但形状是相似的。

4. 深入探究

操作：再次组织学生从桑树叶、枇杷叶以及银杏叶中选择两种树叶，再一次进行上面的操作活动。

设疑：现在你测量和计算的结果还是8吗？这是为什么呢？你发现了什么？难道是我们刚才测量的数据或者是发现不正确吗？

交流：

① 不同树种的树叶长和宽的比值可能不同，也可能相同。

② 比值接近的不同树叶，形状也相似；

③ 长和宽的比值越大，树叶就越狭长；

④ 长和宽的比值越小，树叶就显得宽一些。

【分析与评价】引导学生观察树叶，在比较树叶的过程中，发现通过测量比较树叶的长和宽来探究同种和不同种树叶形状的方法，开启了学生的思维，培养了学生学以致用的意识，也为下面的探索实践做好了准备。通过数据收集和计算，探索发现能根据一些常见树叶长和宽的比判断这片叶子是哪种树的叶子。让学生经历数据收集、计算、比较、合作交流等实践过程，感受数据收集的作用，体验数据的随机性，体会从数据里可以发现规律，进一步积累数学活动经验，发展数据观念。

5. 实际运用

猜猜老师信封中采集的几种树叶的名称。

教师一一出示，学生根据规律进行猜想：

1号信封树叶：长和宽的比的8∶1；

2号信封树叶：长和宽的比是2∶1；

3号信封树叶：长和宽的比是7∶1；

4号信封树叶：长和宽的比是7∶1。

学生猜测它们各是什么树叶，为什么？

【分析与评价】自主探索柳叶的长和宽的比值，积累数学活动经验，得出柳叶的长和宽的比值的平均数大约是8，引发学生的认知冲突，为什么我们测量的桑树叶和桃树叶的比却不是8呢？这其中的奥秘在哪里呢？不断激发学生的学习兴趣，丰富学生的数学活动经验，培养学生的合作精神与探究能力，进而提高学生的数学素养。在学习过程中体会现实生活中的比，感受数学的意义和价值，增强学生学习数学、应用数学的兴趣。学生从树叶的形状到数学中的比，再从数学中的比想象出树叶的形状和类型，培养学生的推理、解决问题的能力。

三、课堂总结、回顾反思

谈话：今天我们上了一节有趣的数学实践活动课，探究了树叶中的比，通过这次实践活动，你知道了树叶中的哪些奥秘？你有什么收获？

学生可能有以下收获进行汇报：

① 自然界中隐藏着很多有趣的规律。

② 测量、计算和比较可以帮助我们分析问题、解决问题。

③ 只有善于发现和思考，才能发现和提出生活中的数学问题。

3. 案例 4 的启示

案例 4 进行数学文化渗透的着眼点在于培养数学的推理方法和解决问题的能力。本质在于用数学的知识解释现实世界的数学问题。

在新课的导入上，如果采用画一画的方法，即比一比谁画的树叶更像，导入可能会更好一些，而比较两个长方形的形状对学生来说有很大难度。结合师生的互动效果，在处理教学目标时，我们既要考虑到教学目标的显性要求，就是我们常常所提及的基础知识和基础技能；还要考虑到教学目标的隐性要求，也就是学生的能力、非智力因素，这些隐性要求需要借助知识技能才能完成；更要在教学目标的设定过程中进行学情分析，要研究学生，尤其是研究不同年龄阶段学生的共性以及他们的差异，然后对教学目标进行调整。

教学没有目标，犹如大海航行没有方向。每次上课时笔者总要问问自己，这节课的教学目标是什么？要带我的学生到哪里去？在选材、教学、评价等方面，再次进行思考，结合培养数学的推理方法和解决问题的着眼点，最终确认以下三个原则：为学而选、为学而教和为学而评。

为学而选主要是在教材处理上我们要注重有效性、整体性和丰富性，做到三性一体。在教学过程中，我们要关注教学环节的整合，切忌重复。如在课的新授部分，我们倡导简洁；在练习部分，我们提倡素材的丰富性；又如在统计与概论领域，我们应该让学生体会到统计的价值，学生在有统计需求的基础上产生方法。选择具有代表性的树叶，认识树叶的长和宽，知道当长和宽的比值比较大时，树叶的形状是狭长形，比如柳树的树叶；反过来，当树叶的形状比较狭长时，长和宽的比值一定较大。

为学而教主要是在教学方式的处理上，我们如何把握直线推进和螺旋上升的尺度？如果仅仅是知识，不需要探究，则适合采用直线推进的方式；如果需要经历认识、理解、巩固等过程，则可以采用螺旋上升的方式。

在教学的过程中，我们要思考知识的“生长点”和“延伸点”在哪里？教学中的行云流水或磕磕碰碰，哪一个更有利于教学？如何在教学过程中制造教学的冲突、思维的冲突来触发学生的数学思考、引发数学问题以突出学生的主体性和教师的主导性？以上这些问题我们应该进行深层次的思考。在测量树叶的长和宽时，我们经历了两个阶段：一是认识树叶的长和宽，二是计算长和宽的比。

为学而评主要探讨的是数学评价。即课前的交流、课中过渡语的衔接以及课后的总结如何进行？现在很多课堂常常以“同学们，通过今天这节课的学习，你有什么收获”来结语，作为评委老师，一天听十几遍会产生一种乏味，作为学生，一年 365 天，每天都以“你有什么收获”来结语，会减淡对数学的兴趣。故全课总结也要有味道，也需要分层，逐层逐步进行小结，小结形式也可以是综合性的练习。

五、小学数学文化渗透的原则

结合以上四个领域的四个案例，除了数学知识本身以外，我们在实际教学过程中可以有针对性地渗透数学思想方法，如“常见的数量关系”有针对性地渗透数学的模型思想；“用数对确定位置”指向渗透数学的理性精神；“数据的收集与整理”在于重点渗透数学的研究方法；“树叶中的比”这一教学内容在乎渗透数学的推理方法和解决问题的着眼点。在日常小学数学教学过程中渗透数学文化，我们应该把握以下 4 点原则。

1. 民主的人情味

现代的师生关系是以教师尊重学生的人格、平等地对待学生、热爱学生为基础的，同时学生是处在半成熟、发展中的个体，需要对他们进行指导。师生关系在人格上是平等的关系。著名特级教师王崧舟说：“教育当以慈悲为怀。”有人情味的文化课堂上，学生是自由的、坦诚的、积极主动的、富有生命力的。小学生的年龄一般在六周岁至十二周岁，在心理学上称为学龄初期。这一时期的小学生的心理特点是：(1) 对新奇的具体的事物感兴趣，善于记忆具体事实；(2) 思维发展的基本特点是从具体形象思维逐步向抽象思维过渡。小学生对周围事物充满好奇，有一种与生俱来的、以自我为中心的探索活动方式。正如苏霍姆林斯基所说，儿童希望自己是发现者、研究者、探索者。学生不是被动接受知识的容器，而是以自己已有的知识、经验甚至情感为基础的主动建构者。学生的学习过程强调以学生为主，以民主、宽松、和谐的学习氛围为条件，以发挥学生的主动性和积极性为特征，以发展学生的自主性、能动性和创造性为目的。只有建立民主、平等的师生关系，才能在和谐的氛围中渗透数学文化。

2. 浓郁的探究味

在渗透数学文化过程中，要把学生往前推，精彩的是学生的思维。营造数学课堂浓浓的思考味关键有二：一是处理好“动”与“思”的关系。“动”是“思”的基础和指向，“思”是“动”的表达和深化。“动”前有“思”，学生才能在即将开展的活动中进行有意识地观察、实验、猜想、推理，并主动地探索问题的答案；“动”后有“思”，才能及时回顾活动中的数学思考过程，总结提炼规律和方法，对知识深刻感悟，建构数学认知。二是讲究“慢”的艺术。教育，作为一种慢的艺术，需要有足够的时间和空间，需要有舒缓的节奏，需要静听“思维花开的声音”。在数学文化渗透过程中要多关注以下 5 个问题：

(1) 谁还有不一样的想法？

(2) 你能够把你的想法完整地说给大家听吗？

(3) 什么变了？什么没有变？

(4) 你能举个例子吗？你能举一个反例吗？你能举一个特殊的例子吗？

(5) 你能让别人一下子听懂你的思路吗？

在“常见的数量关系中”的教学过程中，我们关注了以上几个问题，既训练了学生的数学语言，更渗透了数学的模型思想，在建立数学模型的过程中让学生体会到数学就是研究千变万化中不变的关系。

3. 浓郁的数学味

首先是对数学本质的深刻把握。具体包括对数学概念的理解、对数学思想方法的把握、对数学特有的思维方式的感悟、对数学美的鉴赏、对数学精神（理性精神和探究精神）的追求。

其次是在过程中学习，提升学生的数学素养。《课标（2011 年版）》指出：“有效的数学教学活动是学生学与教师教的统一，学生是数学学习的主体，教师是数学学习的组织者、引导者与合作者。学生学习应当是一个生动活泼的、主动的和富有个性的过程，学生应当有足够的时间和空间经历观察、实验、猜测、验证、推理、计算、证明等活动过程。”数学教学不仅要解决“是什么”，而且还要解决“为什么”和“还有什么或还能怎么样”等数学问题。这些教学任务的达成都离不开学生对数学知识形成过程的自主探索、自主体验。在“用数对确定位置”这一课中，通过小组合作，从用自己的方法到用列和行的方法最后到用数对的方法确定位置，循序渐进，逐步深入，学生在实际过程中体验了用数对确定位置的价值，重走了数学家的探究之路，数学的理性精神得到进一步的提升。

最后是数学思想方法的有效提升。数学思想方法是构成“数学味”的核心要素，形成数学思想方法不是靠生拉硬拽、牵强附会的讲授，而是需要循序渐进、因势利导的渗透。采用教者有意学者无心的方式，方能引导学生逐步感悟数学思想方法的精髓。“常见的数量关系”的模型思想；“用数对确定位置”的空间观念、一一对应思想、数形结合思想；“树叶中的比”的推理思想等，使学生进一步感悟了数学思想，积累了数学活动经验。

4. 厚重的文化味

数学课堂作为一种文化熏陶和文化传承，与生俱来就充满了浓厚的文化味。充分挖掘数学的文化内涵，可以使数学教学不再是单向的知识传递，而是生动的文化交流。教师需要把握以下两个关键：一是适时适度。在数学课堂中，教者应恰如其分地运用数学历史脉络、名人典故等背景向学生传递数学文化，让学生了解数学的发展历程。二是对数学文化的本质把握。文化不是外在附属品，数学文化不是简单的“数学＋文化”，其最内在的文化特性应该是数学本身。数学真正的文化在于，可以最大限度地张扬数学思考的方式、方法和视角。如果数学课使学生真正感受到思维的快乐，并且因为思维品质的优化和思维能力的提升，使学习个体的本质力量得到体现，那么数学的文化张力、价值就得到了彰显。在数学发展的历史长河中，数学文化的素材比比皆是，小到有趣的数、美妙的形、奇妙的规律、神奇的数学历史故事、数学名人名言，大到宇宙自然现象、数学与其他学科及生活的联系等处处蕴含着数学文化。在苏教版小学数学中高年级教材中，都有结合所学习的内容安排的“你知道吗” 课外知识板块，向学生介绍相关的数学史料和背景知识。在教学用数对确定位置时，讲述了笛卡儿的故事，介绍了用数对和点建立起联系，同时为第三学段的平面直角坐标系的学习打下基础。

数学教育承担着传承文化的历史使命，数学课堂应该成为文化传承的主阵地。数学教师不能仅仅停留在传授数学知识和技能上，而应该从文化层面对学生进行精神内涵和文化层面的熏陶，用自身广阔的文化背景和厚重的文化修养润泽课堂。数学课堂要有人情味、数学味、探究味和文化味。文化课堂要求我们教师在日常教学过程中不仅要传授数学基础知识和基本技能，而且还要让学生理解数学概念、把握数学思想方法、感悟数学特有的思维方式、鉴赏数学美、追求数学的理性精神和探究精神。在教学过程中提升学生的数学能力，感悟数学思想方法。

我们只有把握了渗透数学文化的人情味、数学味、探究味和文化味这四个原则，才能有效地在教学过程中渗透数学精神、思想方法，培养数学推理方法和解决问题的能力。

笔者借助“数与代数”领域的“常见的数量关系”这一案例，有针对性地渗透数学的模型思想；通过“图形与几何”领域的“用数对确定位置”这一案例，渗透数学的理性精神；结合“统计与概率”领域的“数据的分段与整理”这一教学案例，重点渗透数学的研究方法；研究“综合与实践”领域的“树叶中的比”，凸显渗透数学的推理方法和解决问题的着眼点。可以看出，在日常教学过程中，我们除了数学知识本身以外，还可以有针对性地渗透数学思想方法。

通过对四个领域有代表性的教学案例进行分析，笔者得出渗透数学文化要遵守人情味、数学味、探究味和文化味等四个原则。在教学过程中，数学文化的渗透可以从数学文化的主题创设、渗透方式和渗透策略等三个方面开展。

第一，数学史的介绍

在数学课堂中，我们可以巧妙地融合数学史的内容，介绍数学历史发展脉络、名人典故等背景知识。例如，在计算教学中，我们可以介绍筹算和珠算、铺地锦等；在图形与几何领域，我们可以介绍刘徽的割圆术；在统计与概率论领域，我们可以介绍古代人是怎样进行分类整理的；在综合与实践领域，我们可以让学生动手做，积累数学活动经验，感悟数学思想。

第二，把握数学本质

数学最内在的文化特性是数学本身。数学真正的文化要义在于张扬数学思考的魅力，并改变一个人思考的方法、方式和视角。如在“常见的数量关系”的研究过程中，我们要培养学生的几何直观能力。

借助几何直观，分析数量关系，达成问题解决，做到形象思维和抽象思维的有机整合。怎样激发学生的策略需求？如何让学生经历策略的形成过程？如何让学生体验策略的价值以及提升策略的意识？这些都是需要我们进行深入思考的问题。

几何直观是《课标(2011 年版)》的十个核心概念之一，也是课标新增加的核心词汇。关于几何直观，《课标(2011 年版)》在前言中描述了其定义，阐述了其价值与作用:“几何直观主要是指利用图形描述和分析问题。借助几何直观可以把复杂的数学问题变得简明、形象，有助于探索解决问题的思路，预测结果。几何直观可以帮助学生直观地理解数学，在整个数学学习过程中都发挥着重要作用。”

可以说，这段话是目前理解几何直观的最重要的依据。除此之外，《课标（2011年版）》在“学段目标”的“数学思考”中两次提到几何直观，即第二学段“感受几何直观的作用”，第三学段“初步建立几何直观”。由此可见，在数学教学中借助直观图形解决问题逐步引起了老师们的重视。通过直观图形与数学符号的互相转换，引导学生学会利用图形描述和分析数量关系，挖掘几何直观在问题解决中的策略价值。

小学生的问题解决思维水平离不开具体形象思维的支持，几何直观凭借图形的直观性特点将抽象的数学语言与直观的图形语言有机地结合起来，能帮助理清问题解决的思路，突破数学理解上的难点。为了让学生真正提升问题解决的素养，不仅要用情境、动态演示、画图等直观手段帮助学生整理题目中的条件和问题，还要巧妙地借助数学符号语言分析比较隐蔽的数量关系，促成学生借助几何直观生成理性化认识，从而使学生真正领悟几何直观的本质内涵，感受策略的价值，形成策略意识。

第三，数学的思维

数学教学要把学生往前推，课堂的精彩源于学生的思维。学生的思维在整个教学过程中要处于积极思考的状态之中，充分发挥学生学习的主动性，培养学生的创新能力、应用能力和实践能力。如在“树叶中的比”的教学中，从树叶的形到数学中的比，从数学中的比再回到树叶的形，提升了学生的数学思维品质。

学生学习数学获得必需的数学知识和技能当然是最重要的，但这不应是唯一目的。学习数学要学会用数学的视角分析问题、解决问题，学会用数学思考去把握数学知识的本质。由此可见，“数学的思维”在引导学生探究数学问题、发现数学规律、培养学生思维等方面发挥着重要的作用。因此，在小学数学教学过程中应该重视培养学生的数学思维和数学品质，使学生获得真知，为持续发展积蓄能量。

六、数学文化的渗透方式

通过对四节典型课例的研究，结合课堂观察分析，数学文化的渗透方式要把握好有以下两个关键。

一是感悟思想，润物无声

《课标(2011 年版)》将基本数学思想与数学的基础知识、基本技能和基本活动经验作为整体的“四基”目标，并进一步指出：“数学思想蕴涵在数学知识形成、发展和应用的过程中，是数学知识和方法在更高层次上的抽象与概括。学生在积极参与数学活动的过程中，通过独立思考、合作交流，逐步感悟数学思想。”

“常见的数量关系”用线段图表示单价、数量和总价以及速度、时间和路程的关系，让学生感悟到数形结合的数学思想，借助具体情境，抽象出数量关系，在这个教学过程中渗透了模型思想。再比如，在教学“探索——间隔的规律”时，笔者借鉴美国 Harcourt 版小学数学教材的相同内容引入设计，“马路一边有 10 根电线杆，每两根电线杆之间有一块广告牌，一共有多少块广告牌?”放手让学生运用自己的方法进行探究。大部分同学运用画图或者列举的方法得到 9 块，方法摘录如下：

“杆牌杆牌杆牌杆牌杆牌杆牌杆牌杆牌杆牌杆”

“↑□↑□↑□↑□↑□↑□↑□↑□↑□↑”(↑表示电线杆，□表示广告牌)

同学们在对比这两种方法后，发现第二种用符号表示更简洁快捷。笔者立刻追问，如果是 25 根电线杆呢?

“↑□↑□↑□↑□↑□↑□↑□↑□↑□↑□↑□↑□↑□↑□↑□↑
□↑□↑□↑□↑□↑□↑□↑□↑□↑”

学生采用画图的方法也得到了正确答案。笔者立刻追问，如果是 200 根电线杆呢? 你还能用画图的方法吗? 学生深思后，有的说画图就太麻烦了，但我们可以画一部分图，然后找一找有没有排列规律。突然有一个学生脱口说出：“有规律，我发现了一根电线杆、一块广告牌，一根电线杆、一块广告牌……最后是电线杆，所以答案是 199 块。”随即全体师生采用圈一圈的方法，将一根电线杆和一块广告牌作为“一组或者一个单元”，笔者借鉴美国 Harcourt 版小学数学教材的方法，定义为“pattern unit”。

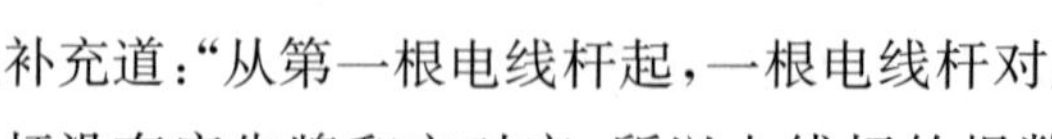

又有一位学生补充道：“从第一根电线杆起，一根电线杆对应着一块广告牌，但是最后一根电线杆没有广告牌和它对应，所以电线杆的根数比广告牌的块数多 1。”

孩子们的表现太棒了。我紧接着把题目改了，还是 200 根电线杆，如果开头是广告牌，末尾是电线杆，一共有多少块广告牌呢？

同学们立刻运用圈一圈的方法，探索根数和块数之间的关系：

通过在教学过程中渗透"一一对应"的数学思想，学生们很快发现根数和块数相等的规律。全课教学以学生的"找"为主线，通过画图等策略，渗透一一对应的思想，探索两个物体间的数量关系。由此，一一对应的数学思想在潜移默化中培养起来。

在小学阶段，我们除了要渗透数形结合、一一对应、模型思想外，还要渗透如函数思想、转化思想等。在教学"常见的数量关系"时，笔者创设了一个学习主题：当路程不变时，速度越快，时间花费的就越少；速度越慢，时间花费的就越多。在变与不变中探索数量间的关系。

英国儿童数学教育家柯利斯认为，学生对"数量关系"的理解终极目标是把数量看成代表一组未指定的值，并在两组这样的值之间存在系统的关系（中国数学家称为"函数思想"）。让学生经历观察、思考、内化、语言表述、符号化过程中的几个，让学生经历知识的形成过程，在体验中深刻地体会函数思想渗透的价值。

笔者常常对学生说："我们认为最简单、最普通、最常见的数学思想方法，像列举、画图、假设等思想方法，往往是最实用、最重要的思想方法。"如果说数学知识和技能是"鱼"的话，数学思想方法就是"渔"。作为教师，"授人以渔"胜于"授人以鱼"！在实际教学中渗透数学思想方法，关注过程体验，使学生理解掌握数学知识的本质，着眼于学生学习的下一步发展，是每一位老师的教学使命。

二是主动建构，日记阅读

数学日记，就是让学生以日记的形式记录下自己对数学教学内容的理解、对数学知识的深刻认识和反思、数学在生活中的应用等。学生在学习过程中遇到的问题、学习的体会、思考过程都可以写下来。通过写数学日记，孩子们的数学素养和综合能力得到了很大发展。

例如，有一位同学在他的数学日记中写道：

今天，我又一次自主学习了第 15 期《时代学习报》的"超级 PK 台"栏目。

看到最后一题"做小旗"了。原题是"一块长 120 厘米，宽 100 厘米的红布，最多可以做多少面直角边是 40 厘米和 30 厘米的三角形小旗？"我和我的同桌一起讨论，他说这道题太简单了，我问他是多少？他说结果是 18 面，因为宽里面只能剪 3 行，每行能剪 6 面，一共能做 6×3＝18(面)。但我不认为是 18 面，我说出了答案是 20，那个同学偏说我用大面积除以小面积得到 20 面。

过了一会儿，我们去找老师请教。游老师问我能不能用好方法证明自己的答案。我信心十足地说："我们可以在 120 厘米的那条边放 3 个 40 厘米的直角边，在 100 厘米的边上放 2 个 30 厘米的直角边和 1 个 40 厘米的直角边，这样就可以做出 20 面小旗了。"如图 1－19 所示：

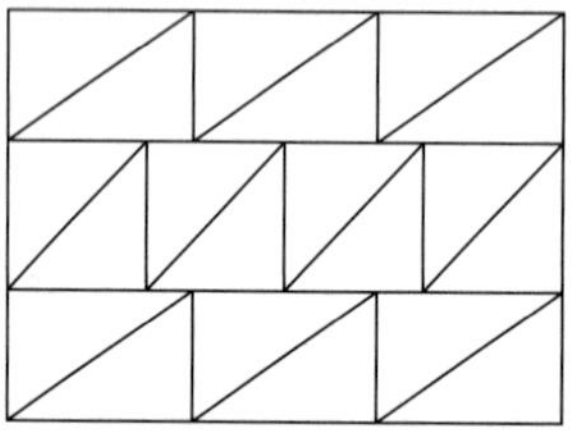

图 1－19　分割三角形

后来笔者看了第 16 期的《时代学习报》，答案竟然也写只能做 18 面小旗，看来我们学习数学不仅要多思考，还要有创新的思维。

其实何止是编辑，笔者当时也认为他的 20 面小旗是用"大面积÷小面积"得出来的，后来他走上讲台，画出图形，在没有浪费布料的情况下得到最佳答案。其他同学则以热烈的掌声对他表示钦佩。

学生常常把数学课堂的思考在课后记录下来。例如：在"树叶中的比"中，很多学生就围绕"谁画的树叶最像"这一个问题进行思考，学生发现所画树叶的长和宽的比越接近树叶本身的长和宽之比，树叶画得就越像。

在课堂实践和评价中，笔者发现，除了撰写数学日记、进行数学阅读、渗透数学文化之外，还可以把自己知道的数学文化通过演讲的方式表达出来，即"阅读＋演讲"。很多数学老师认为，只有语文学科需要阅读，其实这种观点是不对的。每年暑假或寒假，我都给孩子开出阅读书单，如《数学帮帮忙(全 25 册)》《数学绘本(全 36 册)》《李毓佩数学故事(全 7 册)》《中国科普名家名作·趣味数学专辑(典藏版)》《好玩的数学》等；或者利用课余时间和学生一起读报，如《时代学习报》《小学生数学报》《少年智力开发报》；或者是读一些数学杂志，如《数学小灵通》。学生在阅读的过程中提高了收集信息、发现问题、提出问题、分析问题和解决问题的能力。指定课外阅读书目是一种渗透途径，还可以根据所教的内容推荐相关阅读材料。比如在"用数对确定位置"的教学中，笔者推荐"笛卡儿和公主的心形密信”；在“数据的分段与整理”的教学中，笔者推荐“大数据背景下的数据分析”。通过给学生推荐数学阅读的材料，解决了渗透数学文化教学资料缺乏的困难。

学生所写的数学日记、数学发现可以走上讲台和全班同学一起分享，自己喜欢的数学文章也可以和同学们一起交流。通过把自己知道的、看到的、想到的、质疑的、欣赏的数学问题以演讲形式分享给其他同学，训练了学生的逻辑思维，提高了学生的理性精神、批判精神。

七、数学文化的渗透策略

文化是数学的基本属性，数学的概念、原理、公式、数学思想、数学方法、数学精神、数学家的信念品质及创新意识，和以上因素之间的相互作用构成了文化系统。数学教育的宗旨是培养学生的数学科学文化素养。数学科学文化素养主要表现为：能够掌握数学的基础知识和基本技能；能够在学习数学知识技能的过程中理解数学所蕴含的精神、思想、观念和意识；能够灵活应用数学解释和解决现实生活中的问题；能够自觉运用数学化思维方式发现和创造数学；能够认识和欣赏数学的美；能够继承和发扬数学家的科学人文精神。

结合典型课例研究发现，在数学教学中渗透数学文化，可以采用以下三种策略。

1. 挖掘数学价值

学生通过学习数学的概念、原理、公式、数学思想、数学方法、数学精神、数学家的信念品质及创新意识，和以上因素之间的相互作用构成的文化系统，采用适当的方式充分了解和体会数学的应用价值，培养了良好的学习习惯，激发了学习数学的兴趣和自信心。要让学生在学习过程中体会到生活中处处有数学、生活中处处用数学。如在教学“用数对确定位置”时，学生经历用自己的方法确定位置到用列和行的方法确定位置，最后到用数对确定位置，在经历数学再创造的过程中，重走数学家的探究之路，学会了数学概念和知识，感悟了数学精神、思想和方法，提高了数学素养。数形结合，使数学学习变得形象直观，小学生的思维特点以形象思维为主，抽象思维的发展才刚刚起步。数形结合，正符合小学生的学习心理。在小学阶段，学生常常借用画图的策略把抽象问题的直观化（《课标（2011年版）》定义为“几何直观”），作用是显而易见的。借助几何直观整理条件和信息，分析比较隐藏的数量关系，形成解题思路，这是形象思维和抽象思维的有机结合。总之，解决问题应着眼于学生思维能力发展的高度，渗透数学思想方法，帮助学生提升问题解决的策略意识。

在教学“解决问题的策略(画图)”时，我没有对练习变式的情况进行分类，而是将重点放在教会学生画图的方法，主要是采用“读一句、画一句”的方法，比如在教学“试一试”时，我引导学生先画一个长方形，标出宽；继续读题，“鱼池的宽减少了 5 米”，启发学生怎么画，让学生尝试画出直观示意图，标出减少的部分；最后标出所求的问题，多数学生经历了画、改、再画、再改，最后得到图 1 - 20。

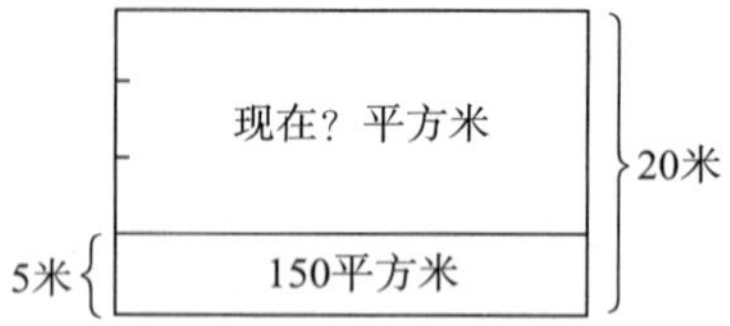

图 1 - 20　鱼池示意图

解答时，有的学生列式为：150 ÷ 5 ＝ 30(米)，30 × (20 － 5) ＝ 450(平方米)。还有学生根据所画的图，直接列式计算：150 × 3 ＝ 450(平方米)。对这样的解答方法，很多学生不理解，但借助直观图，发现现在面积是减少面积的 3 倍。有这种巧妙的解答方法，正是直观图给学生提供了直观的刺激，体现了未经充分逻辑推理而对事物本质的一种直接洞察，直接把握了对象的全貌和对本质的认识。尤其是第二种解法，正是直观图提供的帮助，再一次让学生体会到画图策略的优越性，让学生感悟数学策略的价值。

2. 贯穿问题解决

数学文化的渗透要贯穿于教学的始终，数学文化的渗透就是以问题解决为主线，通过创设具体的问题情境，使学生经历发现问题、提出问题、分析问题和解决问题的过程。数学问题有利于培养学生对数学的好奇心，调动学生的创造性思维。在教学“数据的分段与整理”时，学生自己提出问题：给学校鼓号队制作队服，我们需要哪些数据？通过收集身高、衣服的尺码及同学们的胖瘦得出原始数据。面对原始数据，需要进行分析、整理，即进行分段及整理，这样我们解决了鼓号队制作队服的问题。可以看出，问题解决贯穿于数学教学和数学文化渗透的始终。再如在教学“用数对确定位置”时，我们也是指向问题的解决，建立起数学和图形之间的联系，使大家一目了然地看出物体所在的位置。

3. 渗透数学思想

教师要善于将数学发明和发现的过程还原为学生的学习过程，即重走数学家的路，可以是对数学家的理性精神和批判精神的还原，也可以是对数学品质的还原，以经历数学化和数学再创造的过程。在数学教学过程中，应渗透数学思想文化，学生在动手实践、自主探索、互作交流中发现数学美、感悟数学美、享受数学美。

从 4 个案例可以看出，“常见的数量关系”主要渗透数形结合、模型思想；“用数对确定位置”主要渗透一一对应的数学思想。在日常教学中，我们还可以渗透转化思想、方程思想等。

通过挖掘数学价值、贯穿问题解决和渗透数学思想这三条策略，可以潜移默化地培养学生的数学观念和思维品质，激发学生的数学潜能，丰富和充实学生的数学精神。

在研究过程中，也有一些不足之处，如数学文化的渗透方式和渗透策略是否适用于所有类型的课堂，比如在计算教学中，我们怎样把数学文化和计算技能有机结合起来；再如，在问题解决的过程中，我们怎样进行数学文化的渗透，渗透数学文化可以培养哪些核心素养等还有待于更深入的研究。

第二章　为课程整合而教

2011 年，我们向苏州教育科学规划办申报“苏教版与美国 Harcourt 版小学数学教材的统整与应用”课题，被列为“十二五”立项课题。在研究过程中，取得了“苏教版和美国 Harcourt 版内容整合的教学尝试”“源于生活、高于生活——美国 Harcourt 版教材对千克、克与吨的内容安排与特色”“美国 Harcourt 版教材对多边形的认识的内容安排与特色”等阶段性成果。到目前，预定的研究任务已基本完成。

一、课程整合设计与论证

（一）核心概念及其界定

与美国 Harcourt 版数学教材相比，苏教版数学教材有着成熟的知识与能力培养的体系，具有内容多、重学生思维能力的培养、训练扎实等优势，很多教学内容是美国教材无法替代的，同时苏教版数学教材也是一个开放的教学体系，给学生和教师足够的自主创新的空间。因此我们完全可能而且有必要根据学校具体的教学环境和需要，根据本校学生学习和发展的需要，从学生及实际出发，吸收其他教材的有效教学因素，作为苏教版教材的补充，对苏教版教材进行调整，科学而创造性地用好、用活苏教版教材，全面提高学生的数学素养，让不同的学生学不同的数学、学有用的数学。

“教材的统整与应用”源于教育面向世界的全球化，教育的全球化交流促进了世界各种文化、教育的融合和发展，培养跨文化的、具有国际视野的优质人才成了教育的任务之一。东西方教材的融合对培养国际人才具有重要意义。

（二）国内外同一研究领域现状与研究的价值

1963—1967 年，国际教育成就评估协会（IEA）组织了第一次国际数学研究

（FIMS），后来又做了 SIMS、TIMSS、TIMSS 2003 等国际数学比较研究，课程、教材的跨国比较研究是其中的重要内容。此后越来越多的数学教育研究者致力于不同教材的比较研究，如梁贯成、克劳斯·格拉夫、弗朗西斯·洛佩斯·里尔主编的《不同文化传统下的数学教育——东亚和西方的比较研究》等。

我国数学教材比较研究的专著较少，多散见于一些书籍中对国外数学教材的举例介绍。

本课题的研究价值在于两种教材并存，分别由中方和美方数学教师执教，实现两种教材的功能分离和互补，苏教版教材旨在对学生数学素质的系统培养，美国 Harcourt 版教材旨在在数学教学中有机渗透英语教学和欧美文化。根据科学的教育理念与本校的培养目标，在实际教学中将系统调整教学内容并进行教学实践。凡 Harcourt 版教材教过的内容，对照苏教版教学目标，视两种教材的差异程度和学生掌握情况，在苏教版教材中不教、少教或用苏教版教材的教学思想和方法重新教，两种教材之间不做重复劳动。

（三）研究的目标、内容与重点

1. 研究目标

（1）全面分析、比较两套教材的编写体系、编写特色、内容安排等。

（2）将两套教材的教学功能分离，教学内容进行统整，研究应用的教学策略和原则。

（3）通过教学实践与研究，进一步提高教师研究教材、研究学生、调整教材、创造性使用教材的能力。

2. 研究内容

（1）分析两种教材的编写思想、编写特色，分析两种教材的联系与区别，对美国版教材和苏教版教材内容进行梳理，并进行比较研究。

（2）研究 Harcourt 版教材编排特点，对典型教材案例进行研究。

（3）研究苏教版教材的教学及在同时使用 Harcourt 版教材的情况下，教学内容与教学时间等的调整，统整应用两种教材，提高教学效率。

3. 研究重点

将两种教材有机统整，重新规划苏教版教学的时间、教学设计和练习设计。在不降低教学效果的情况下，最大限度地整合规划教学时间。

（四）研究的思路、过程与方法

由教导处和小学数学教研组牵头，依托各备课组成员的力量，从文献研究、调查研究入手，整体思考研究内容，分工落实研究任务，逐步达成研究目标，边研究边总结，边总结边修正，课题组成员及时把成功经验推广到自己所在年级组，带动本区域师生共同发展。

在操作上，本课题将采用文献研究法、比较法、个案研究法和行动研究法等具体研究方法。

（五）主要观点与创新之处

本课题准备阶段的研究，已初步形成若干观点：

1. 在教材整合与应用的过程中，两种教材互通有无，在呈现方式、练习拓展和数学活动等方面相互借鉴。

2. Harcourt 版的内容编排可以与苏教版相互比较，在比较中借鉴创新。

创新之处有：国内外同一领域的研究重在教材的横向或纵向比较，本课题在系统比较两套教材的基础上重在统整两套教材，同时运用两套教材，发挥两套教材不同的作用，互相融合、相得益彰。随着经济全球化时代的到来，教育也开始全球化，要实施跨文化背景下的教育，教育的国际化成了教育改革的重点和热点，因此课程改革呈现出课程文化多元化的态势。本课题的研究和实践将为其他学校课程改革、教材统整提供参考和经验。

二、课程整合研究过程

（一）准备阶段

1. 设计方案。在充分学习国家课程改革方案和课程标准的前提下，形成教材统整的正确的指导思想，分析学校数学教学的整体状况，制定实施计划，提出具体的研究方向与方法。

2. 建立组织。国际部每一个年级抽一位骨干数学教师组成课题研究中心组。课题研究中心组、年级教研组相结合，形成从学校领导到每位教师，条条有线、块块有面的研究网络，保证课题研究工作贯彻落实到人，使每个教师都置于网络的管理中。形成例会制度，定期交流课题研究情况，对研究过程出现的问题及时予以调控。课题主持人负责课题研究的宏观指导，经常了解课题研究的重大问题，协调好课题研究过程中的种种矛盾。

3. 加强学习。只有加强提高自身的综合素质，才有可能做出高质量的研究成果，才有可能将两种教材进行高质量的整合，并结合我校实际创造性地使用。因此必须加强教师自身的培训，要求个人必须树立先进的教育思想观念，学习参考基础资料，为课题研究提供依据和指导。

（二）实施阶段

1. 研究教材。认真钻研苏教版小学数学教材和 Harcourt 版小学数学教材，找出两种教材的相同点和不同点，组织教师学习研究《课标（2011 年版）》《义务教育课程标准苏教版小学数学教科书》，分析我校数学教学工作的具体实际，分析寻找苏教版小学数学教材对于我校国际部师生教与学而言需要完善、调整、补充的地方；分析学生的认知现实、社会文化背景等，确保两套教材的统整及应用适合我校国际部师生的共同发展。

阶段成果 1:“源于生活、高于生活——美国 Harcourt 版教材对千克、克与吨的内容安排与特色”

这一论文成果，将苏教版和美国版教材进行了横向比较，梳理了内容安排以及特色，主要有以下几点：

（1）从学生已有的生活经验出发，在生活中感受数学

Harcourt 教材中安排一年级学生学习“weight（质量）”。物体有轻有重，学生在日常生活中也有着丰富的生活经验。但是要测量物体到底有多重，则需要测量工具，质量单位的产生也正是源于这一实际生活的需要。教材第一课时的内容是 *measure weight in nonstandard and standard units*（用非标准单位和标准单位测量）。学生先学习使用天平（use balance），不过这里的“balance”不是使用标准的砝码，而是使用学具中的回形针和玩具小熊作为测量单位，测出的物品的质量是几个回形针或玩具小熊的质量。学生动手测量，并在操作的过程中体会到：选择回形针可以测量轻一点的物品，选择玩具小熊可以测量重一点的物品。教材比较重视培养学生的估测能力，设计了让学生先估计（estimate）再测量（measurement）的操作活动，以培养学生初步的估测能力和实际应用能力。

（2）学习常用单位和法定单位，初步了解质量单位的内涵

Harcourt 版教材在二年级把计量单位分为“customary measurement”（习惯度量）和“metric measurement”（法定度量）。帮助学生初步了解哪些是常用度量单位，这是学生很熟悉并且在日常生活中经常用到的；哪些是国际通用的法定度量单位，要求学生从数学的角度理解质量单位的内涵。教材第一课时的内容与

一年级的类似，用回形针（paper clip）和小方块（cube）作为计量标准，在天平上测量常见物品的质量大约重几个回形针或几个小方块。让学生在操作的过程中积累经验，并初步学会快速判断是选择回形针还是小方块作为测量单位。同时注重先估计再测量，以培养学生估测或测量物品质量的能力。接着教材介绍了生活中的度量单位“ounce”（盎司）和“pound”（磅），从学生日常生活中常见的面包说起：*A slice of bread weighs about 1 ounce. A loaf of bread weighs about 1 pound.*（一片面包大约重1盎司，一条面包大约重1磅。）面包几乎是美国早餐的必备品，学生每天都会接触到，随手一拿就能感受到它的质量。有了这样一个参照物，学生就可以把其他物品和一片面包或一条面包进行比较，就能比较容易地判断给出的物品是用“ounce”还是“pound”作单位。Harcourt 版教材在这一单元的 *Daily Reasoning*（日常推理）：*Is a large object always heavy?*（大的物体就比较重吗？）引导学生在深入思考中体会物体的质量与它的形状、大小并没有直接的、必然的联系。

（3）深入学习质量单位的本质内涵，培养学生的数学素养

Harcourt 版教材在三年级第一次明确指出：*The gram(g) and the kilogram(kg) are metric units for measuring mass, or the amount of matter in an object.*（克和千克是计量物体或物体总量的质量的法定单位。）接下来教材安排了计量教室里物品质量的操作活动，引导学生仍然以回形针为“砝码”，依据“10个回形针约重10克”，找找教室里大约重10克的其他物品，再以此为标准，找到教室里重25克、1千克的物品。只提供一架简易的没有现成砝码的“balance”，放手让学生动手去操作，体会不同物品的质量。本单元还涉及单位换算。教材直接给出1000 grams＝1 kilogram，要求学生通过换算回答：5千克的猫是多少克？然后给出一些物品，要求学生选择合适的答案，比如一部手机重200 g还是200 kg，一条狗重9 g还是9 kg等，以帮助学生直接感知质量单位“克”和“千克”。

（4）设计简单而有童趣的数学游戏，激发学生学习兴趣

游戏是儿童最自然的学习，Harcourt 版教材在低年级安排了诸多游戏。如一年级教材中，在学生学习了简单的“weight”知识后，教材给出了一个数学游戏（Math game），玩法类似飞行棋：由两人轮流掷骰子，掷到几就走几步，然后称一称那一格显示的物品的质量，是几克就拿几个雪花片（counters，学生常用的学具之一）。两人都走到“End”后，数一数雪花片的数量，多者为胜。

2. 编制《小学数学苏教版和美国 Harcourt 版教学的比较研究》，排出苏教版

数学教材每学期的教学进度,各单元教学目标、教学内容和教学时间的调整等。

3. 根据《小学数学苏教版和美国 Harcourt 版教学的比较研究》设计教案、课件,设计学生课内外学习活动。

阶段成果 2:苏教版与 Harcourt 版内容整合的教学尝试

(1) 教材整合,探索最佳的知识呈现方式

在教学过程中,我们发现 Harcourt 版数学教材创设的情景有时更有趣、更贴近学生的生活经验,我们把美国版的数学情境借鉴过来,探索最佳的知识呈现方式。例如,在执教《探索——间隔的规律》这一课时,我们借鉴 Harcourt 版小学数学教材的相同内容,创设以下情境:“草地上有 10 只兔子,每两只兔子之间有一只乌龟,一共有多少只乌龟?”放手让学生运用自己的方法进行探究,大部分同学运用列举、画图、画符号(图 2-1)的方法得到 9 只,具体方法如下:

“兔龟兔龟兔龟兔龟兔龟兔龟兔龟兔龟兔龟兔”

“○□○□○□○□○□○□○□○□○□○”(○表示兔子,□表示乌龟)

图 2-1 周期问题学生列举图

同学们在对比这三种方法后,发现第三种用符号表示更简洁快捷。我们立刻追问,如果是 25 只兔子呢?“继续画……”学生采用画符号的方法也得到了正确答案。如果是 200 只兔子呢?你还用画符号的方法吗?学生深思后,有的说画符号就太麻烦了,但我们可以画一部分,然后找找有没有规律。突然有一个学生脱口说出:“有规律。我发现了一只兔子、一只乌龟,一只兔子、一只乌龟……最后是兔子,所以答案是 199 只。”随即全体学生采用圈一圈的方法,将一只兔子和一只乌龟作为“一组或者一个单元”,我们借鉴 Harcourt 版小学数学教材的内容,定义为

图 2-2 周期问题兔龟对应图

“pattern unit”,用图 2-2 表示。又有一位学生补充道:“从第一只兔子起,一只兔子对应着一只乌龟,但是最后一只兔子没有乌龟和它对应,所以兔子的只数比乌龟的只数多 1。”

孩子们的表现太棒了。我们紧接着把题目改了:“还是 200 只兔子,如果开

头是乌龟，末尾是兔子，一共有多少只乌龟呢？”同学们立刻又运用圈一圈的方法，探索乌龟和兔子数量之间的关系（图2－3）：

图2－3　周期问题龟兔对应图

学生通过主动运用“一一对应”的数学思想，很快发现兔子和乌龟只数相等的规律。全课教学以学生的“找”为主线，通过画图等策略，渗透“一一对应”的思想，探索两个物体间的数量关系，一一对应的数学思想在潜移默化中培养起来。

（2）西为中用，追求最佳的练习拓展方式

课堂练习是学生巩固知识、形成技能的重要途径，是提高学生能力、发展学生智力的重要手段，可以及时有效地反馈学生学和教师教的实际情况。因此，不能对着教材练习就题讲题，使练习简单化、浅显化。如何挖掘练习的合作探究作用呢？我们结合“最大公因数”一课的练习设计，在练习设计中探寻最佳的拓展练习方式。

Harcourt版“最大公因数”中有这样一道练习题：小华收集了很多弹珠（表2－1）。他正在把所有的弹珠放入袋中，每一袋只能放一种类型的弹珠，相同颜色的袋中放入相同数量的弹珠。

表2－1　弹珠数量统计表

类型	玻璃	陶瓷	木质
数量/颗	32	16	20

小华把玻璃和陶瓷弹珠放在许多绿色的袋中，他每个袋中最多能放多少颗？

小华把陶瓷和木质弹珠放在许多红色的袋中，他每个袋中最多能放多少颗？

小华把玻璃、陶瓷和木质弹珠放在许多紫色的袋中，他每个袋中最多能放多少颗？

我们在练习设计中对这道练习题做了一些改动。此题素材丰富，可以充分发挥功能，求两个数或三个数的最大公因数。学生在小组合作探索中运用“求两个数或三个数的最大公因数”解决了实际问题。此外，我们还参考了Harcourt版教材向学生介绍了用“辗转相除法”求两个数的最大公因数，拓展了学生的数学视野。

教师要在理解教材的编写意图和班级学生的实际情况的基础上，合理引进国外课程的练习资源，充分发挥外来课程资源的优势，让苏教版教材的练习“活”起来，促使教学质量得到更大程度的提升。

(3) 借鉴创新，探索最佳的数学体验过程

小学生以具体形象思维为主，动手操作有利于激发学生的学习主动性、积极性，有利于培养学生的创新能力和思维能力，是掌握知识、形成技能和提升数学素养的重要方式。所以，在数学学习过程中，应结合动手操作、自主探索以及合作交流等学习方式，给予学生最佳的体验数学的过程，以利于积累基本的数学活动经验。

教材资源的开发引进意义重大，它促使我们不断更新教学理念，创新教学方式。应合理引进和利用外来教材资源，在我们的备课和教学等过程中，融合外来教学资源的优势，从学生的实际情况出发，对外来教材进行适当加工、改造、优化和重构，为我所用、借鉴创新，做到创造性地“用教材”。

4. 进行听课、评课、教学评价、教学反思等活动，对苏教版小学数学教材和 Harcourt 版教材进行比较研究，完善教学案例。

（三）总结阶段

课堂教学研究是我们课题研究的主战场。每学期，我们邀请有关专家到堂听课并做具体指导。举行全校性研讨活动，使得科研成果在适当的时候可以向全校推广。我们还把研究过程中的有关情况(包括体会，学生学习方式的转变，调查数据的整理、对比，教案、教学片段，个案研究等)以书面形式经常向导师组汇报，及时总结，不断反思和积累。

阶段成果 3：多元文化视角下的教材融合——融美国 Harcourt 版元素于苏教版小学数学教材中的实践与思考

一、寻求“教材融合”策略，使课堂教学多元化

教材的融合，不是机械地拼接、生搬硬套，而是根据教学的需要，从学生的知识背景和生活经验出发，对 Harcourt 版教材合理地借鉴、裁剪与改造，以实现对苏教版教材的再加工。教材的融合应该与师生的教学活动浑然天成、无缝对接，应是别具匠心的整合。

(一) 优化重组：追求更好的知识呈现方式

苏教版数学教材的呈现方式非常多样，能寓“过程与方法”于呈现内容中，让学生在学习基础知识和技能的活动过程中，情感、态度、价值观也能得到发展。Harcourt 版教材也同样以生动有趣的知识呈现方式引领学生去探究、去体验。

两者在具体细节的处理上各有千秋。

以一年级“奇数”“偶数”的渗透教学为例，苏教版一年级（下册）第 36 页第 6 题，图中显示街道左边的门牌号是 2、4、6……右边的门牌号是 1、3、5……要学生判断 53 号、68 号分别在哪边，是单数还是双数。让学生体会单、双数在生活中的运用。第 7 题照样子圈一圈，读一读，说说圈出的数是单数还是双数（表 2－2）。

表 2－2　单双数表

1	2	3	4	5	6	7	8	9	10
11	12	13	14	15	16	17	18	19	20
21	22	23	24	25	26	27	28	29	30
31	32	33	34	35	36	37	38	39	40

让学生体会单数、双数的排列规律。这两道题的设计非常注重学生的生活体验，能让学生体会数学与生活的联系，增强学生的数感。但学生对 53、68 是单数还是双数的判断有一定的困难，因为学生从生活经验到单数、双数特征的抽象之间缺少一个桥梁——单数和双数的数学模型。

Harcourt 版教材对这一知识点的处理方式是：

例题，看图列式：3＋3＝6

陈述：两个相同的数相加，所得的数是“双数”。

练习：看方块图列两个相同加数相加的算式，建立起双数的模型。

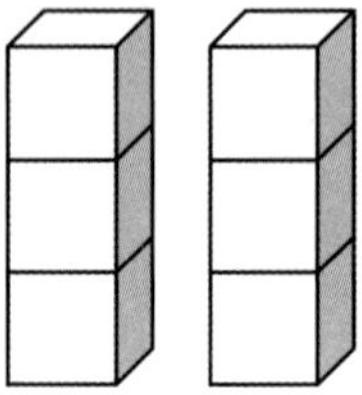

鉴于此，在教学时，将单数、双数的渗透教学单独列 1 课时，将两个版本的教材进行了融合，进行了这样的教学设计：

（1）建立双数的数学模型，理解双数

① 老师给你们带来一些树叶，你们想看吗？教师依次出示粘有 2、4、6、8、10 片树叶的树枝，请学生数一数树叶后贴上数字卡片，让学生观察这些树叶都是两个一对排列的，每一片树叶都有和它相对应的树叶，没有单独不成对的，树叶数是双数。

② 两个两个地数方块，从 2 数到 30。

③ 看方块图列式：两个相同的数相加所得的数是双数。

小结：两个两个地数能正好数完，这样的数是双数；两个相同的数相加所得的数也是双数。

(2) 建立单数的数学模型,理解单数

① 出示数字27,问学生是不是双数,为什么? 教师出示课前粘好1、3、5、7、9片树叶的树枝,请学生数好后贴上数字。让学生观察:两片两片地数,总是剩下孤零零的一片,那么这些树枝上的叶片数就是单数。

② 在百数表里找单数

观察百数表里每列单数有什么相同的地方?

判断一个数是不是单数只要看个位,个位数字是1、3、5、7、9的就是单数,让学生判断19、21、85等是单数还是双数。

(3) 操作

拿出圆点图,每幅图片有几个圆点? 每两个圆点圈在一起,哪几幅图上的圆点数是单数,哪些是双数?

看方块图,说说怎样把单数变成双数、把双数变成单数。

(4) 单数、双数在生活中的应用

出示电影院图,告诉学生,电影院的座位号是由数字表示的,上面也就有很多的单数和双数。课后在自己的班级里、学校里、家里、街上找找单数和双数。

教材重组后的知识呈现方式形象具体,更贴近学生的生活,富有挑战性。当然对教材的挖掘和利用是无止境的,只要我们心中有课程标准,从学生的实际生活、知识经验和学习需要出发,合理利用丰富的教材,精心设计和合理裁剪,总能缝制出精美和实在的课堂教学的华服。

(二) 做数学:给予学生充分的时间和空间

让学生在操作与活动中感知和探究知识,这样的设计在Harcourt版小学数学教科书中随处可见,让我感触最深的是这样一个例子——五年级第二单元第7章第4课"扇形统计图的初步认识"。看到课题我首先想到的是:如何让没有学过圆、圆心角,没有学过分数乘法的四年级学生来认识理解甚至绘制扇形统计图? 这一切都在学生的动手操作中迎刃而解。例题是这样的:在一个关于"最喜欢的季节"的调查中,Carol让林肯小学200个学生说出他们最喜欢的季节,你能根据条形统计图绘制一个扇形统计图来显示喜欢每个季节的人数占总人数的比例吗? 操作步骤如下:(1) 复制条形统计图,并在每一条上写上季节的名称;(2) 剪下每一条,按"春、夏、秋、冬"的顺序首尾相接,组成一个圆圈;(3) 将圆圈描在一张纸上组成一个圆,并在圆周上标出每一条的起点和终点;(4) 连接圆周上的点和圆心;(5) 给每个扇形涂上不同的颜色,标上季节的名称,写上统计图的名称。具体如图 2－5。

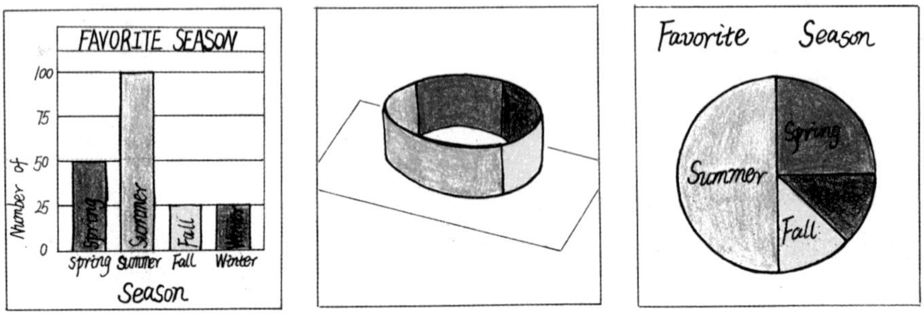

图 2－5　扇形统计图制作过程图

这是一个新奇的对形象感知的过程，学生在操作、交流与讨论中主动探究与建构知识。让学生动手“做数学”，做了就有体验知识的时间和经历，做了就有真正地理解与思考，做了就缩短了数学与生活的距离，做了就有创新的空间。

在我们平时的数学教学中是否也可以多一些让学生“做数学”的活动？例如，在教学苏教版六年级下册的扇形统计图时，我们设计了这样的综合实践活动：出示上述“最喜欢的季节”的条形统计图，让学生用自己喜欢的方法，绘制扇形统计图。可以将上述方法介绍给学生；也可以引导学生先计算出每个扇形的圆心角再绘制扇形统计图，比较两种方法的联系与区别；还可在信息技术课上，请信息技术老师教学生用 Excel 生成扇形统计图，加强学科间的联系。当然并不是要求所有学生掌握所有的方法，只要每个学生在实践活动中有收获、有进步就行。

（三）个性化思考：追随儿童的思维发展规律

尊重学生的个体差异，鼓励学生选择适合自己的学习方式，激励学生表达自己的独到见解和对学习材料的个人反应，生成独特的思路和方法，提出个性化的问题，在课堂上碰擦出思维的火花，表现智慧和情感经历。

以认识时间为例，Harcourt 版小学数学教科书对时间的教学最初出现在二年级的第三单元，在一个“Chapter”的教学中完成了对时、分的认识。Harcourt 版教材先认识整点，接着认识几时半，再认识几时几刻，最后认识几时几分。这样学生在数几时过多少分的时候，就可以根据具体情况灵活采用以下方法：① 先 5 分 5 分地数，再 1 分 1 分地数；② 先数出半小时（30 分），再 5 分 5 分或 1 分 1 分地数；③ 先一刻（15 分）一刻地数，再 5 分 5 分或 1 分 1 分地数。学生认时间就有了自己独特的感悟、理解，形成自己灵活而独特的方法，可以快速而准确地认出时间。

笔者在教这部分知识时，在 Harcourt 版教材的上述启发下，加强几时半、几时几刻的教学，丰富学生数时间的方法，促进学生个性化思考的生成，这样的知识在生活中也很实用，是让学生学有用的数学。

二、不断探索，让“教材融合”科学有效

教材融合，尤其是与国外教材的融合，不能只追求形式上的时尚，不可以随意调整，更不能不切实际地生搬硬套，脱离学生的生活实际，增加学生的学习负担。我们需要在新课程标准的引领下，系统地研读两个版本的教材，仔细理解编写意图，深入研究学生。通过研究，我们总结出教材的融合应遵循以下三条原则：

（一）系统性

苏教版小学教材有着严密的知识教学和能力培养的目标体系，注重对学生的情感体验和探究精神的培养，每个年级每个单元甚至每个课时既有合理的板块的划分，又有明确的教学达成目标，注重知识间的联系。所以我们在融合的过程中，不能破坏苏教版教材具有学科逻辑性的编排体系，而是应以苏教版教材为本，在具体教学细节上吸取 Harcourt 版的长处，以更好地找准新知识的生长点，帮助学生体验知识形成的过程，让学生更积极主动地探究和建构，让我们的教学在做到科学性的同时，更具艺术性。

我们从小学阶段起始年级开始，对苏教版和美国版两个版本进行梳理、统整和应用，在横向和纵向对比中建立两个版本的教学编排内容的科学完整的知识体系，如表 2-3～2-7 所示是苏教版和 Harcourt 版小学数学教材内容一、二和五年级统整的例子。

表 2-3
苏教版与 Harcourt 版小学数学教材统整指导方案
（一年级下册）

苏教版教学情况			Harcourt 版教学情况（同一内容在哪一年级第几册）	统整措施
单元	教学内容	教学目标		
一	20 以内的退位减法	能正确计算 20 以内的退位减法，初步体会算法的多样化		苏教版教材将 100 以内数的计算分得比较细，建议以苏教版教学为主

续表

苏教版教学情况			Harcourt 版教学情况(同一内容在哪一年级第几册)	统整措施
单元	教学内容	教学目标		
二	认识图形	直观认识长方形、正方形、圆、三角形、平行四边形,能正确识别这些平面图形并能知道它们的名称	二年级 Unit 4 几何图形 Chapter 18:平面图形	Harcourt 版教材将平面图形与立体图形结合在一个单元中教学,学生可以对这方面进行一个深度学习,有利于学生图形观念的建立
三	认识 100 以内的数	认识计数单位“一”和“十”,能够正确数出数量在 100 以内的物体个数,知道数的组成,掌握数的顺序,会比较数的大小	二年级 Unit 1 数与运算 Chapter 1:1～100 的认识 区分十位和个位;学会读、写 1～100 的数;学会合理的估算 Chapter 2:数型 在数轴上数数;学习百数表和“几个几个地数”;奇数与偶数;学会寻找一组有规律的数 Chapter 3:比较数的大小、给数排序 学会比较数的大小,并认识“>”“<”“=”符号	Harcourt 版教材对于 100 以内数的认识内容比较丰富,建议以 Harcourt 版教学为主
四	100 以内的加法和减法(一)	能进行 100 以内不进位、不退位加法和减法的口算与笔算	二年级 Unit 2 两位数加减法 Chapter 7:探索两位数加法(不进位) 学习整十数相加; 理解并掌握“满十进一”; Chapter 9:探索两位数加法 目标:初步理解两位数减法(不退位)	

续表

苏教版教学情况			Harcourt 版教学情况（同一内容在哪一年级第几册）	统整措施
单元	教学内容	教学目标		
五	元、角、分	认识各种面值的人民币，了解元、角、分之间的进率，能用数学知识解决生活中有关人民币的知识	三年级 Chapter 6　使用钱币 (1) 统计纸币和硬币 解决问题：与钱币的计算 (2) 解决问题的策略：制作一张表格来统计钱的数量 (3) 比较钱的大小 (4) 学会找零 (5) 学会和了解钱的加减	苏教版教学中将这一内容排在一年级，这个阶段的学生对于钱币的理解确实存在很大困难，建议以 Harcourt 版教材为主，放在三年级教学
六	100 以内的加法和减法（二）	能正确进行 100 以内进位、退位加减法的口算与笔算	二年级 Unit2 两位数加减法 Chapter 8：关于两位数加法 目标：掌握两位数加法的计算法则（进位） Chapter 10：关于两位数减法 目标：掌握两位数减法的计算法则（退位）	Harcourt 版教材以加、减法为分类标准进行相关教学，苏教版教材以是否退位、进位为分类标准进行教学，形式相差不大，完全可以不重复学习

表 2－4　苏教版与 Harcourt 版小学数学教材统整指导方案

（二年级上册）

苏教版教学情况			Harcourt 版教学情况（同一内容在哪一年级第几册）	统整措施
单元	教学内容	教学目标		
一	100 以内的加法和减法	能正确计算 100 以内的连加、连减和混合运算		苏教版教材将 100 以内数的计算分得比较细，建议以苏教版教学为主

续表

苏教版教学情况			Harcourt版教学情况（同一内容在哪一年级第几册）	统整措施
单元	教学内容	教学目标		
二	平行四边形的初步认识	使学生通过操作、观察、比较和交流等活动，初步认识四边形、五边形、六边形等平面图形，知道这些图形的名称，能识别这些图形	三年级 Unit 6 几何 Chapter 19：几何图案 线段和角 两条直线的关系：相交、平行 认识和理解多边形	Harcourt版教材将平面图形与立体图形结合在一个单元中教学，学生可以对这方面进行一个深度学习，有利于学生图形观念的建立
三	表内乘法（一）	初步认识乘法的含义，初步体会乘法与加法的联系与区别；能正确写乘法算式，知道算式中各部分的名称；会通过加法算出简单的乘法算式的积。使学生在学习乘法口诀的过程中，掌握并逐步熟记1～6的乘法口诀	三年级 Unit 3 整数、小数乘法 Chapter 8：了解乘法 估算：倍数的样式 乘数是一位数的乘法 乘数是两位数的乘法 Chapter 9：与5以内的数相乘 与1和0相乘	对于乘除法的学习，Harcourt版教材只利用了几个课时进行教学，苏教版教材整个一学期基本以乘除法教学为主
四	表内除法（一）	使学生通过“平均分”的操作活动，体会平均分的方法，初步认识除法的含义；能正确读、写除法算式中各部分的名称；能通过对不同问题的比较，初步体会乘除法之间的联系	三年级 Unit 4 整数、小数的除法 Chapter 12：了解除法 了解除法的意义 比较减法和除法的不同运算规律 Chapter 13：与5以内的数相除 除数是2和5 除数是3和4	

续表

苏教版教学情况			Harcourt 版教学情况(同一内容在哪一年级第几册)	统整措施
单元	教学内容	教学目标		
五	厘米和米	初步认识线段,建立 1 厘米、1 米的长度观念,会用厘米、米做单位测量物体的长度	二年级 Unit 3 度量 Chapter 12:长度和温度 学习用不标准的单位度量长度;认识长度和距离;学会度量到英寸	Harcourt 版教材在长度单位这一单元中对所有的长度单位进行了深入研究,而苏教版教材则是分段教学
六	表内乘法和表内除法(二)	能熟练掌握表内乘法口诀,并能运用乘法口诀计算乘除法算式	三年级 Unit 3 整数、小数乘法 Chapter 10: 与 6 相乘 与 8 相乘 与 7 相乘 Chapter 11: 与 9 和 10 相乘 Chapter 14: 10 与 10 以内的数除 被 6、7 和 8 除 被 9 和 10 除	对于乘除法的学习,Harcourt 版教材只利用了几个课时进行教学,苏教版教材整个一学期基本以乘除法教学为主 国外教材没有我国的九九乘法表,更不涉及口诀的教学
七	观察物体	初步感知从不同的角度观察物体,得到的形状有时是不同的	三年级 Unit 6 几何 Chapter 21:建模 解决问题的策略:从不同的方位画图形,从正面看、上面看、侧面看	Harcourt 版教材将此部分内容与立体图形结合进行教学,更注重空间观念的培养

表 2-5　苏教版与 Harcourt 版小学数学教材统整指导方案
(二年级下册)

苏教版教学情况			Harcourt 版教学情况(同一内容在哪一年级第几册)	统整措施
单元	教学内容	教学目标		
一	有余数的除法	理解有余数除法的含义,并会计算有余数的除法。能运用有余数除法的知识,解决有关的实际问题。除数是一位数的除法试商的方法	二年级 Chapter 30　乘除法概念 相等的群组:组群的大小	Harcourt 版教材没有对余数进行定义,只是让学生对于剩下的数有一个初步的感知,建议以苏教版教学为主,有利于以后研究周期问题中余数的规律

续表

苏教版教学情况			Harcourt 版教学情况（同一内容在哪一年级第几册）	统整措施
单元	教学内容	教学目标		
二	时、分、秒	初步认识钟面，知道时间单位时、分、秒；认识整时，知道时、分、秒之间的关系，建立初步的时间观念	三年级 Unit 1 中第 Chapter 7：了解时间 (1) 认读时间 (2) 学习 am 和 pm 的用法 (3) 学习时间段 (4) 学会制作和使用日程表 (5) 学会认读和使用日历 (6) 解决问题的策略： a. 学会看时间轴 b. 事件发生的次序排列	苏教版教学中将对时间的认识这一内容排在多个年级，Harcourt 版教材则将其放在三年级教学，并将时分秒、年月日等内容整合在一起进行主题式研究
三	认识方向	能根据给定的一个方向（东、南、西或北）来辨认其余七个方向，并能用这些词语描述物体所在的方向		
四	认识万以内的数	能认、读、写万以内的数，知道这些数的组成；能比较万以内数的大小；能说出各数位的名称，识别各数位上数字的意义；结合现实素材让学生感受大数的意义，认识近似数		由于数的表达中方和外方有所差异，所以大数的认识，Harcourt 版教材只认识到四位数

续表

苏教版教学情况			Harcourt 版教学情况（同一内容在哪一年级第几册）	统整措施
单元	教学内容	教学目标		
五	分米和毫米	让学生在实践操作中逐步建立分米和毫米的表象。在实际测量的过程中，学会简单的单位换算，提高估测能力	二年级 Unit 3　度量 Chapter 12：长度和温度 学习用不标准的单位度量长度；认识长度和距离；学会度量到英寸	长度单位的表象建立不易，教授的长度单位在两套教材中也有差异，建议在教学中明确各长度单位间的进率联系
六	两、三位数的加法和减法	会口算百以内的两位数加、减两位数，会口算整百、整千数加、减法，会进行几百、几十加、减几百、几十的计算，并能结合实际进行估计	二年级 Unit 6 探索大数字以及运算 Chapter 29：三位数的加减法	Harcourt 版教材将认识大数与其运算放在一起，更合理
七	角的初步认识	认识角，知道角的各部分名称。会辨认直角、锐角和钝角。会比较角的大小	二年级 Unit 4 几何图形 Chapter 18：平面图形 认识边和角的含义	苏教版将角作为一个独立的教学单元，对角的研究更为透彻
八	数据的收集和整理	学会用统计表来表示数据整理的结果。体验统计结果在不同标准下的多样性	二年级 Unit 1 数与运算 Chapter 4：表格与数据 了解统计的作用 观察统计图表；学会应用图表中的数据	内容雷同，教学时可二选一

表 2-6　苏教版与 Harcourt 版小学数学教材统整指导方案
（五年级上册）

苏教版教学情况			Harcourt 版教学情况（同一内容在哪一年级第几册）	统整措施
单元	教学内容	教学目标		
一	负数的初步认识	结合现实情境教学负数的意义，让学生初步认识负数，初步能认、读、写负数；负数的实际应用，引导学生应用正数和负数表示日常生活中具有相反意义的数量，进一步体会负数的意义	四年级 Unit 7 理解整数的意义 教学正整数、负整数、0 及相反数与绝对值	Harcourt 版教材学的更深入，在日常生活中积累数感
二	多边形的面积	利用已经掌握的五种平面图形的面积公式，通过割、补等操作活动，对图形进行分解与组合，计算稍复杂的不规则图形的面积。	没有单独教授多边形的面积	苏教版的知识更深入
三	小数的意义和性质	小数的意义、小数的性质、比较小数的大小、把非整万、整亿的数改写成以“万”“亿”为单位的数	五年级 Unit 1　认识小数 通过数轴、方格图等方式认识小数 利用数轴上的点比较小数的大小	注重几何直观能力的培养
四	小数加法和减法	在掌握笔算的基础上，口算小数加、减法，并进行有关的简便计算	五年级 Unit 1，从小数意义过渡到小数加法	教学中注重优化方法，选择合适的算法：口算、计算器计算、笔算
五	小数乘法和除法	小数乘整数与小数除以整数的笔算，一个数乘或除以 10、100、1000……利用向右或向左移动小数点位置的方法得到积或商	五年级 Unit 4，从整数乘、除法过渡到小数乘、除法	知识点纵向提升，平时教学中应多注重学生估算意识的培养

续表

苏教版教学情况			Harcourt 版教学情况(同一内容在哪一年级第几册)	统整措施
单元	教学内容	教学目标		
六	统计表和条形统计图	能够看懂和利用复式统计表、复式条形统计图里的数据;填写复式统计表,在统计图上画不同标记的直条表示两组数量;体会复式统计图表的特点。	五年级 Unit 2 数据分析涉及:平均数,中位数和众数;统计图涉及:象形图、条形图、折线图、扇形图	注重学生分析数据和图表的意识,淡化计算意识,在统计图教学部分直接对比,更多元化
七	解决问题的策略	列举	分散到各知识点之中	苏教版更独立,Harcourt 版教材更接近知识点
八	用字母表示数	用字母表示数、数量关系、运算律和各种公式	五年级 Unit 1,代数式和字母,认识代数式和字母,找出代数式的值	注重字母代数式、解方程、不等式的知识联结及综合运用

表 2-7　苏教版与 Harcourt 版小学数学教材统整指导方案
(五年级下册)

苏教版教学情况			Harcourt 版教学情况(同一内容在哪一年级第几册)	统整措施
单元	教学内容	教学目标		
一	简易方程	等式的含义与方程的意义,根据直观情境里的等量关系列方程,列方程解答一步计算的实际问题	五年级 Unit 1 什么是方程的解 代入法解方程 口算解方程	苏教版的知识更深入
二	折线统计图	根据折线的形态以及两条折线的位置关系对两组数据进行比较、分析,获得需要的信息	五年级 Unit 2 理解折线图 折线图的画法 复式折线统计图	注重数据分析能力的培养
三	因数与倍数	理解公倍数、最小公倍数和公因数、最大公因数的意义,学会找两个数的最小公倍数和最大公因数的方法	五年级 Unit 5 能被 2、3、4、5、6、9、10 整除的数的特征 最大公因数 公倍数与最小公倍数	苏教版的知识更深入,但需要注重培养数形结合的能力

续表

<table>
<tr><th colspan="3">苏教版教学情况</th><th rowspan="2">Harcourt 版教学情况（同一内容在哪一年级第几册）</th><th rowspan="2">统整措施</th></tr>
<tr><th>单元</th><th>教学内容</th><th>教学目标</th></tr>
<tr><td>四</td><td>分数的意义和性质</td><td>掌握约分、通分，比较分数的大小等知识，让学生进一步理解分数的意义，并为分数四则计算作必要的准备</td><td>六年级 Unit 8
等值分数
最简分数
理解带分数
分数和带分数的大小比较
分数与小数的互化</td><td>注重分数和小数的联系，在实际生活的运用</td></tr>
<tr><td>五</td><td>分数加法和减法</td><td>异分母分数的加法和减法，并且解决一步或两步计算的实际问题</td><td>六年级 Unit 8
分数的加法（同分母的加法）
分数的加法（加完之后约分）
分数的减法（同分母的减法）
分数的减法（减完之后约分）</td><td>注重知识点的内在联系</td></tr>
<tr><td>六</td><td>圆</td><td>圆的特征以及圆心、半径和直径；圆的周长及计算公式；圆的面积及计算公式。本单元在教学圆的基础知识的同时，还教学化曲为直、等积变形等数学思想</td><td>五年级 Unit 7
认识圆心、半径、直径、弦
画圆
圆心角、圆内角和
五年级 Unit 8
圆的周长</td><td>进一步发展转化策略和推理能力</td></tr>
<tr><td>七</td><td>解决问题的策略</td><td>转化</td><td>分散到各知识点之中</td><td>苏教版更独立，美国教材更接近知识点</td></tr>
</table>

要把握教材的系统性，更需要教师认真学习新课程标准，认真梳理和钻研两种教材，深刻领会编写意图，拿捏好教材融合、挖掘以及拓展的度，遵循教育规律和原则，让教材融合在理论与实践中。如果在教学的过程中不顾教材的系统性和知识呈现的科学性，随意地调整，那一定会割断数学知识间的联系，误导学生对数学知识的探究，失去数学教学的本质意义。

（二）针对性

教材的融合除了要研究教材外，还要了解教师和学生的具体情况。就教师而言，教师的知识背景、把握教材的能力、自身的教学风格等都会影响教材融合的方式和结果。就学生而言，学生的知识背景、生活经验、年龄和心理特征、学习的需要等更是教材重组的出发点和落脚点。

例如，我们在分析苏教版和 Harcourt 版两套教材五年级下册第二单元“折线统计图”和第三单元“因数和倍数”这两块内容时，就紧紧围绕学生的数据分析能力和数形结合的思想这两个方面进行教学（表 2 - 8）。

表 2 - 8　苏教版和 Harcourt 版“折线统计图”和“因数和倍数”统整表

<table>
<tr><th colspan="3">苏教版教学情况</th><th rowspan="2">Harcourt 版教学情况（同一内容在哪一年级第几册）</th><th rowspan="2">统整措施</th></tr>
<tr><th>单元</th><th>教学内容</th><th>教学目标</th></tr>
<tr><td>二</td><td>折线统计图</td><td>根据折线的形态以及两条折线的位置关系，对两组数据进行比较、分析，获得需要的信息</td><td>五年级 Unit 2
理解折线图
折线图的画法
复式折线统计图</td><td>注重数据分析能力的培养</td></tr>
<tr><td>三</td><td>因数和倍数</td><td>理解公倍数、最小公倍数和公因数、最大公因数的意义，学会找两个数的最小公倍数和最大公因数的方法</td><td>五年级 Unit 5
能被 2、3、4、5、6、9、10 整除的数的特征
最大公因数
公倍数与最小公倍数</td><td>苏教版的知识更深入，但需要注重培养数形结合的能力</td></tr>
</table>

只有以人为本、以学生的学习需要为出发点、以提高学生数学素养为目标，贴近学生生活实际，符合学生的心理特征，才能激发学生的学习兴趣和探究热情，同时又要兼顾教师的教学风格，这样教材融合才具有针对性和有效性。在教材重组的过程中，要“因人制宜”“因材施教”，这样才能达到最佳的教学效果。

（三）开放性

要创造性地使用教材，无论是苏教版还是 Harcourt 版，都永远没有“终结版”。教师在教学的过程中应对教材的融合不断探索、不断创新、不断反思、不断完善。新的教材观告诉我们：教材只是教师在教学活动时加以利用的课程资源，教材融合就是为教学精心打造和提供可利用的富有特色和价值的校本课程资源。要使师生在教学过程中共同建构知识和美好人生，我们需要不断打磨和创新教材。

例如，我们在教学“有余数的除法”和“认识时分”这两个单元时，采用了“一课三磨”的教研形式，先在备课组分析两个版本教材的编排特点，然后进行第一次试教，提出改正建议之后，再进行第二次、第三次的打磨。我们对这两个单元备课内容进行梳理如表 2－9。

表 2－9　苏教版和 Harcourt 版“有余数的除法”和“时、分、秒”统整表

苏教版教学情况			Harcourt 版教学情况（同一内容在哪一年级第几册）	统整措施
单元	教学内容	教学目标		
一	有余数的除法	理解有余数除法的含义，并会计算有余数的除法。能运用有余数除法的知识，解决有关的实际问题。学会除数是一位数的除法试商的方法	二年级 Chapter 30　乘除法概念 相等的群组：组群的大小	Harcourt 版教材没有对余数进行定义，只是让学生对于剩下的数有一个初步的感知，建议以苏教版教学为主，以利于以后研究周期问题中余数的规律
二	时、分、秒	初步认识钟面，知道时间单位时、分、秒；认识整时，知道时、分、秒之间的关系，建立初步的时间观念	三年级 Unit 1 Chapter 7　了解时间 （1）认读时间 （2）学习 am 和 pm 的用法 （3）学习时间段 （4）学会制作和使用日程表 （5）学会认读和使用日历 （6）解决问题的策略： a. 学会看时间轴 b. 事件发生的次序排列	苏教版教学中将“时间的认识”这一内容排在多个年级，Harcourt 版教材则将其放在三年级教学，并将时分秒、年月日等内容整合在一起进行主题式研究

教材永远处在被精心打造的过程中，教材的融合亦如此。我们的教学因融入 Harcourt 版的元素而精彩纷呈，不只精彩在新奇的形式上，还精彩在教师教学的独创和学生学习的独立上，精彩在教学的丰富与开放上。

三、课程整合研究的主要结论

本课题形成了以下初步结论：

1. Harcourt 版教材在安排教学时特别注意从生活实际出发，帮助学生逐步建立数学概念，让学生体验到数学学习的乐趣，同时引导他们利用所学知识解决实际问题，感受数学知识与现实生活问题的密切联系。如果 Harcourt 版教材的一些元素能够对我们有所启发、有一些借鉴作用的话，那么一定不只是他们教材形式上的新奇或特别，更多的是教学理念的丰富与开放。

2. 在九年义务教育阶段引进优秀、科学的国际课程资源和教育理念，借鉴国外丰富的课程资源，充分融合课程资源的优势，丰富国内本土课程，有利于学生理解和掌握知识，有利于教师创新教学方式。

3. 在苏教版小学数学教学中适当融入了一些 Harcourt 版小学数学教材的元素，努力让域外教材资源丰富我们的教学，以形成具有国际化色彩的校本教材。我们把 Harcourt 版教材当作“一个矿场”，进行研读、梳理和借鉴，并根据苏教版小学数学教材的体系和学生的实际情况加以改造，在数学课堂教学中合理地重组教材，科学地设计教学过程，让课堂教学更具开放性、探究性和实践性，更好地体现新课程标准的理念和数学教学的本质。

四、课程整合案例

中华人民共和国成立 70 年来小学数学教育史研究：以“圆的周长”为例

以现代教育科学为理论基础，以教育学、心理学为研究视角，结合基础教育改革趋势，广泛收集资料，如中华人民共和国成立 70 年来的教育政策文献、教学计划、教学大纲、小学数学教科书，以及反映小学数学教学改革的论文、报告、总结，著名学者的传记和思想录等，对这些资料进行整理和分析、分类比较研究，形成我国小学数学教育发展史的研究成果，以展示我国基础教育不断改革发展的历史画卷。

历史研究：研究了上位数学知识对教学的启示，分别为圆周率的研究历史和对教学的启示，圆周长的认识与计算的教学困难，探索圆周率的常见方法以及体现的数学思想方法。

文献研究：研究中华人民共和国成立 70 年来的 12 个课程标准（教学大纲）中圆的周长进入或退出小学数学教材的历史，如在 1950—1956 年 3 个课程标准中退出，1963 年至今的 9 个课程标准再进入（表 2-10）。

表 2-10　中华人民共和国成立 70 年来的课程标准（教学大纲）中“圆的周长”教学内容要求的演变

年份	课程标准（教学大纲）名称	教学内容要求的演变
1950 年	小学算术课程暂行标准（草案）	退出小学教学内容
1952 年	小学算术、珠算教学大纲（草案）	退出小学教学内容

续表

年份	课程标准(教学大纲)名称	教学内容要求的演变
1956 年	小学算术教学大纲(修订草案)	退出小学教学内容
1963 年	全日制小学算术教学大纲(草案)	六年级用 8 课时学习圆的特征、画法、圆的周长和面积
1978 年	全日制十年制学校小学数学教学大纲(试行草案)	培养具有实事求是、独立思考、勇于创造的科学精神
1986 年	全日制小学数学教学大纲	第一部没有"草案"两字的正式大纲,将空间形式改为几何直观,掌握圆和扇形的特征,能够画圆,会计算圆的周长
1988 年	九年制义务教育全日制小学数学教学大纲(初审稿)	五年制的五年级或六年制的六年级学习圆的特征,会画圆,掌握圆的周长和面积的计算公式
1992 年	九年义务教育全日制小学数学教学大纲(试用)	要求几何初步知识加强测量、画图、拼摆等实际操作,与 1988 年完全相同
1994 年	关于引发中小学语文等 23 个学科教学大纲调整意见的通知	与 1988 年完全相同
2000 年	九年义务教育全日制小学数学教学大纲(试用修订版)	小学数学教学落实素质教育的要求
2001 年	全日制义务教育数学课程标准(实验稿)	探索并掌握圆的周长和面积公式
2011 年	全日制义务教育数学课程标准(2011 年版)	通过操作,了解周长和直径的比为定值,掌握圆的周长公式

比较研究:纵向比较了人教版编写的沿革历史(表 2 - 10),横向比较了 2000 年后青岛版、苏教版、北师大版、西南师大版和上教版五个版本的教材(表 2 - 11)。

表 2 - 11　纵向比较:人教版三个版本的教材结构

主要环节	1980 版教材	1990 版教材	2006 版教材
1	指令操作,滚动纸片引出圆周长的概念	复习引出圆周长的概念	创设情境,提出问题
2	—	—	澄清问题,确立研究思路
3	操作实验,研究圆周率	介绍测量圆周长的两种方法	讨论测量圆周长的两种方法
4	—	操作实验,研究圆周率	操作实验,研究圆周率

续表

主要环节	1980 版教材	1990 版教材	2006 版教材
5	介绍圆周率：给出圆周率计算的文字和字母公式	介绍圆周率：给出圆周率计算的文字和字母公式	介绍圆周率：给出圆周率计算的文字和字母公式，栏目“你知道吗”介绍数学文化
6	例题 1：求周长的应用问题	例题 1：求周长的应用问题	例题：求周长的应用问题
7	例题 2：求直径和半径的应用问题	例题 2：求直径和半径的应用问题	—
8	课堂练习	课堂练习	课堂练习
9	练习二十四	练习三十三	练习十五

通过比较，人教版教材主要有复习圆周长的概念或情境创设、引出圆周长、测量圆周长的两种古典方法、操作探究、介绍圆周率、已知直径求周长和练习等几个环节。

表 2－12　横向比较：同期教材编写特点比较

主要环节	青岛版	苏教版	北师版	西师版	上教版
1	创设情境，提出问题	创设情境，提出问题	创设情境，提出问题	创设情境，提出问题	思考：创设情境，提出并澄清问题
2	合作探索：讨论引出研究主题	澄清问题，引出研究主题	建立圆周长的概念	量一量、算一算，建立圆周长的概念，引出研究主题	—
3	讨论利用绕线法和滚动法测量圆周长	例 5 讨论利用绕线法和滚动法测量圆周长	练一练：利用讨论绕线法和滚动法测量圆周长	讨论利用绕线法和滚动法测量圆周长	操作：给出测量直径的方法和测量圆周长的绕线法和滚动法
4	—	—	澄清问题，引出研究主题	—	—
5	操作实验、研究圆周率	操作实验、研究圆周率	探究活动：操作实验、研究圆周率	操作实验、研究圆周率	操作实验、研究圆周率

续表

主要环节	青岛版	苏教版	北师版	西师版	上教版
6	介绍圆周率和常用近似值，给出圆周长计算公式	介绍圆周率和常用近似值，给出圆周长计算公式	介绍圆周率和常用近似值，给出圆周长计算公式	议一议：介绍圆周率和常用近似值，给出圆周长计算公式	介绍圆周率和常用近似值，给出圆周长计算公式
7	已知起始情境即教材最开始创设情境中的问题；你知道吗：介绍圆周率历史	试一试：解决起始情境的问题；已知直径求周长；问题口袋，"你知道吗"：介绍圆周率历史	解决起始情境中提出的问题	例 1：已知直径求周长；例 2，已知周长求直径和半径	例 1：已知直径求周长；例 2：类似问题（情境综合题）；例 3：已知周长求直径（无情境综合题）
8	用脚注说明位数较多时可以使用计算器；除不尽的保留两位小数	用脚注说明位数较多时可以使用计算器；试一试，练一练	—	课堂活动：用脚注说明位数较多可以使用计算器	—
9	自主练习、课外实践	练习十八	测树干直径；数学故事：圆周率研究历史	练习 4，安排思考题；"你知道吗"，相关链接拓展阅读	练习 4.1

通过比较，几个版本都有情境、确定研究主题、两种古典测量方法、操作实验、介绍圆周率，推导圆周长公式、感受数学文化、已知直径求周长和练习等几个环节。

以上研究成果极大地丰富了"圆的周长"的教学设计。

教学设计主要流程

（一）教材分析

圆的周长是青岛版五年级下册第一单元的内容，它属于"图形与几何"领域的"测量"内容，在长方形、正方形的周长以及圆的特征基础上进行编排，所体现的核心思想有：变中找不变的函数思想；对曲线的研究方法，即化归思想。

（二）学情分析

学生对长方形、正方形的周长有了深刻认识，对图形的周长认识十分清晰，有的同学甚至听说过圆周率和圆的周长计算公式，但仅仅停留在对圆周率的记忆上，对探索过程的理解并不深刻。

（三）教学目标

1. 通过操作，了解圆的周长与直径的比为定值，掌握圆的周长公式，并能解决简单的实际问题。

2. 经历猜想、操作、探究等学习活动，提升思维水平，感受数学文化。

3. 形成勇于质疑、严谨认真的学习品质，进一步发展学生的推理能力。

本课的教学重点为在活动中探索圆的周长的计算公式；难点为正确理解圆周率。

教法学法

（1）教法

运用启发式教学法探索圆的周长和什么有关，推导圆的周长公式；

用多媒体演示法探索求解圆周率的割圆术等方法；

用实验发现法了解圆的周长与直径的比是一个定值。

（2）学法

用“观察、实验、合作、交流”等方法了解圆周率的探究过程、推导圆的周长公式。

（四）教学设计主要流程

1. 情境引入，提出问题

谈话：同学们，今天我们一起研究圆的周长，谁来指一指这个圆的周长？

交流：圆的周长是指这根曲线的长度。

启发：你有办法量出这个圆的周长吗？

汇报：学生说一说。（学生谈想法：绕、滚、直接量）。

交流：用绳子“绕”圆一周测量圆的周长有时很麻烦，该方法还是有局限性的。求圆周长的方法需要由“量”升级到“算”，今天我们就来研究如何计算圆的周长！

谈话：看大屏幕！这三种车轮各滚动一周，哪种车轮滚动的路程长？

交流：车轮的直径越大，圆就越大，所以周长也就越长了。

汇报：我发现圆的周长和直径有关，由于直径是半径的2倍，因此圆的周长与半径也有关。

【设计意图】借助数学情境，抽象出数学概念：圆的周长是什么，周长和什么有关。建立数学猜想，明确研究主题。

2. 自主探究，揭示公式

(1) 观察，初步感知

出示：在正方形内画一个最大的圆，你知道正方形的周长是圆直径的几倍吗？在圆内在画一个正六边形，正六边形的顶点都在圆上，六边形的周长是圆的直径的几倍？

交流：正方形的周长是圆直径的4倍，正六边形的周长是圆直径的3倍。

追问：圆的周长是直径的几倍？

汇报：因为正方形的周长大于圆的周长，圆的周长大于正六边形的周长，所以圆的周长比直径的3倍多，比4倍少。

设疑：圆的周长与直径到底有怎样的关系呢？让我们通过数学实验发现规律。

(2) 测量，逐步逼近

谈话：4人一组，量出3个大小不同的硬纸板的圆周长，再计算每个圆的周长除以直径的商，并把表格（表2-13）填写完整。

出示：

表2-13　数学实验记录表

序号	周长/cm	直径/cm	周长除以直径的商（得数保留两位小数）
①			
②			
③			

量一量：每位同学测量一个圆的周长、直径；

算一算：用计算器算出周长除以直径的商。

汇报：组织反馈，以小组为单位把实验的结果放在实物投影上展示，并介绍实验的过程。

交流：从计算结果可以看出，周长除以直径的商集中在三点多一点（或3到3.5之间），所以说大约三倍是正确的。其他小组是不是也是这样？没得到相对准确的商，这很正常，因为在测量时总是有误差的。你看，同样是直径10厘米的光盘，有的小组量的周长是……有的是……这说明，测量是有误差的。经过测量和计算，我们发现每个圆的周长大约是它直径的3倍多一些，商为3点几。

(3) 演示，揭示结论

课件演示“割圆术”：分别作圆内接正12边形、24边形、48边形……计算内接多边形的周长除以直径的商。

介绍我国数学家祖冲之在研究圆周率方面取得的重要成就，以及有关圆周率的知识。

交流：看了上面的短片，你知道了什么？想到了什么？

学生讨论后，组织反馈，并根据学生回答，板书：圆周率＝圆的周长÷直径＝3.1415926535……

谈话：圆周率是一个无限不循环小数，为了方便，我们通常用字母 π 表示圆周率，并保留两位小数取它的近似值(板书：$\pi \approx 3.14$)。

交流：1579年，法国数学家韦达用阿基米德的割圆术原理，通过计算得到10位准确值；17世纪初，德国人鲁道夫用几乎一生的时间来钻研圆周率的计算问题，算出35位小数；2011年，IBM超级计算机算得60000000000000位小数。

(4) 揭示圆周长的公式

谈话：同学们，我们一起经历观察、实验、演示等活动认识了圆周率。怎样计算圆的周长呢？

推导：$C = \pi d$ 或 $C=2\pi r$

【设计意图】经历猜想、观察、操作、探究等学习活动，进一步了解圆的周长与直径的关系，循序渐进地理解和掌握周长与直径的比为定值，提升思维水平。学习素材渗透的中国割圆术(从内接正多边形方向研究)和西方割圆术(从外切和内接多边形两个方向研究)，感受数学文化。

3. 巩固练习，内化新知

谈话：现在会计算圆的周长了吧？下面我们就试一试。

(1) 初步练习，小试牛刀

尝试：请计算出三个车轮的周长。

交流：全班交流计算圆周长的想法。

(2) 变式练习，再接再厉

变式：将标注的条件“$d=66$ 厘米”改为“$r=33$ 厘米”，学生计算其周长。

应用：有一种汽车车轮的直径是0.6米，它在路面上前进一周，前进了多少米？行驶中一分钟转了300转，汽车一分钟行驶了多少米？

尝试练习，交流汇报，小结方法。

分享交流：生活中还有哪些地方用到圆的周长？

(3) 拓展练习,思维提升

三个小朋友要把沙包投入周长是3.14米的圆内,沙包落在距圆心1米的地方,沙包落在圆内还是圆外?

交流:你是怎样想的?

【设计意图】通过分层练习,促进学生对圆的周长及计算公式的进一步理解。从简单到复杂、从静态到动态、从方法单一到方法多元,应用圆的周长解决生活中的问题。

4. 全课小结,总结收获

提问:通过今天的学习,你有什么收获?有什么感想和启发?

五、课题研究体会与困难

通过对中华人民共和国成立70多年来小学数学教育发展史的研究,我们可以更好地了解数学及数学教育的源头、当下知识的后续发展;更好地把握教学内容的本质,设计符合数学本身发展规律且切合学生学习特点的教学过程。

遇到的困难是课题需要阅读和整理大量的文献,系统梳理70多年来我国小学数学教育发生的重大事件,需要进一步理清事实和研究的关系、发展和历史的关系、数学与数学教育的关系,以期更好地做好整合,分清主次,抓住重点,以点带面地推进研究。

需要进一步明晰小学数学教育的内涵及理性建构,关注数学发展史的教育定位和功能研究,关注数学教育中的文化基因等研究。下一阶段将到国家图书馆、首都师范大学教科书博物馆、人民教育出版社查找一手文献,丰富数与代数、图形与几何、统计与概率等领域的研究,举一反三,一节课通一类课。

六、小学数学教科书空无内容及对策研究

教科书是课程教学内容的重要载体,教科书对于教学本身以及学生的发展具有至关重要的意义。教科书的编写和使用质量直接影响课程目标的达成情况,影响着人才的培养、民族的希望和国家的未来。从一定意义上讲,有什么样的教科书,就有什么样的年轻人,也就有什么样的国家未来。教科书的内容源于知识的选择,一部分知识被选择进入教科书,而另外一部分则必然被排除在外,

这些被排除的知识是否还有本应进入却没有进入教科书的内容呢？这些本应进入教科书而没有进入的知识我们称为“教科书的空无内容”。

(一) 教科书与教科书的空无内容

要了解教科书的空无内容，先要了解教科书的意义。《中国大百科全书》(1985年教育卷)对教科书的解释为：教科书是根据教学大纲编定的，系统地反映学科内容的教学用书。《美国百科全书》将教科书定义为：从严格的意义上讲，教科书是为学习的目的通过加工，并通常用简化方法介绍主要知识的书。日本《教科书发行相关临时措施法》中规定：教科书是“根据学科课程标准组织的，作为学科的主要教材，供教学之用的学生用书”。综观这三个关于教科书的定义，不难发现其共性，即认为教科书是介绍知识的教学用书。

美国儿童美术教育家艾斯纳于1979年在《教育想象》一书中首次提出了“空无课程”概念。他认为既往的课程研究只关注学校的实存课程，但这是不够的。实存课程之外还存在着一个空缺的领域，这个领域即他所说的空无课程。用艾斯纳的话说，如果我们关心学校教育计划的结果和课程在实现这种结果时的作用，那么我们除了要考虑教什么以外，也要考虑不教什么以及没教什么。他认为，对教什么和不教什么这两个问题的研究同等重要。

艾斯纳在考察学校课程与现实生活的要求的基础上提出了空无课程。他指出，现实生活中，有许多颇具创造力的思维并不是语文、数学等逻辑性思考的结果，它们的运作要靠视、听、嗅、味、触、动等多种感觉器官的配合，但在现行的课程和评价模式下，学校教育对心智过程的理解已经被严重地窄化，似乎心智过程就是与语文或数学有关的逻辑性思考。因此，学校课程的设计难免有失偏颇。比如，只重视语文、数学等逻辑性强的学科，忽视音乐、舞蹈、视觉艺术等学科的教学，这种做法使学生接触不到严肃的艺术形式，从而影响学生的艺术欣赏和创造力的发展。总之，现行的学校课程和评价模式已经使学生失去了某些有效的心智过程，失去了本应具有的许多变通途径。这会严重限制学生与世界交往的方式和创造能力的发展。

作为介绍知识的教学用书，教科书由于其篇幅的有限性等多种原因，介绍了存在于其中的那部分知识，则必然就忽视或排除了其他内容。可以说在教科书中介绍的内容只是学生可接受的知识的沧海一粟。因此，我们完全有理由确信，没被介绍的学生可接受的内容里面必定有些内容对学生发展的价值超过教科书中已有的某些内容，甚至是非学不可。现举两个常见的现象对此加以说明：其一，教科书中某些本应相对完整的文本被删除了个别局部，学生接受的是一个残缺的文本，局部的缺失使得学生对相应文本的理解和把握出现偏差。其二，教科书中某些知识领域整体性缺失，使得学生无法通过教科书接受该领域的知识，导致学生的“片面发展”，而从发展的角度看，该领域是学生应该接触和学习的。

综上所述，教科书的“空无内容”的定义为教科书中应该呈现却没有呈现的内容。如此定义有一个基点：教育的首要功能是促进人的发展，因为人自身的发展是人类社会的基础，也是经济与社会发展的基础。从课程的价值看，课程有社会价值和个人价值，其社会价值的实现必须建立在个人价值之上，只有个人价值得到实现才能实现其社会价值。课程的个人价值是其社会价值的基础，或者说，课程的个人价值是根本，是前提。过去、现在乃至未来很长时间里，教科书是学校教育最重要的教材，因而也是促进儿童发展的重要手段或媒介，考察或评价教科书的价值，首先要看它对儿童的发展价值。因此，上述定义中的“应该”主要指对于儿童发展有极其重要的价值，是儿童非学不可的那些内容。简而言之，该定义的判断取向即学生的发展。

（二）教科书空无内容的改进策略

单从知识层面讲，笔者认为现在的小学数学教材内容还是偏多的，以至于有些知识营养是无法呈现更无法被学生吸收的，也在一定程度上转化为学生不得不承受的负担。因此，从知识层面来看，小学数学教材内容应该做减法，而不是做加法。

《课标（2011年版）》将传统的“双基”发展为“四基”，即基础知识、基本技能、基本思想和基本数学活动经验。在课程改革再出发的路上，学生要通过“数学文化”活动感悟作为文化的数学思想，在活动中积累基本活动经验。但是，传统应试教育的唯一目标是试卷中的数学，强调的是解题技巧和方法，学生眼里只有冰冷的符号和枯燥的数学语言。长此以往，学生将逐渐丧失对数学的兴趣，缺乏运用数学的思维方式进行思考。这样的数学，容易使人形成错误的数学观，形成刻板的数学思维方式，产生对数学的厌恶情绪。

如果从编排和设计的角度看，教材在如何编排数学思维活动，如何呈现数学思想方法，如何体现数学素养，如何契合儿童特点，如何展现学科育人的魅力等方面，都亟待开拓和深化。

1. 教科书应更多呈现数学学科思想方法

从教科书跨越到现实生活，通过现实生活选择合适的素材供孩子们学习，密切联系现实生活开展教学设计，从封闭的教科书和教室走向开放的现实生活，启发学生思考数学问题。教科书内容应体现出“心中有数，无限美好！眼中有人，万分精彩！”这里的“数”，不仅是数字、数学，更重要的是数学活动、数学思维、数学意识、数学品质、数学理解、数学精神和思想方法……这里的“人”不仅是当下的学生个体，更重要的是人的素养和发展、全面人、理性人和未来人……

小学数学教科书的内容缺少模型思想的渗透，如常见的数量关系模型，包括数学抽象和数学建模两种数学思想，这有利于培养学生的数学应用意识和创新意识。数学抽象主要是指思维运动中的抽象，大体上分为三个层次：首先，把握事物的本质，把繁杂问题简单化、条理化，能够清晰地表达，我们称其为简约阶段。其次，去掉具体的内容，利用概念、图形、符号、关系表述包括已经简约化了的事物在内的一类事物，我们称其为符号阶段。最后，通过假设和推理建立法则、模式或者模型，并能够在一般意义上解释具体事物，我们称其为普适阶段。徐利治教授也曾就数学抽象的层次性在认识论上的意义进行过分析，同时他创造性地提出了“数学抽象度”的概念对数学抽象层次性进行了一种数量刻画。

常见的数量关系模型是描述现实生活中某一类数量关系的数学模型，具有一定的抽象性。学生在日常生活中已经积累起来的具体数量关系，正是进一步抽象与概括的基础。引导学生利用已有的知识和经验解决问题，并通过比较、分析和概括，把实际问题中的具体数量关系抽象成能表示某一类数量关系的数学模型。经历这一过程，既可以帮助学生提升其对数量关系的理解水平，发展解决问题的能力，又有利于学生体验数学抽象的一般过程。

2. 教科书内容应更多体现数学素养

教科书空无还表现在对数学理性精神的培养。数学作为文化的一部分，其最根本的特征是它表达了一种探索精神。理性，体现在数学追求一种完全确定、完全可靠的知识。理性，还体现在数学对解放人类起到了极大的作用，数学在理性地研究宇宙本源，同时使人类的思维逐渐脱离宗教的束缚，带领人类走向理性的时代。培养学生的理性精神有利于培养学生优秀的学习品质，养成严谨的良好习惯。数学让我们从确定性中寻找力量。法国数学家波莱尔说过：“数学是我们确切知道我们在说什么，并肯定我们说的是否对的唯一科学”。数学中的每一个结论都不可能带有任何个人感情色彩，数学除了可以给予我们知识和方法外，更可以借助存在于数学中的“真”让我们正确、客观地认识世界，建立起人们对确定性、真理的最初印象。

教科书应更多体现出“再创造”的数学素养。“再创造”是“做数学”的过程，教师应积极引导学生“重走数学家之路”，通过“再创造”的学习过程，由学生本人把学的东西发现或创造出来。如“认识负数”，教科书应引导学生联系日常生活经验，经历由“温度中的－2”到“算式中的－2”，再到“情境中的－2”，最后到“数轴中的正、负数”。紧紧围绕“标准”和“相反意义的量”两个关键点展开教学，体会数学符号的简洁性与统一性，从学到用，体会“相反意义的量”的负数概念本质，让学生经历数学“再创造”的过程。在“再创造”的过程中，不仅要关注数学知识和方法的背景、形成、应用以及与其他知识和方法的联系，而且要处理好局部知识和整体知识的关系，进而帮助学生理解数学的本质和价值，修行数学素养，形成数学品格。“品”是分析、感悟、辨别，重要方略是用心品味，知行合一。“格”的左边是“木”，则上为枝叶下为根，引申为根本，核心意旨是培养理性精神；“格”的右边是“各”，即每个，彼此不同，表现样态是张扬个性、美美与共。品格的提升促进素养品质的提升。现代汉语对品质的解释为：“行为、作风上所表现出来的思想、认识、品性等的本质。”品质有很多种，工作时表现出来的是工作品质，学习时表现出来的是学习品质，优秀的学习品质是在优秀的学习习惯的逐步养成中形成的。数学家波利亚认为：“学东西的最好方式是发现它。”教科书的编写应该尽量让学生在现有条件下亲自发现尽可能多的东西。教科书内容的呈现，不过是一场顺势而为，顺儿童成长之理，助儿童成长之势，给予生命支持。应该让学生在自主创造中建构知识，体会思考的乐趣。

3. 教科书内容应更契合儿童特点

学生感悟模型思想需要经历一个长期的过程。小学数学建模必须结合学生的实际水平，分层次逐步推进，既要考虑数学知识的“序”，更要考虑学生认知的“序”，教学过程中要让学生循序渐进，逐步提高学生的数学思考力和学习兴趣。渗透数学模型思想的具体教学策略有以下两方面。

（1）正确把握学生认知的“序”

著名儿童心理学家朱智贤认为：“小学生思维是由具体形象思维逐步向抽象逻辑思维过渡。”在实际教学过程中，因为学生比较熟悉“单价、数量和总价”，所以以学生自主学习为主。而对于“速度、时间和路程”这一组数量关系，学生理解“速度”的难度很大，所以在教学过程中，先引导学生认识“速度”以及体验“速度”，再探索“速度、时间和路程”三者之间的关系。从简单到复杂，从具体到抽象，由扶到放再到收，符合学生的认知顺序。

（2）合理安排数学知识的“序”

除了要考虑学生数学学习认知的“序”之外，我们还必须考虑数学知识的“序”。

教材先出示例2的购物情景图，引导学生说说图中已知的每种商品的单价和数量，同时用复合单位的形式表示单价，接着呈现有购买文具单价、数量和总价情况的表格，要求学生先填表再求出总价，并思考“总价和单价、数量之间有什么关系”。在此基础上，引导学生由得到的数量关系式进一步思考：根据总价和数量，如何求单价？根据总价和单价，如何求数量？

4. *教科书应更多彰显各学科育人魅力*

列宁说：“真理向前一步就是谬误。”同理，谬误向后一步亦是真理。教科书编排内容若拥有科学对待错误的开放心态和思维方式，就有可能化“错”养“正”。践行学科育人时，教学的价值在于“育”，育什么呢？育的是思维方式、学习欲望、开放心态、生命潜力……学科育人的终极目标是“正”，“正”即正确的、正能量、美好的、全人的……学科育人，真正是从教学走向教育，改变教师的教育观和学生观。

教科书内容编排不要“规避”学生可能出现的差错，应乐观面对学习过程中的差错，从差错中悟出道理、走向理解。正所谓“正确的，总是千篇一律；差错的，总是多姿多彩。”“差错的价值并不在于差错本身，而在于师生从中获得新的启迪。”启迪何来？启迪来自思考，应在问题解决过程中启发学生的哲学思考，将知识联系起来，从而使学生弄清楚事物的含义，丰富学生的数学情感体验。

当前，课程改革进入立德树人、培育学科核心素养的关键期。教科书里不能只有分数和冰冷的知识，而应该从关注学科到关注人、关注学生的发展和成长，更应该关注“人之为人”的必备品格和关键能力，以学生的整体发展为目标不断提升和改进数学教育。

数学是人类文化的重要组成部分。数学有促进人和文化的双重构建的基本使命。数学曾被柏拉图视作人类文化的最高处。数学作为一种传统的智力活动，是必须传给后代的最好的人类文化遗产之一。数学在人类文明中的地位绝不亚于语言、艺术和宗教，同样是影响人类文明全局的部分。数学教学，既是为了人的发展，又传承着数学本身的文化。

日本数学教育家米山国藏认为，对学生而言，作为知识的数学，通常在出校门后不到一两年，很快就忘记了，然而，不管他们从事什么工作，那些深深铭刻于头脑中的数学精神、思想方法、研究方法、推理方法和着眼点等都随时随地地发生作用，让他们受益终生。可见，数学教育不仅包含数学知识本身，而且包含数学的理性精神、思想方法、研究方法、推理方法等方面。

我们必须将数学与历史、科学、哲学、社会科学、艺术、音乐、文学、逻辑学以及与所讲主题相关的别的学科联系起来。我们必须尽可能地组织材料，使数学的发展与我们的文明和文化的发展联系起来。当前大部分数学教学，依旧与数学文化的原则背道而驰，过分关注数学知识的积累、数学技巧的训练，数学拥有的文化气质和气度逐渐丧失，这是数学教育的悲哀。历史、文化、建筑、美术、物理、天文等各个领域都已和数学建立了紧密的联系，而数学与生活的联系以及学生学习数学的方法、探索数学的理性精神、感悟数学的思想似乎超越了数学教学的要求，但换一个角度思考，数学教学需要有突破的可能和空间。长期以来，小学数学课堂教学内容以偏、难、繁、杂为主要特点，学生总是感觉到数学“冰冷而又美丽”。课堂上，教师的教表现为教学数学的概念、定理、法则、解题技巧……学生的学表现为练习、解题、考试……将数学与人类生活各个领域内在的文化联系起来的教学少之又少。因此数学教学需要着眼于提高学生的数学素养，渗透数学文化。

（三）结语与展望

教科书空无内容的存在是无法完全避免的。个中原因既有意识形态的干预、编审者的视域局限，也有学校课程改革步伐缓慢未能反映时代需求，以及编审和解读的视阈差异等多个方面。但某些多种主体都认可的空无内容可以避免，而且应该避免，这不仅有利于促进学生的发展，也有助于提高教科书本身的质量和信誉度，在教科书市场化的今天，这一点尤其重要。为减少教科书的空无内容，教科书编审过程中有必要通过多种途径，如编印沟通性刊物以及组织座谈等，听取官员、专家、教师学生、社会其他大众等多方意见，尽量减少显眼的空无内容，特别应鼓励学生做出批判性的评论，这比起接受教科书的信息、观点，对他们将来面对社会更有好处。同时要完善教科书评价制度，以便为教科书修订时减少空无内容提供帮助。对于业已存在的空无内容，师生要革除“圣经式”的教材观，将空无内容看作一个机遇，一个展示自己、发展自己的机遇，即在教学过程中教师一方面要给教科书补白，另一方面要鼓励学生通过多种途径给教科书补白。至此，我们发现，研究教科书的空无内容对于教科书的编审和使用具有极为重要的意义，但研究还有待深入。

第三章 为关键能力而教

现在教育界关注的焦点之一就是“学生核心素养”。什么叫核心素养？核心素养是学生在接受相应学段的教育过程中，逐步形成的适应个人终身发展和社会发展需要的必备品格和关键能力。它包含六个方面的含义：核心素养是所有学生应具有的最关键、最必要的基础素养；核心素养是知识、能力和态度等的综合表现；核心素养可以通过接受教育来形成和发展；核心素养具有发展连续性和阶段性；核心素养兼具个人价值和社会价值；学生发展核心素养是一个体系，其作用具有整合性。未来基础教育的顶层理念是强化学生的核心素养。

最早开始研究的是经济合作与发展组织（经合组织，OECD），它在1997年就启动了“素养的鉴定与遴选”。在经合组织研究之后，美国、英国、日本、新加坡等国，还有中国的台湾地区和香港地区也开展了核心素养的研究。通过梳理文献，笔者发现核心素养研究有四种不同的价值取向，分别为成功生活、终身学习、个人发展和综合取向。它们虽然不尽相同，但最终指向的都是培养“完人”，也叫全面发展的人。同时，它们都重视“全面发展的人”，包括三个方面：第一，自主发展，即自主性，包括培养和发展身体、心理、学习等方面的素养；第二，社会参与，即社会性，包括处理好个体与群体、社会与国家等之间的关系；第三，文化素养，也就是工具性，包括掌握应用人类智慧文明的各种成果。这其中文化素养是个体自主发展和社会参与的必要基础，自主发展和社会参与是促使个体适应社会和实现个人价值的重要前提与根本保证。可以看出国际上既强调和重视传统的基本素养——语言能力、数学素养、学会学习、问题解决能力，更高度重视和强调现代关键素养的指标，如沟通与交流、团队合作、国际视野、信息素养、创新与创造力、社会参与与贡献、自我规划与管理等。

高中数学的核心素养是“数学抽象、直观想象、逻辑推理、数学运算、数学建模和数据分析”，这已经得到普遍认可。但无论是理论研究还是实践探索，核心素养在课堂教学中如何落地远未成熟，口号化、标签化的现象比较普遍。比如在数学教学中，在培养学生核心素养的大旗下，大多数教师关注的是传授的知识、培养的能力与六大核心素养中的哪一种相对应，并孜孜以求、乐此不疲。笔者认为这种做法是“舍本求末”和“胶柱鼓瑟”式的，最多只能产生短期效应，时间一长并没有在学生的脑海中留下有价值的痕迹，培养学生的数学核心素养自然就成为一句空话。

从教学方法的角度看，随着新课程改革如火如荼地开展，广大教育工作者参与新课程改革的热情不断高涨，人们解放思想、激扬文字、打破陈规、勇于创新，反映在课堂教学这个主阵地上，各种新思维、新教法、新模式、新概念如雨后春笋般地层出不穷，如以山东杜郎口教改经验为首的“九大教学范式”曾风靡一时，近几年以“微课”“翻转课堂”为代表的新教学模式又悄然而至，似成燎原之势。那么，核心素养究竟应该如何在课堂教学中落地生根？

2018年，我们向江苏省教育科学规划办申报“学为中心视角下小学生数学关键能力培养的实践研究”课题，被列为江苏省“十三五”青年专项课题。在研究过程中，取得了“关注学习过程、提升数学能力”“理解算理、培养品质、形成技能”“计算教学的迷失与回归”“单元整体教学设计——教学观的应然追求”“用数对确定位置的三次磨课历程”等阶段性成果。研究过程中，获得苏州市市级荣誉3人次、常熟市市级荣誉2人次，各类基本功、评优课苏州市市级8人次，公开课或讲座14人次，在省级、国家级期刊发表文章16篇，获奖文章31篇，完成子课题研究近20余项。

一、关键能力设计与论证

（一）核心概念及其界定

1. 学为中心

这里的“学”并非仅指学生，还包括学习活动及教学指导。因此，我们认为“学为中心”不仅要突显学生的主体地位，给予学生更多自主建构和体验的机会，同时还要基于学生已有认知及经验，开展思维性学习活动，为学生的探究、反思、表达提供土壤。本课题还特别关注教师的教学指导，旨在触发与学生的深层次交流，享受分享、深入思考。

2. 关键能力

关键能力一般是指最终能剩下来、带的走、可再生的能力。数学关键能力是指在数学知识的积累、方法的掌握、运用和内化的过程中，学生以数学的视角发现问题、用数学的思维分析问题、用数学的方法解决问题的能力，这种能力对现代公民的生存生活不可或缺。

3. “学为中心”视角下小学生数学关键能力的培养

数学关键能力应该是在数学活动中通过对数学知识的自主探索和创造发展起来的，这与“学为中心”的发展目标不谋而合。因此，基于小学数学知识结构、小学生心理特征和认知特点，本课题所研究的关键能力为运算能力、几何直观能力、数据分析能力、推理能力和建模能力。在培养的过程中尝试打破传统教学形态，在“学为中心”视角下构建新的课堂形态，促进小学生数学关键能力主动、和谐、可持续的发展。

（二）国内外同一研究领域现状与研究的价值

作为一名数学教师，关注的不应只是数学学科的具体知识内容，而更应是数学这门学科究竟对一个人必备品格和关键能力的形成有怎样的贡献。本课题是在“学为中心”视角下开展的关于小学生数学关键能力的研究，首先对国内外研究现状做了以下资料梳理。

1. 关键能力及数学关键能力的培养研究概况

（1）关键能力的研究概况

以“关键能力”为主题词检索到 2 985 篇文章，从研究的“学科分布图”可以看出，职业教育占总数的 30.85%，中等教育和初等教育分别占 27.77%和 10.60%。关于“关键能力”的研究在 2016 年和 2017 年突飞猛进，究其原因，和“核心素养”的提出有密切关系。

（2）数学关键能力的研究概况

① 国外研究

自从全美数学教师理事会首先提出学科核心能力的思想后，该思想很快成为世界各国研制教育标准的共识。

在美国，数学核心能力思想始终伴随着数学教育改革。2000 年，NCTM 公布的《学校数学教育的原则和标准》中提出 5 大数学能力，包括数学交流、问题解决、数学推理、数学联系与数学表征。

德国 2003 年颁布的针对十年级的数学教育标准也是典型的“能力”导向标准，包含 6 大数学能力，即数学论证，数学地解决问题，数学建模，数学表征的应用，数学符号、公式以及技巧的熟练掌握和数学交流。

从世界各国数学课程、教育标准及学者对数学核心能力的描述可见，数学教育改革既重视严格数学意义上数学能力的培养,又强调过程性、应用性数学能力的发展。

② 国内研究

数学学科核心能力不仅成为世界各国数学教育改革的核心,也成为国内数学教育研究的重要话题。

徐斌艳在《数学学科核心能力研究》中以概述国内外数学学科核心能力研究为基础,构建了我国数学学科核心能力模型,包括数学地提出问题、数学表征与变换、数学推理论证、数学建模、数学地解决问题和数学交流等六大数学学科核心能力。

潘小福在《学科关键能力的厘定、评价及培养——以小学数学为例》中从学科关键能力的厘定要求来看,运算能力是数学学科独有的;从学科关键能力的含义来看,运算能力涵盖了抽象、推理、建模等基本的数学思想,所以,他认为运算能力是数学学科关键能力。

从目前的研究来看,对于数学关键能力的划分标准不统一,内容结构也不尽相同。同时,就具体数学关键能力来说,研究者多以初高中学生为研究对象,而忽视了小学阶段的基础作用。

2. "学为中心"视角下数学关键能力的研究

弗赖登塔尔认为数学学习主要是进行"再创造"或者"数学化"的活动,这个"化"的过程必须是由学习者自己主动去完成的,而不是任何外界所强加的。

佐藤学在《教师的挑战》一书中提出"学为中心"的课堂:学习方式上表现为从各自呆坐的学习走向活动性的学习,从习得、记忆、巩固的学习转向探究、反思、表达的学习;教学方式上表现为从传递、讲解、评价的教学转向触发、交流、分享的教学,其核心是"以学定教,顺学而导"。

贲友林在《贲友林与学为中心数学课堂》一书中详细地论述了"学为中心"课堂的教学实践,学生的素养能力提升明显。

因此,本课题立足儿童生命成长视角及未来人才能力的需求,以"学为中心"为理论视角,结合数学学科特征,以课堂为主阵地,构建培养小学生数学关键能力的教学程序和策略。

3. 研究价值

(1) 实现能力的自主建构

传统课堂中的能力更趋向知识层面,获得的方式被动化。本课题立足"学为中心",旨在触发学生在思维学习活动中积极投入探究、交流、分享,实现能力的自主建构。

（2）丰富核心能力的培养方式

本课题在“学为中心”思想的指导下，力图将关键能力的培养从课堂拓宽至课外，从校内拓宽至校外，从国家课程拓宽至校本课程，丰富关键能力的培养途径。

（三）研究目标、内容与重点

研究目标

1. 完善小学生数学五大关键能力的培养体系，改进关键能力培养的学与教的方式。

2. 在“学为中心”理论指导下，突破课堂局限性，教学与综合实践相结合，构建培养关键能力的教学模式。

3. 制定各阶段实现学生数学关键能力的具体实践策略，形成有效的教学程序及教学策略，便于在更大的范围得以推广。

研究内容

1. “学为中心”及关键能力的文献研究

采用文献法，着力在三个方面展开研究：一是“学为中心”及关键能力的内涵的梳理提炼；二是“学为中心”对关键能力形成的价值；三是对国内外“学为中心”及小学生关键能力的研究现状进行梳理，深度剖析解读，为整个课题的研究提供理论指导。

2. “学为中心”视角下小学生数学关键能力培养的构建研究

采用调查法，从两个方面研究：一是研究前调查教师对关键能力的理解及培养方式；二是研究后的回应式调查，包括教师对关键能力的再认识、再解读。

3. “学为中心”视角下小学生数学关键能力培养的课堂实践研究

采用行动研究法，立足两方面研究：一是课堂操作程序的研究；二是实施策略的研究。

4. “学为中心”视角下小学生数学关键能力的多样化培养实施研究

行动研究法包括三个方面：一是学的方式多样化，包括数学讲演、数学日记、数学论文、数学实验、数学阅读等；二是教的方式多样化，包括学情前测、交往对话、分享交流等；三是学的时空多样化，从课堂延伸到课外，从国家课程拓宽至校本课程等。

5. “学为中心”视角下小学生数学关键能力培养的案例研究

采用案例分析法，总结“学为中心”视角下小学生数学关键能力培养在建构与实践中的典型经验，依托国际学校特色班级课程、社团、师生共研等平台，为全面推进核心素养提供支撑性案例。

研究重点

本课题研究重点是小学生数学关键能力培养途径的探索以及对“学为中心”课堂操作实践的研究。“学为中心”课堂生成的知识与问题势必增多，需要教师的点拨和引导，因此，它成为研究重点之一是必然的。小学阶段的关键能力在本课题中是统领整个策略研究的核心，建模能力是落脚点，运算能力的培养贯穿始终并逐步展开至推理和几何直观的实践研究，最后阐述培养小学生数学关键能力的有效方法。因此，数学关键能力作为研究重点之二也是理所应当的。

（四）研究思路、过程与方法

研究思路

本课题以“学为中心”为理论基础，通过问卷调查了解小学生数学关键能力的培养现状，并结合课堂教学案例进行分析研究，在不断完善教学程序和教学策略的过程中确定关键能力培养的模式，如图 3－1 所示。

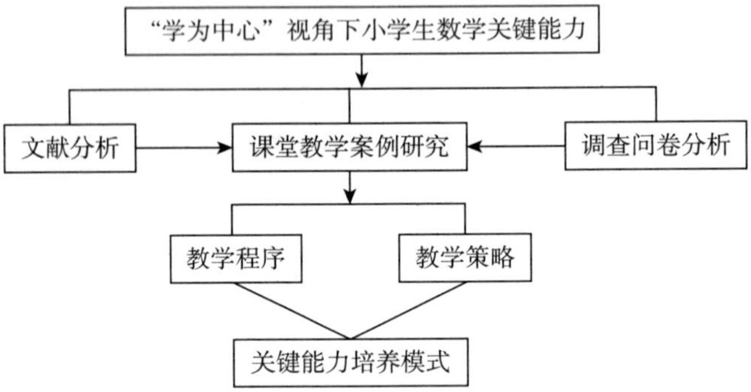

图 3－1 “学为中心”视角下小学生教学关键能力的研究思路

研究过程

准备阶段（2017 年 12 月～2018 年 6 月），主要任务如下：

1. 对本课题研究现状、内容、方法、价值以及可行性进行论证；

2. 对学生和教师进行问卷调查，掌握有关数据；

3. 邀请专家指导课题方案，认真规划本课题研究的具体内容，组建各子课题组，拟定课题研究计划。

4. 聘请市区教研室有关专家对课题实验进行理论指导。

实验研究阶段(2018 年 7 月～2020 年 10 月)，主要任务如下：

1. 对总课题组的主研人员、全体课题研究人员进行培训，细化各子课题组的实施方案并全面开展实践运用和实验验证；

2. 开展研讨活动和课题研究培训，及时推广运用理论研究成果，使之能最大限度地指导教学，及时总结、归纳，提升教学实践；

3. 进行阶段成果展示，编辑论文和精选优秀课例。

结题鉴定阶段(2020 年 10 月～2020 年 12 月)，主要任务如下：

1. 全面总结课题实验研究情况和取得的成果；

2. 整理实验研究档案，完成结题报告；

3. 申请省教育科研课题规划领导小组办公室对课题研究成果进行鉴定验收。

研究方法

文献法：查阅“学为中心”和关键能力的相关文献，论证“学为中心”对小学生数学关键能力培养的价值。了解国内外同一领域研究的历史与现状。

调查法：通过调查一方面了解教师对关键能力的认识及组成部分，另一方面了解关键能力培养的途径与策略。在分析调查结果的基础上再次进行回应性调查，论证教学模式的可行性。

行动研究法：针对教育活动和教育实践中关键能力培养的问题，在研究中探索、改进、解决，寻求培养小学生关键能力的一般规律。

案例分析法：剖析培养数学关键能力教学案例中的成功之处与不足，完善改进策略。

(五) 主要观点与创新之处

主要观点

1. “学为中心”不仅仅体现学生的中心主体地位，还包括学生学的方式和教师教的方式的统一，更重要的是学生在教师指导下自主建构数学关键能力。

2. 结合小学生认知特点、学科知识结构，数学关键能力主要包括运算能力、推理能力、几何直观能力、数据分析能力和建模能力。

创新之处

1. 建立“学为中心”与“关键能力”的联系，提出数学关键能力的结构及培养途径，丰富了两者的研究范畴。

2. 研究方法上，采用实证研究。在实践中探索培养学生数学关键能力的策略，将关键能力的培养落实到课内外、落实到教师的教学行为中、落实到学校的课程设置中。

3. 以国际学校为研究阵地，直接作用于课堂实践，反哺于学生发展，教研一体化，师生共受益。

二、关键能力研究过程

（一）准备阶段

1. 设计方案。在充分学习国家课程改革方案和《课标（2011 年版）》的前提下，形成正确的关键能力框架体系，分析学校数学关键能力培养的整体状况，制定实施计划，提出具体的研究方向与方法。

2. 建立组织。小学部每一个年级抽一位骨干教师组成课题研究中心组。课题研究中心组、年级教研组相结合，形成从学校领导到每位教师，条条有线、块块有面的研究网络，保证课题研究工作贯彻落实到人，使每个教师都置于网络的管理中。研究过程中，形成例会制度，定期交流课题研究情况，对研究过程中出现的问题及时予以解决。课题主持人负责课题研究的宏观指导，经常关心课题研究面临的重大问题，协调好课题研究过程中的种种矛盾。

3. 加强学习。只有加强提高自身的综合素质，个人才有可能做出高质量的研究成果，才有可能达成关键能力的培养。因此必须加强教师自身的培训。要求个人树立先进的核心素养观念，学习参考基础资料，为课题研究提供依据和指导。

（二）实施阶段

对课题组主研人员、全体课题研究人员进行培训，细化各子课题组的实施方案并全面开展实践运用和实验验证，开展研讨活动和课题研究培训，组织课题实践课、交流总结会、中期汇报等活动，并编纂专题刊物，及时推广、运用理论研究成果，使之能最大限度地指导教育教学，及时总结、归纳，提升小学生数学关键能力培养的实践经验。

阶段成果 1：形成了“学为中心”视角下关键能力培养的初步实施流程

“学为中心”视角下关键能力的培养，要基于“学情分析”，同时要关注培养相应关键能力的核心内容是什么，进而设置出有思维、有挑战的问题，推进能力培养的落地生根。在研究中我们探索出这样的基本实施流程(图 3－2)：

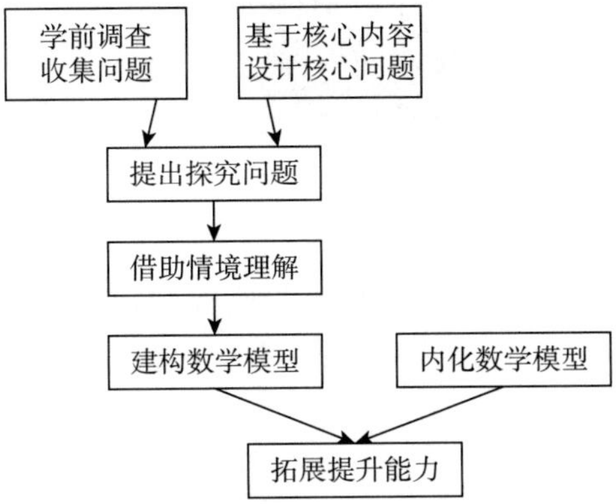

图 3－2　“学为中心”视角下关键能力培养实施流程

(1) 基于知识的序，遵循自然

数学知识和方法的起源和发展是自然的。在教学中我们要关注数学知识和方法的背景、形成过程、应用以及与其他知识和方法的联系，要把每堂课的知识和方法置于数学理论乃至人类文化的整个体系(关系和顺序)中，处理好局部知识和整体知识的关系，进而帮助学生理解数学的本质和价值，体会数学的思想和精神。比如，数据分析问题就来源于生活、回归于生活、应用于生活，与日常生活紧密联系。孩子在玩“掷硬币”“投篮”等游戏过程中已经感悟到可能性并对“输赢”“是否投中”进行了预测和分析，这说明小学生已经有“数据分析”的生活经验，教学过程中需要借助学生已有的生活经验，利用现实的情境进行教学设计，这有利于让学生感悟“随机思想”，树立随机意识，掌握数据分析方法。

(2) 基于认知的序，顺应自然

小学生的思维是由具体形象思维逐步向抽象逻辑思维过渡。在教学中，我们要从学生熟悉的日常生活情境出发，从简单到复杂，从具体到抽象，由扶到放再到收，以符合学生的认知顺序。特别地，要善于借助直观，如动作直观、图形直观等，组织学生开展实验、实践、操作、观察等活动，引导学生分析、判断、概括、运用，达到抽象水平，如文字抽象、符号抽象等，由此不断形成完善富有层次性的数学课。如在研究两、三位数除以一位数的笔算(首位能整除)时，充分尊重学生已有乘法口诀和除法竖式计算的经验，让学生在自主尝试中用不同的表征方式解决问题(图 3－3)：

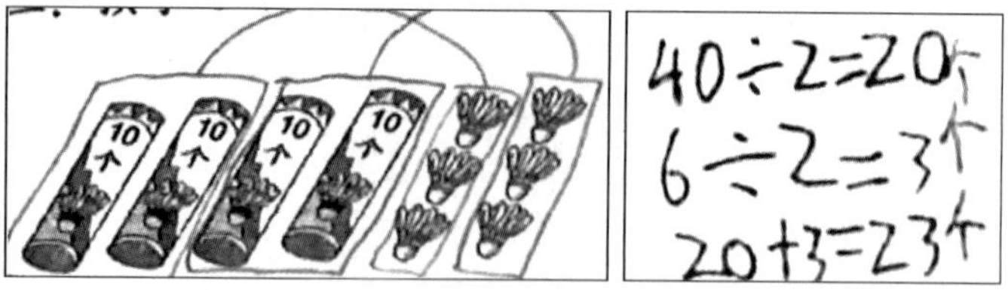

图 3－3　两、三位数除以一位数表征方式

针对不同的竖式表达方式进行对比，鼓励提问，初步感受竖式中每一步的内涵，再结合动手操作进一步直观感受算理，最后优化出合理的竖式模型。

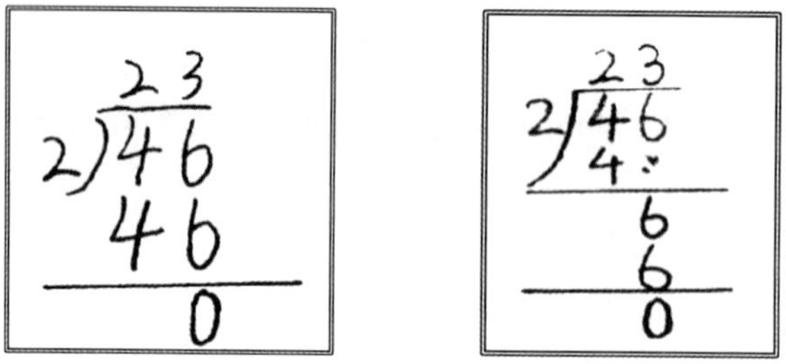

图 3－4　学生两位数除以一位数竖式

（3）基于核心素养，自然生长

自然生长，就是要培养学生主动探索的意识，不得过且过，具有积极的好奇心理；培养学生独立思考的精神，不人云亦云，具有良好的质疑能力；培养学生“大胆假设，小心求证”的习惯，猜测、想象、推理、实证的能力以及发现、提出、分析、解决问题的能力，具有初步的理性精神以及实践和创新能力；培养学生有条理地表达自己想法的能力，以及良好的交流沟通能力。自然生长的智慧，突出表现在引导学生用数学的眼光观察世界，用数学的思维分析世界，用数学的语言表达世界，尤其是“在别人看到一片混乱的地方看出与数学有关的规律”“在千变万化中追寻不变的关系”。

阶段成果 2－1：依托课例形成了“学为中心”视角下运算能力培养的结构模型

我们经过深入调查研究，发现了计算教学的几个误区：

1. 学生缺乏对算理算法的理解。访谈学生对“三位数乘两位数”“小数乘除法”等精确计算时“你是怎样想的、为什么这么算、这样算的好处”等问题，认识不清晰。实践证明：学生在掌握知识时，如果没有理解意义，那么在知识被淡忘以后，它就很难留下什么；如果学生在学习知识时理解了它的意义，那么即使知识已被遗忘，能力定可以永远融合在自身之中。

2. 计算教学过分依赖情境。主要表现在：为设置情境而设置却忽略了学生的迁移能力的应用，情景设置甚至显得牵强附会。情境变成看图说话、"从图中你知道了哪些信息"，削弱了数学课堂的数学探究味。

3. 过分追求算法多样化。教师对算法只求量上的多，而忽视了思维品质的提升。当算法出现多样化时，教师没有引导学生对多种算法进行分析思辨，不同算法之间缺少联系。

4. 计算教学缺少对话互动。计算教学表现为一种存储行为，"数学知识被看作教师赐予学生的一种恩赐"。学生是知识的保管人，教师是储户，教师不是和学生进行交流互动，而是单方面的灌输，让学生去接受、记忆和重复模仿，抹杀了受教育者在教育过程中的主动性和创造性。

鉴于上述分析，我们认为，必须重新审视小学数学计算教学，继承我国传统计算教学的精髓，培养学生的计算兴趣，提高运算技能，发展数学思维能力，把握计算教学的回归之途。这方面有以下 3 个教学策略。

1. 理解算理算法是计算教学的"根"

什么叫算理？什么叫算法？这是进行教学必须搞明白的问题。算理就是计算过程中的道理，解决为什么这样算的问题。算法就是计算的方法，解决怎样算的问题。布鲁纳认为："学习结构就是学习事物是如何关联的。"如 9.6÷3，教师要引导学生讨论：商的小数点为什么要和被除数的小数点对齐？使学生明确：因为第一次是把 9 个一平均分成 3 份，每份得到 3 个一，所以 3 应该写在个位上；第二次再把 6 个十分之一平均分成 3 份，每份得到 2 个 0.1，所以 2 写在十分位上；最后把两次分的结果合起来就是 3.2，这就是算理；把分的过程一步一步记录下来就是除法竖式，也就是算法。通过组织学生探索算理算法，即"过程和结果"的联系，最终理解算理、掌握算法。

2. 培养计算品质是计算教学的"道"

现代汉语对品质的解释为："行为、作风上所表现出来的思想、认识、品性等的本质。"品质有很多种，工作时表现出来的是工作品质，计算时表现出来的是计算品质。计算品质的培养主要从计算的正确性、熟练性、灵活性和简捷性四个方面进行。正确性和熟练性是教学目标要求学生必须掌握的应知、应会的知识和方法。在此基础上，注重提升学生计算的灵活性和简捷性，后者属于发展性目标，应当结合学生的实际情况进行分层教学。计算品质的形成主要是建立"立体式"算法，即估算在前、笔算在后，发展口算，注重验算。如 3.6×2.8，先让学生估计结果的区间范围，在说出结果比 6 大、比 12 小后，让学生明确估算的理由。然后，引导学生探索笔算的算理算法。在笔算结束后，看笔算结果是否在估算值范围之内。最后引导进行验算，养成验证的计算习惯。

3. 发展数学思考是计算教学的“魂”

“数学思考”是从数学的角度去思考问题，发现计算现象背后所存在的数学规律，并应用数学的思想和方法去表征。学生探索知识的思维过程总是从问题解决开始，又从解决问题中得到创生和拓展。如在学习小数乘法的过程中，班级的C同学发现：小数乘小数，积的变化规律富有多样性。有时积比两个因数都大，有时积比两个因数都要小，有时积比其中的一个因数大比另一个因数小。那么，在小数乘小数中，积的变化规律是怎样的呢？为了理解因数和积的范围关系，在教师的引导下，C同学画出了图3-5，只要比较因数a，b与1的大小就可以确定积的范围。

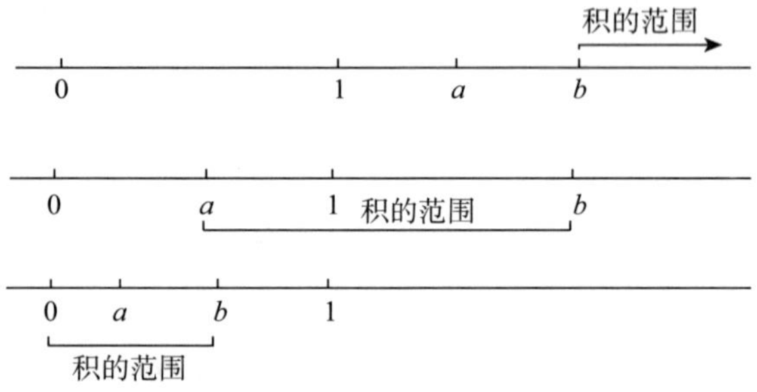

图3-5　因数和积的范围

我们总结了如图3-6的运算能力培养结构模型。

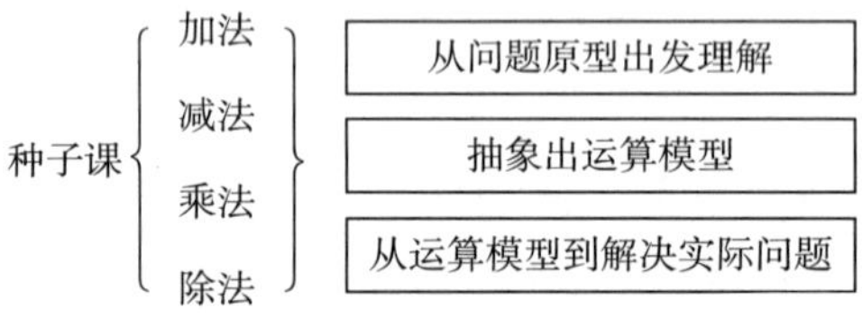

图3-6　学生运算能力培养结构模型1

这里为了建构深入的运算意义，需要多重现实原型的引入。如教学加法时提供合并、移入、增加等原型；教学减法时提供剩余、比较（相差关系）、减法等原型；教学乘法时可以提供相同加数相加的和，后续可以和面积计算、倍数关系等进行勾连；教学除法时可以用平均分或者乘法的逆运算等原型。

同时，还要关注运算之间的联系，帮助学生对运算意义的建构更加准确、深刻，为提高运算能力和问题解决能力积蓄必要的能量。

有了种子课中对运算意义的充分理解，在研究进一步的运算时，学生有了一定的经验，有时能根据已有知识经验顺利正迁移，但同时也容易存在一些负迁移。因此，在教学这些生长课时，在“学为中心”视角下，我们可以通过一些前测性资料，准备把握学生运算中的易错点，进而鼓励学生在丰富的表征（画图、动手操作、语言等）中深入理解算理，并对不同的解释方法进行比较勾连，为进一步抽象算法提供充分的依据，最终在分层的练习中加强巩固，实现运算能力的自然提升（图 3－7）。

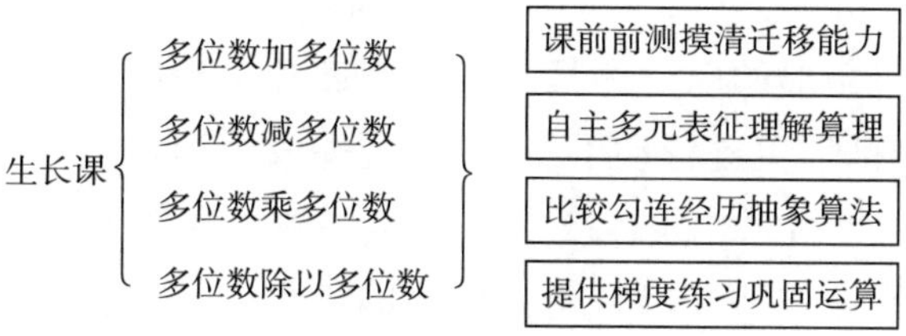

图 3－7　学生运算能力培养结构模型 2

阶段成果 2－2：依托课例形成了“学为中心”视角下建模能力培养的结构模型

数学建模就是通过建立模型的方法来解决问题的数学活动过程。《课标(2011 版)》强调模型的现实性，认为它是用数学的语言讲述现实世界中的故事。因此，建模离不开生活情境，用数学的眼光观察生活情境并发现和提出问题是数学建模能力培养的起点。在“学为中心”视角下，关键能力培养的研究中，我们结合乘法分配律一课总结出如图 3－8 所示的建模能力培养路径：

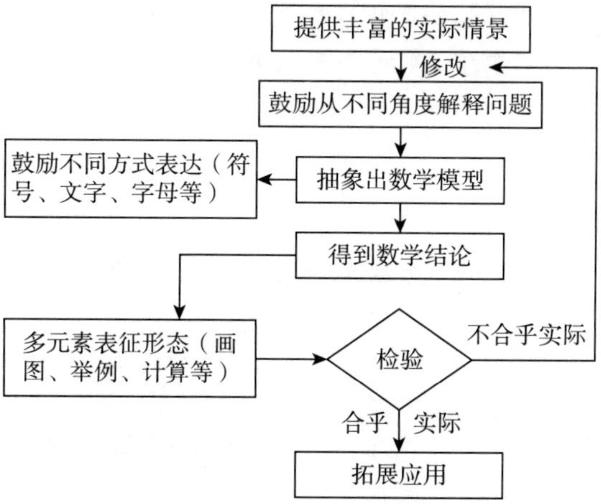

图 3－8　学生建模能力培养结构模型

我们认为,在小学渗透模型思想,培养建模能力,一定要基于儿童认知水平,精选好的素材,让学生经历建模的过程。从生活原型或者问题的实际背景出发,充分以儿童参与学习为中心,让儿童充分运用观察、操作、比较、分析等方法,去掉非本质的东西,用数学语言表示出数学模型,并学会验证模型,同时鼓励学生运用模型解决同一类实际问题或解释生活现象。

如在“三角形的内角和”的教学中,我们首先让学生说一说长方形和正方形的内角和是多少(360°),让学生明确平面图形内角和的意义。再从学生熟悉的直角三角尺开始,得知两个直角三角尺的内角和都是180°。随后让学生猜想:是不是任意一个直角三角形的内角和都是180°。教师拿出好几个形状、大小不一样的直角三角形,安排学生进行动手实践、自主探索等活动,学生在明确量一量的基础上知道测量会产生误差,直接影响三角形内角和的准确性确认,通过撕一撕、拼一拼等活动,最终验证出直角三角形的三个内角能合拼成一个平角,即验证所有的直角三角形的内角和都是180°。

同理,学生在“猜想验证”的主线下,继续验证任意一个锐角三角形、任意一个钝角三角形的内角和都是180°,最终推出任意一个三角形的内角和都是180°。建立数学模型的过程,是经过抽象、舍去对象的一些非本质属性以后所形成的一种纯数学关系结构,即在“做数学”的过程中建立“所有的三角形内角和是180°”这一数学模型。

阶段成果2-3:依托课例形成“学为中心”视角下空间想象能力培养的结构模型

爱因斯坦曾说过:“想象力比知识更重要,因为知识是有限的,而想象力概括着世界上的一切,推动着进步,并且是知识进化的源泉。”

空间观念的培养贯穿图形与几何内容的教学中,在数与代数、统计内容中也有一定的体现。空间想象能力的形成是一个长期积累的过程,要基于学科特点和儿童认知发展规律,螺旋上升培养。在“学为中心”视角下培养空间想象这一关键能力,我们在《表面涂色的正方体》研究中尝试了如图3-9所示的操作路径。

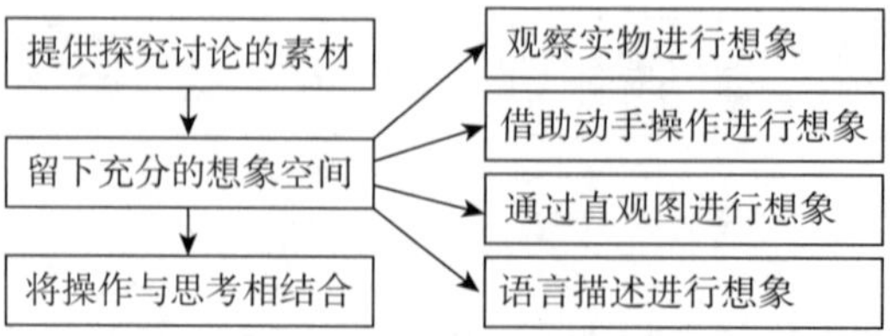

图3-9 “学为中心”视角下空间想象能力培养结构模型

我们设计了如下环节：

1. 思考用手中的材料制作一个长方体模型需要哪些？这些材料有什么特点？

2. 动手操作，与同桌一起完成，组织学生交流搭建过程中的发现和经验。

3. 出示几组立体模型简图，让学生猜一猜可能是生活中的什么物体后，结合研究长方体特征的表格，先想象一下正方体有哪些特征？

在这些环节中，将想象能力的培养发挥到极致。在不断地变化中，让学生在脑中想象出完整的长方体模型图，并用语言将内隐想象的结果外显化。研究正方体特征时，让学生先对照着长方体的研究特征，在脑中想象一下正方体的特征，再结合实物验证。整个过程对学生空间观念的建立有很大的价值。

在"学为中心"的课堂建构中要为学生创设想象空间提供丰富的材料，教师要充分放手让学生在动手操作与思考中形成这一能力，让学生有所思考、有所探索，进而产生积极的情绪体验，培养学生自主探索、勇于创新的能力。

阶段成果 2－4：依托课例形成"学为中心"视角下数据分析能力培养的结构模型

数据是信息的载体，随着大数据时代的来临，生活中处处蕴含着用数据传递的信息，如何在"学为中心"视角下培养数据分析这一关键能力，我们在研究中尝试了如图 3－10 所示的操作路径：

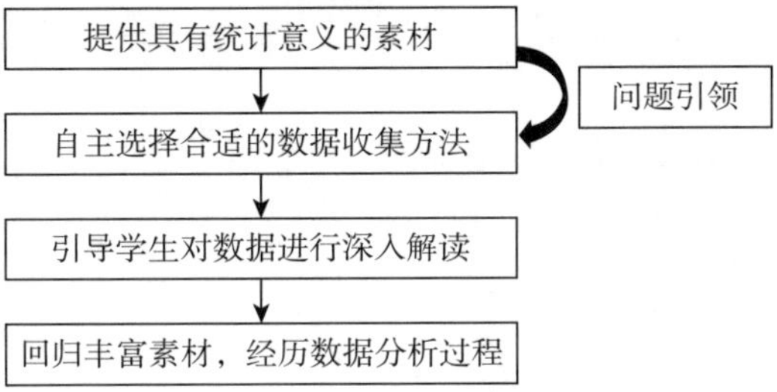

图 3－10　"学为中心"视角下数据分析能力培养结构模型

如在研究"分段整理数据"一课中，我们就利用这一操作路径，以鼓号队需要购买服装这一现实统计素材，以"需要购买什么型号的服装"这一问题，让学生经历了完整的数据收集、分段整理、分析数据、运用数据分析解释生活现象等过程。

又如分析购买车票问题：班级买火车票，享受免费的有多少人？需要购买半价票和全价票的各有多少人？

如果明年，我们再去购买火车票，你觉得会怎样呢？铁道部为什么这样规定购票标准呢？这样规定的好处有哪些？对于后面两个问题的深入讨论，让学生体会到"一方面对于同样的事情每次收集到的数据可能会是不同的，另一方面只要有足够的数据就可能从中发现规律"。

"关于购票，在国外是按照年龄分段的，我们国家是按照身高。你比较喜欢哪一种？"让学生带着批判性的眼光来看待数据，也是数据分析观念培养的重要方面。

再如在研究"平均数"一课中，我们运用项目式研究路径，运用生活化素材来丰富教学活动，让小学数学在课堂上"活"起来。以选择旅行目的地为情境，挑选一个最适合旅行的城市为探究线路，以"网评""衣""食""住""行""玩"为主线，开展各项小组学习探究活动(图 3-11)。

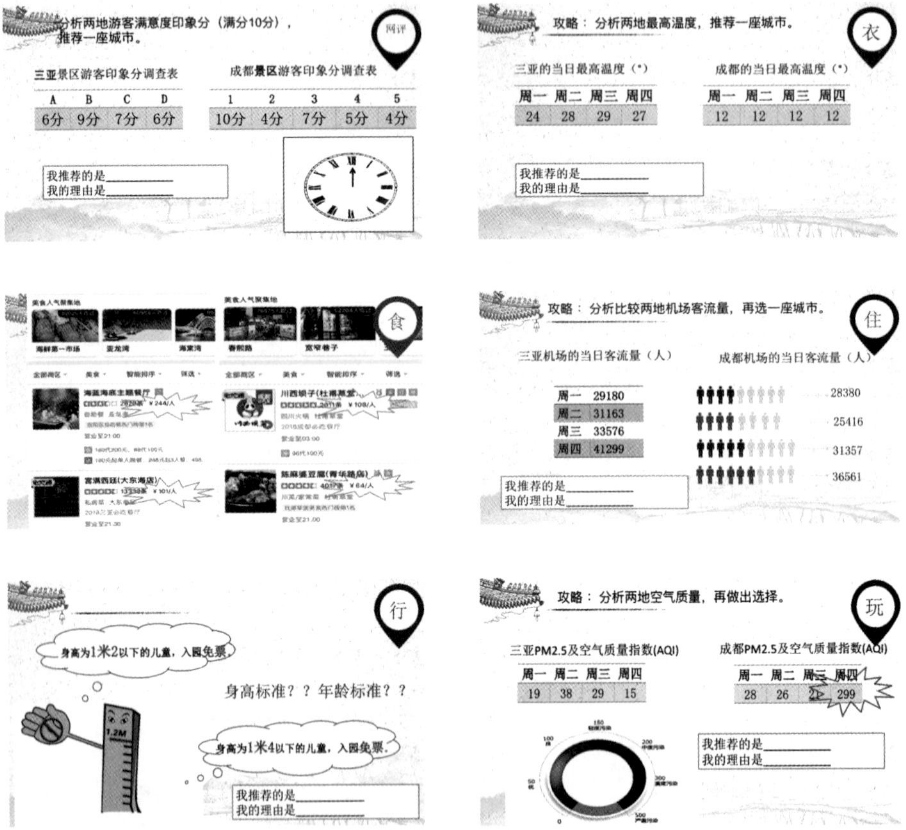

图 3-11　学生小组学习探究活动单

再如在疫情期间，我们针对折线统计图教学，让学生的目光聚焦到疫情的分析上。如"由于疫情的影响，哪些行业的数据趋势会发生较大的波动"，通过制作折线统计图，分析数据，让学生用数学的眼光发现疫情中的变化。

阶段成果 2-5：依托课例形成“学为中心”视角下推理能力培养的结构模型

推理贯穿整个小学数学学习的过程，学生获得的数学结论都应当经历推理的过程。在小学数学教材中，几乎大部分定律、性质、法则等都是由推理得出来的。具体来说，推理在“数与代数”“空间与图形”“统计与概率”“实践与综合应用”这四个领域全方位渗透。

在“学为中心”视角下培养抽象能力这一关键能力，我们在“和与积的奇偶性”研究中尝试了如图 3-12 所示的操作路径。

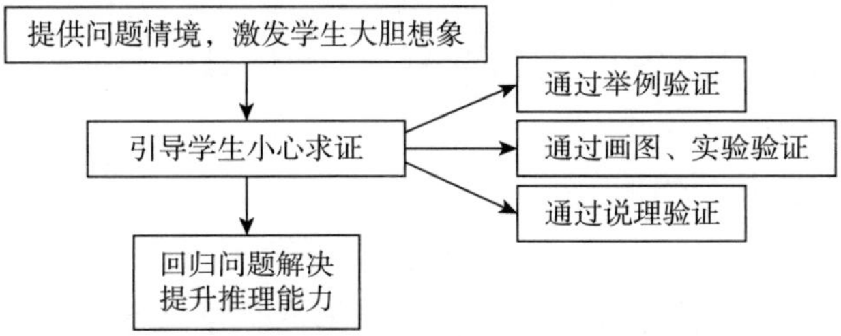

图 3-12　“学为中心”视角下抽象能力培养结构模型

比如“梯形的面积”这一课是在学生掌握了平行四边形、三角形面积推导及应用的基础上教学的，属于一节生成课，即是学生可以借助之前所学知识及方法进行正迁移掌握的课型，具备“先学后导”的先天条件。

在课前，我们设计了如下的前置研究单：

1. 回顾平行四边形、三角形面积的推导过程。

2. 准备两组大小相同的梯形，用自己喜欢的方式推导梯形面积的计算公式。

在已有“转化”策略的大背景下，少了数学书设定的方格纸的束缚，学生的思路一下子打开了，很多人借助平行四边形面积的推导方式通过剪一剪、移一移、拼一拼的方法，把梯形转化成平行四边形或分成一个平行四边形和一个三角形。

推理能力是小学数学中的核心能力，与其他能力的形成密不可分。所以，在“学为中心”视角下培养推理能力，教师应提高自身对推理价值的认识，同时渗透多样的推理方式，并勾连相关的推理素材，发展儿童多元表征推理过程的能力。

（三）总结阶段

课堂教学是我们课题研究的主战场。每学期，我们都邀请有关专家到学校做具体指导，举行“名师进校园”教学研讨活动，使科研成果在适当的时候可以向全校推广。我们也会把研究过程以书面形式经常向课题组汇报，及时总结，不断反思和积累。

阶段成果 3：立足活动，拓宽“学为中心”视角下能力培养的场域

1. 数学阅读，提高自主建构学习能力

数学阅读是发展学生自主学习能力的关键一步，从根本上改变了“被动接受”的机械学习方式，促使学生学会学习。长期以来，很多教师认为只有英语、语文学科才需要阅读，我们一定要改变这一认识误区，形成数学学科也需要自主阅读的意识。在新课学习之前预习课本，了解新课知识点，并把看不懂的地方做上记号，以便提出质疑问题；课中、课后再次阅读课本；课外通过阅读数学报纸期刊丰富学生的数学知识。

（1）借助迁移，智慧学习

教师运用“导学案”或核心学习问题，引导学生感悟“化归”思想，把复杂、抽象、未知的数学知识转化成简洁、具体、已知的数学知识，培养学生自主学习的能力。如在教学“比较亿以内数的大小”时，我们让学生自主复习“比较万以内数的大小”的方法，老师给同学们搭建了一座新知的“桥梁”，启发学生猜测：比较数的大小的方法是一样的吗？为什么？学生阅读数学课本后，初步完成相关练习，不懂的知识点通过小组合作、交流讨论解决，帮助学生更深刻地理解数学。

（2）阅读提纲，问题驱动

学生带着阅读提纲中的问题进行自主学习。如在教学“认识平行四边形”时，出示以下阅读提纲：

平行四边形的边有什么特征？

平行四边形的角有什么特征？

你有没有一个好的方法验证你的猜想？

伸缩门为什么采用平行四边形的结构？

学生根据提纲，自学教材，并提出自己感到困惑的问题，在小组之间自行解决，有不明白的地方到课堂上交流，先由学生展开讨论，形成共识，最后师生总结。这种做法的优点在于：让班级的每一位同学感受到我真正成了学习的主人，在“动手实践、自主探索、合作交流”等过程中学会研究问题、解决问题的方法，体验数学的价值，体验数学与生活的联系，同时也培养了学生倾听、独立思考与合作交流的良好的学习习惯。

(3) 阅读报刊,拓宽知识

数学报纸、杂志的阅读可以拓宽学生的数学常识、增强对数学学习的乐趣,让孩子们在获得必要知识与技能的同时,发展主动获取知识的能力。课题组老师常常和学生一起阅读《时代学习报》《小学生数学报》等,《时代学习报》的“生活中的数学”“一题多解”“超级 PK 台”等栏目学生非常喜欢,其中内容不断激发学生进行数学阅读的兴趣,提升了“数学阅读”能力。

2. 与校本 Stem 课程融合

学校 Stem 课程以气候、桥梁、汽车为主线,从不同的学科视角进行研究。我们以此为抓手,让低年级学生走进气象中心,在收集数据的过程中感受气候的变化,初步感受数据背后的现象,培养学生数据收集和分析能力。中年级以桥梁为载体,走进身边的桥梁,观察、查找资料,分析桥结构,提出桥梁与数学的联系等问题,如桥梁的面积、桥梁车道的宽度与桥梁上的灯距、高架桥梁的旋转角度、桥梁的承载力与什么相关,在丰富学生对桥的认识的同时,更让学生带着数学的眼光观察世界、分析世界,解释生活中的问题,并在观察中促进了空间观察能力的提升。高年级以汽车为研究主线,对于汽车的速度、油耗、轮子的转速等进行了深入的研究。

3. 与实践活动融合

动手实践是学生能力培养的重要媒介。因此,我们开展了一系列的实践活动,有按比例绘制家和学校的平面图、测量家中物体的长度、制作钟表、剪贴报、观察并记录植物的生长、绘制数学绘本、绘制数学节活动 logo 等,让学生在做中将能力释放出来,同时也借助活动促进能力的落地生根。

4. 走进数学文化,体会数学之源、之史、之思

在日常教学过程中,我们常常给学生讲述古埃及数学、古巴比伦数学、古印度数学以及中国古代的数学历史文化,让学生了解数学的发展源头。在教学“角的度量”这一内容时,其中一个教学目标设定为“学生体验感悟量角器产生的过程”。先让学生明确:角的大小和角的两边叉开的大小有关,与两边长短无关。在此基础上,再用小角(即 10°的角)来量一量两个角的大小,看看这两个角各包含几个这样的小角,然后把 18 个这样的小角拼成一个半圆形,就是最原始的量角器。在明确小角量角度具有局限性之后,学生提出还要把这些小角再细分成“小小角”(即 1°的角),这样量角器的模型在学生的头脑中就建立起来了。

再如,在教学“素数和合数”时,我们特意上网查询了哥德巴赫猜想的详细内容,以及华罗庚、陈景润对哥德巴赫猜想的研究历史,数学家的故事激发了孩子

们学习数学的兴趣，让学生再一次明白我们的猜想、验证、筛选等过程也是数学家们常用的方法。通过这样的教学，学生学习数学的信心和兴趣就更浓了。讲到素数时，也给同学们讲了现在我们用计算机发现的最大的素数，再一次让学生感受到“无限与有限”的魅力。

阶段成果4:立足课堂，形成“学为中心”视角下能力培养的课堂场域

1. 促进了数学课堂的转变

我们积极探索“学为中心”视角下关键能力培养的数学教学的方式，通过教学策略的研究及教学路径的探索，使数学课堂发生了以下三大转变：

(1) 由“被动式学习”向“主动式学习”转变

在教为中心的课堂，教师主导课堂，更多的关注教，而对“学生的起点在哪里？与知识发生的逻辑起点是否一致？学生习得的知识的走向如何？这样的活动是否利于学生对知识的深刻理解？”关注的不够。而学为中心的课堂基于学情，鼓励学生参与，关注知识的结构化推进，有利于学生对知识的整体建构。

(2) 由“模糊的学习”向“可见的学习”转变

“让教学对学生可见，让学习对教师可见”越来越被教师们认可。然而，很多课堂的教学设计，学生并不清楚教师的意图，“为什么要操作、为什么要做这个实验?”学生并不知情，仅仅是执行教师的指令。学为中心的课堂，通过问题式导学，清晰地展示了知识发生发展的全过程，让问题促成知识的有效联结，从而习得知识、感悟方法。同时，教师在这个过程中，也能准确地把握学生学习的基本情况，了解学生学习受阻的原因，及时做出调整和回应。

(3) 由“倾听式学习”向“对话式学习”转变

巴西著名教育学者弗莱雷曾说过:“没有了对话，就没有了交流；没有了交流，也就没有真正的教育。”然而，目前的课堂上，教师讲、学生听的学习方式尽管已经在改变，然而真正平等的积极对话方式并未形成。学为中心的课堂是教学对话的关键，在启发性和思考性的问题中能激发创造性和批判性的对话。

2. 形成了“学为中心”视角下关键能力培养的课堂的特征

(1) 思考性。“学为中心”视角下关键能力的培养，以富有挑战性的问题为主线贯穿全课，让学生的思维经受挑战。以结构性的知识作为导向，以模块化的知识储备、思想方式的积累为主线，促进学生数学感官的生成，激发学生继续探究的欲望。

(2) 自主性。在“学为中心”的课堂上，我们鼓励学生抛出自己的困惑和对问题研究的思考，尝试解决问题，反思过程，再生发新的问题。这一个过程，把学生推在前面，充分发挥他们学习的主动性，这是“学为中心”视角下关键能力培养的课堂的重要特征。

(3) 生长性。我们所倡导的“学为中心”视角下关键能力的培养具有生长性，不仅仅凸显知识的增长性，更重要的是能力的增长。如在研究“三位数乘两位数”过程中，引入欧洲竖式和铺地锦，在对比联系中找到知识的内核。

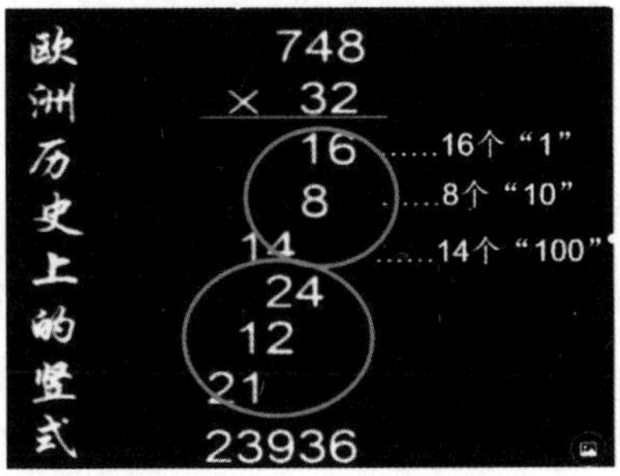

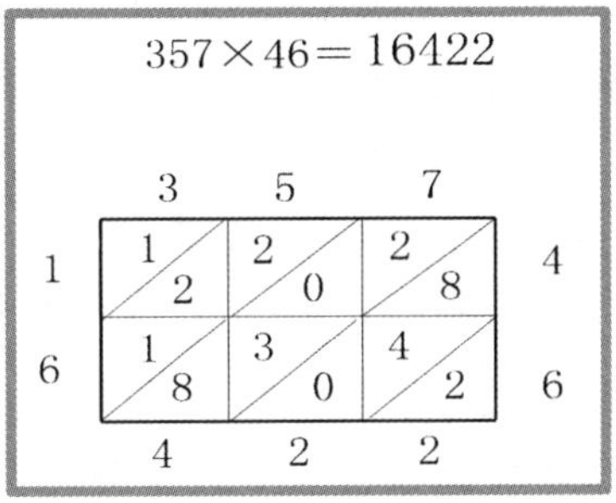

同时再增设如下问题：

让学生自主思考后，用“个位”推算和估算来说明，同时教师故意设置障碍：用计算器时，键盘上的“1”坏了，怎么办？再一次把学生的新知与旧知、算法和算理有效融合，使知识在挑战性问题中更加明细化，运算的能力也从一维走向多维。

“今天学了三位数乘两位数，以后就不用再学其他多位数乘多位数了，这是为什么呢?”这里蕴含着能力生长发展的根本走向。

3. 单元整体设计，教学观的应然追求——以“分数的意义和性质”为例

单元整体教学设计应凸显课程结构性与整体性。布鲁纳认为：不论教什么学科，都必须使学生理解学科的基本结构，即各门学科的基本概念、基本原理以及它们之间的联系。小学数学单元整体教学设计不仅需要了解数学课程内容本身，还需要了解数学学科的内容结构。

单元整体教学设计对教师提出更高的要求，教师从课程的执行者转变为课程内容的开发者。教师要科学把握学生实际学情与认知发展规律，深度研读教材，分析教材内容及价值，通过整体性的结构化设计重构学习资源与教学结构，

形成数学知识的结构关联，着眼培养学生必备的数学品格和关键能力。

（1）研读教材

数学课程内容结构包括知识发展的纵向联系、知识之间的横向联系。知识的纵向联系指现在学习的内容与以前学习过的内容和将要学习的内容的逻辑关系，还包含数学概念和方法在不同阶段的呈现方式和学习重点。知识的横向联系指不同内容和方法之间的实质性联系。

“分数的意义和性质”是苏教版小学数学五年级下册第四单元的内容，十分重要。本单元有分数的意义和分数的基本性质两大部分。“分数的意义”的学习是学生对数的认识的重大飞跃，其在小学需要经历五个阶段：二年级“平均分”的学习；三年级分数的初步认识，把一个物体或者把若干个物体组成的整体平均分成几份，用分数表示其中的一份或几份；五年级分数的意义，包含部分和整体的关系、分数单位的认识及分数是分数单位的累计、分数与除法的关系、集合与集合中元素之间的倍比关系等四个方面；五、六年级分数的运算和解决实际问题，在问题解决过程中理解分数的意义；六年级比的认识，实现小学阶段“分数、除法和比”三者之间的联系。分数的基本性质主要有分数的基本性质、运用分数基本性质进行分数大小比较、约分和通分，为后续的分数计算做准备。

“分数的意义和性质”单元整体教学设计，在知识技能、数学思考、问题解决和情感态度等方面建立知识结构的横向联系。在知识技能方面，分数的意义得到进一步扩展，在分物活动、具体测量等情境中用分数刻画现实生活中的现象；在数学思考方面，抽象的分数意义使学生的数学思维能力有更大的发展空间；在问题解决方面，分数既能表示部分与整体的关系，又能表示集合与集合中元素之间的倍比关系，学生进一步提高发现问题、提出问题、分析问题和解决问题的能力；在情感态度方面，对分数的意义、价值、性质的探究有更深刻的理解和体验。

“分数的意义和性质”共编排了 15 道例题（表 3 - 1）。

表 3 - 1　分数的意义和性质的教材内容

单元整体设计之前的课时	例题	教学内容
第 1 课时	例 1	分数的意义
第 2 课时	例 2、3	分数与除法的关系
第 3 课时	例 4	用分数表示两个数量的倍比关系
第 4 课时	例 5、6	真分数和假分数

续表

单元整体设计之前的课时	例题	教学内容
第 5 课时	例 7、8	假分数化成整数或带分数
第 6 课时	例 9、10	分数和小数的相互改写
第 7 课时	例 11、12	分数的基本性质
第 8 课时	例 13	约分
第 9 课时	例 14	通分
第 10 课时	例 15	分数的大小比较

（2）分析教材内容及价值

从表 3－1 可以看出，分数的意义和性质内容多，编排的例题和练习也多。单元整体把握教材设计，主要从分数的意义和分数的基本性质两块进行。通过教材内容分析，可以发现分数的意义有两个维度，一个是作为“一种数”，它指的是一个结果，可以参与运算；另一个是作为“以比的形式出现的数”，它指的是部分与整体之间、集合与集合中元素之间的倍比关系。从这两个维度进一步分析，分数主要有四个具体方面的意义，即比率、度量、运作和商。首先是“比率”，它是指部分与整体之间、集合与集合中元素之间的倍比关系，在直观认识分数的基础上形成分数的概念。其次是“度量”，它是指将分数理解为分数单位的累计，教学中以分数单位为生长点，从真分数迁移到假分数，教学真分数和假分数，联系整数或带分数感受假分数的数值。再次是“运作”，它是指将分数的认识转化为运算的过程，如将“12 只鸡的$\frac{3}{4}$是多少”转化成“$12\div4\times3$”。最后是“商”，它是指分数转化为除法之后的一个运算结果，在分数与除法之间建立了联系。从例题 11 开始为本单元第二部分内容，包括分数的基本性质及其应用。教材安排两道例题教学分数的基本性质，通过“观察现象、猜想性质、验证性质、勾连规律、反思性质”等过程引导学生理解并掌握分数的基本性质，把分数的基本性质与除法商不变的规律建立联系。分数基本性质的运用，包括约分、通分、分数大小比较及分数运算。

（3）重构与单元整体教学设计

基于单元教学内容及价值的分析，进行单元整体教学设计，具体教学课时内容及进程如表 3－2。

表 3-2 “分数的意义和性质”单元整体教学设计安排表

单元整体设计之后的课时	例题	教学内容
第 1 课时	例 1	分数的意义(“比率”方面的意义)
第 2 课时	例 5、6	分数单位和真、假分数(“度量”方面的意义)
第 3 课时	第 58 页第 14 题	分数的意义(“运作”方面的意义)
第 4 课时	例 2、3	分数与除法的关系(“商”方面的意义)
第 5 课时	例 4	用分数表示两个集合的倍比关系 (“比率”方面的意义)
第 6 课时	例 7、8	假分数化成整数或带分数
第 7 课时	例 9、10	分数和小数的相互改写
第 8 课时	例 11、12	分数的基本性质
第 9 课时	例 13	约分
第 10 课时	例 14	通分
第 11 课时	例 15	分数的大小比较

在分数的意义方面,学生从后续分数的运算及解决问题等多角度进一步理解分数的意义。在分数的基本性质方面,大小比较、分数运算和问题解决进一步体现分数基本性质的价值。

数学是具有高度抽象性、严密逻辑性和广泛应用性的学科。教师应基于单元整体教学设计视角,分析学生学情,合理安排教学内容及进程安排,促进学生对数学学科结构的理解和掌握,勾连数学知识的横向与纵向联系,以学为中心,满足学生必备数学品格和关键能力的发展需要。

阶段成果 5:促进了学生数学素养的提升和发展

在研究中我们可以看到,经过对课堂的改进,学生有了很大的变化,主要体现在以下几个方面。

第一,会思考。“学为中心”课堂上,学生需要参与问题的讨论和研究,提出自己的想法,并经过分析、推理、抽象、概括,一步步获得问题的答案。这个过程帮助学生养成了良好的思维习惯。

第二,爱探究。“学为中心”课堂上给予学生足够的问题空间,同时也激发了他们的探究热情,吸引他们主动投入,积极思考并实现问题的解决。这一过程让他们经历挑战、经历过程,提高了问题解决的能力。

第三,勤反思。在“学为中心”视角的关键能力培养中,我们强调反思,反思解决问题的过程,反思学习的轨迹,反思策略的选择和应用。反思是为了促成学习方法的形成，并将新的经验用于后续学习。

第四，会学习。学生通过积极的独立思考、自主探索与合作交流主动建构数学知识，形成技能，并运用知识解决实际问题，在建构数学知识的过程中，还需要提高学生回顾能力。

第五，善表达。讲台不再是教师一统天下，孩子们可以走上讲台，展示小组合作的成果或发表自己的观点。我们经常看到这样的情景：小组代表充满激情地向全班同学汇报他们的研究成果，不时地还要接受台下同学们的质疑提问，台上台下激情互动。有急性子的同学会说：我补充发言……我赞成或我不支持他的观点……汇报的同学也以“你们同意我的想法吗？你们还有其他问题吗？”等话语予以回应。

如我们在整理“小数的性质”，让学生摘录“小数的性质”的关键词时，有的学生摘录了“添上或去掉”和“大小不变”。班级针对这个问题展开了一次热烈的辩论，学生一一走上讲台陈述自己的观点：

学生1：我认为“末尾”是一个关键词，因为如果在中间添上或去掉0，小数的大小会改变。如0.5改写成0.05。

学生2：我认为“小数”是一个关键词，因为如果在整数的末尾添上或去掉0，整数的大小也会改变。如10改写成100。

学生3：我认为“0”是一个关键词，因为如果你添上或去掉其他的数字，小数的大小还会改变。如0.5，在它的末尾添上5或去掉5，它的大小也就改变了。

学生4：我认为“小数的末尾”“添上或去掉”“0”“大小不变”都是关键词，缺一不可。

说得多么精彩呀，课堂上出彩的是学生！孩子们大胆地阐述自己的观点，大胆质疑，小心求证，在平等、民主的气氛中碰撞智慧，提升对数学知识的理解。数学教学中，我们应该更多思考教“慧”学生如何学习，经历数学阅读、建立模型、感悟文化和回顾反思等学习过程，让知识在学习过程中自然生长，在数学阅读中感悟数学知识的形成与发展，在感悟过程中建立数学模型，在回顾与反思、问题解决过程中提高数学素养。通过以上“过程”训练，满足不同层次学生的学习需要，进一步调动学生学习数学的积极性，培养学生思维的灵活性与敏捷性，提高学生学习数学的能力，同时“使数学教育面向全体学生，适应学生个性发展的需要，使得人人都能获得良好的数学教育，不同的人在数学上得到不同的发展。”

总之，教是为了不教。立足课堂、放眼未来，培养适应未来发展和终身发展的数学关键能力，关注学生认知的序、知识的序和核心素养，在学习过程中不断提升数学关键能力，有利于个人、社会和民族的可持续发展。

三、关键能力后续研究设想

1. 疫情期间，结合线上教学如何拓展数学关键能力培养的形式与内容？

2. 如何有效借鉴国外教学理念，融合九年一贯制学校教育目标，推广课题成果？

第四章　为知识生长而教

一、知识生长设计与论证

(一) 国内外相关研究的学术史梳理及研究动态

1. 国外相关研究的学术史梳理及研究动态

(1) 国外学者对数学阅读教学的研究

国际学生评价项目(program for international student assessment,PISA)将"阅读"界定为"为了个人发展的目标能够实现,在对书面文本材料的理解、运用、反思和参与过程中,所期望取得的对知识的增长、潜能的发挥和社会活动的参与"。

美国著名数学教育家贝尔在《中学数学的教与学》一书中介绍了数学阅读与一般阅读之间存在着的巨大差异,指出数学阅读具有精准性、条理性和灵活性,学习者需要了解每一个数学符号的准确含义,数学符号的阅读是一个特殊的数学理解过程,阅读不同类型的数学符号材料需要特殊的读写技能,数学阅读有助于教科书作用的充分发挥。贝尔就数学教科书的作用曾做过全面的论述,其中重要的一条就是要把教科书作为学生学习材料的重要来源,教学必须重视教科书的阅读。

(2) 国外学者对数学阅读教学策略的研究

Tamara Anthony Carter & Emily Ocker Dean 在 *Mathematics Intervention for Grades* 5 - 11:*Teaching Mathematics*,*Reading*,*or Both* 一文中对数学阅读的符号解码、词汇解读、阅读理解等方面进行了研究探索。结论表明:教师的预期指导、词汇教学和稠密提问有助于学生增进对数学阅读内容的理解。

国外对数学阅读教学策略的研究主要有:提出问题,编拟阅读提纲,让学生带着问题去阅读;在数学表达交流中培养阅读能力;通过阅读引导、示范,让学生明白数学阅读的重要性；留给学生自主学习、自主探索的时间和空间等。

（3）国外学者对数学阅读课程建设的研究

芬兰学生的数学成绩在国际测试中表现突出，这与在数学教学中开展数学阅读有关。在芬兰，数学阅读课程内容极其丰富，例如数学史料、数学概念产生的背景、数学家介绍和数学在现代生活中的广泛应用等。

新加坡的新数学教材 *New Mathematics Counts* 的开发与建设也带给我们一些启示。首先，教材每一章开头都会介绍与本章有关的数学背景知识；其次，在每一章具体学习内容前都列有该章需要掌握的知识系列；最后，在每章末设置了丰富的数学活动。课程内容的组织与编排能有效激发学生的阅读兴趣，建构数学知识体系，提供广阔的创造空间。

课题组对国外已有的数学阅读资源进行了整理，发现其主要研究载体有数学绘本、数学科普读物等，如意大利安娜·伽拉左利著、段淳译的《数学真好玩》，英国斯图尔特著、张云译的《数学万花筒》，日本中田寿幸著的《算术的故事》，韩国朴京美著的《数学维生素》《数学思维树》等。

2. 国内相关研究的学术史梳理及研究动态

（1）国内学者对数学阅读教学的研究

原曲阜师范大学邵光华教授在《数学通报》上发表了“数学阅读——现代数学教育不容忽视的课题”，指出数学阅读的载体除了数学课本、数学题目，还应该包括更广泛的数学材料，数学阅读就是对这些广泛的数学材料进行数学化分析（信息提取、转译、内化），形成并表达自己的数学观点的过程。由于数学语言的符号化、逻辑化及严谨性、抽象性等特点，数学阅读又有不同于一般阅读的特殊性。

南京师范大学喻平教授在《数学教育心理学》一书中将数学阅读的心理过程分为内化、理解、推理和反省四个层次，并认为要先对局部的数学信息进行内化与联结，然后对数学阅读材料进行整体性的数学加工。

山西师范大学杨红萍副教授在博士论文《数学阅读及其教学研究》中指出：数学阅读是一个认知心理过程，强调的是在数学文本材料中获取意义。为了获取意义，就需要对文字、符号、图表等语言进行正确编码和转译，并且要有能力综合理解数学文本材料。

（2）国内学者对数学阅读教学策略的研究

山东淄博师范高等专科学校张良朋副教授在“数学阅读应当成为一项重要的教学活动”一文中提出了小学数学教学的 3 个策略：重塑观念，充分认识和彰显数学阅读活动的教学价值；系统落实，整体谋划和循序渐进地培养学生的数学阅读能力;加强学习,提升数学教师有关数学阅读的专业素养。

喻平教授则提出数学学习心理的CPFS结构(包括概念域、概念系、命题域、命题系及其相互转化关系)。喻平、杨红萍在“个体CPFS结构与阅读自我监控对数学阅读的影响”一文中认为个体的CPFS结构、阅读自我监控能力与数学阅读成绩之间有密切联系,并有显著影响。其后续研究表明,抽象性的数学符号语言会增加学生数学阅读的难度,直观性(图优效应)会降低数学阅读的难度。

(3) 国内学者对数学阅读课程建设的研究

山西师范大学张荣华副教授和上海师范大学吴俊明教授认为课程建设可以理解为课程编制前期的研究与调查、课程编制、课程修订和推广课程(包括课程存在实体的印刷、发行,以及课程由试验学校普及到其他学校等)的活动或过程。

山东潍坊市教育科学研究院孙俊勇老师在“数学阅读课程,让数学‘活’起来”一文中指出:对数学阅读的内容体系建构、课时与单元的阅读教学探索、阅读环境的营造、阅读行为的评价等进行了相关研究,把数学阅读和数学实践活动、师生数学绘本创作、教育戏剧等作了有机的链接。

国内很多数学家编写了大量的数学读物。如数学科普作家谈祥柏教授编著了《好玩的数学》《数学营养菜》《故事中的数学》《数学百草园》等,首都师范大学李毓佩教授编写了《李毓佩数学故事系列》《李毓佩数学童话集》等,华罗庚先生也编写过相关数学读物。通过梳理,我们发现,国内目前的数学阅读课程建设只是在点上做了探索,并没有形成系统的课程框架,而小学数学阅读课程建设更是处于基本空白状态,有广阔的研究与建设空间。

纵观国内外相关研究现状,现有研究从数学阅读的内涵特点、教学策略以及课程建设等几方面为本课题明确了研究方法、研究路径和研究思路,为后续研究提供了鲜活的资料。但是,他们的研究也存在一些不足,主要表现在“四多四少”:研究初高中的数学阅读比较多,而研究小学数学阅读相对很少;研究宏观的阅读理念和策略比较多,而研究微观的实践操作方法比较少;研究怎么读比较多,而研究读什么即数学阅读课程建设比较少;研究功利性解题的数学阅读多,而研究数学阅读的育人价值比较少。

本课题有“数学阅读、课程建设、学力提升”等3个核心概念,核心概念限定于小学这一特殊阶段。基于此,我们尝试在这一前提下对这3个核心概念做如下界定:小学数学阅读指小学生对文字、符号、图表等数学语言进行数学化分析,形成个体独特理解的认知过程;课程建设特指小学数学阅读课程的建设,即对小学生数学阅读课程资源的开发、设计、实施和评价等,具体包括:确定数学阅读课程大纲、编选数学阅读丛书与导读、构建分段阅读内容及年级书单、组织阅读课程实施、开展阅读课程评价、最终完善课程内容及结构;学力指的是“通过学校里的学习而获得的能力”或“以学业能力为表征的学力”,是小学生在后天受教育过程中作为学习教材的结果而掌握的知识、技能、熟练的总和,它不仅包含了基础知识、基本技能,也包含了情感、态度、价值观等人格要素。学力的本质须明确四个前提:(1) 学力是人通过后天学习获得的;(2) 它的媒介是人类文化遗产的传递;(3) 作为人的能力的学力,是在同各种能力、功能、特性的整体发展的有机联系中形成的;(4) 学力是在它的主体侧面(学习主体的动机、兴趣、意识、主体性等)和客体侧面(客体化了的教育内容)的结合统整之中,作为“活生生起作用的力量”,作为主体的、实践的人的能力而形成的。

(二) 本课题相对已有研究的独到学术价值和应用价值

鉴于当前国内外小学数学阅读研究以及数学阅读课程建设的现状,本课题旨在依托数学阅读,建设小学数学阅读课程体系,学生通过阅读数学文字、符号、图表等语言,进行正确编码和转译,建立数学学科基本观念、培养学生用数学的眼光观察世界、用数学的思维思考世界、用数学的语言表达世界,提高小学生发现问题、提出问题、分析问题和解决问题的能力,进而指向提升小学生学力水平。本课题的独到学术价值:丰富我国小学数学阅读辅导方法与教学策略,完善小学数学阅读课程体系,数学阅读课程突破教材的限制,拓展学生数学视野、兴趣,达成学力水平的提升。本课题的独到应用价值:品鉴现有数学阅读读物,理清适合各学段阅读内容;编著或创作小学数学阅读课程,提高小学生的基本技能,发展学生的情感、态度、价值观。在一般阅读能力培养的基础上,更加关注数学学科的专业化阅读,建立数学学科基本观念,学会数学独特的思维方式,浸润数学学科的科学美,回归数学学科活动的生活化。

二、知识生长研究内容

(一) 研究对象

本课题主要研究对象有五个:

1. 小学数学阅读课程现状(国内、外现状,学力提升与小学数学阅读的关系);
2. 小学数学阅读资源(选、编、品、链);

3. 小学数学阅读辅导(方式、方法、注意点等);

4. 小学数学阅读教学(课型、路径、实施注意点等);

5. 小学数学阅读课程(学材选撰、学辅编写、教学范式、课程推广、效果评价等)。

(二) 总体框架

本课题研究内容总体框架如图 4 - 1:

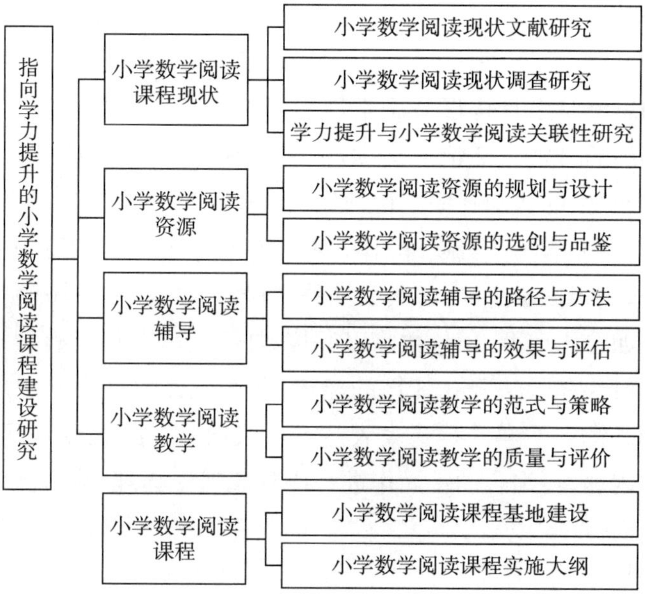

图 4 - 1　课题研究框架

本课题围绕“学力提升”,从研究现状入手,有计划、有目的地展开:从指向“阅读材料”的“小学数学阅读资源研发”,到指向“学生自主阅读方法”的“小学数学阅读方法辅导”,再到指向“教师教学”的“小学数学阅读教学实践”,最后到指向“课程本身”的“小学数学阅读课程实施(推广)”等,逐步解决“读什么”“怎么读”,以及“如何教”“怎样用”等问题。

三、知识生长教学原则

1. 基于知识的序,遵循自然

数学知识和方法的起源和发展是自然的。在教学中我们要关注数学知识和方法的背景、形成过程、应用以及它与其他知识和方法的联系，要把每堂课的知识和方法置于数学理论乃至人类文化的整个体系（关系和顺序）中，处理好局部知识和整体知识的关系，进而帮助学生理解数学的本质和价值，体会数学的思想和精神。比如，数据分析问题来源于生活、回归于生活、应用于生活，与日常生活紧密联系。孩子在玩“掷硬币”“投篮”等游戏过程中已经感悟到可能性并对“输赢”“是否投中”进行预测和分析，这说明小学生已经有“数据分析”的生活经验，教学过程中需要借助学生已有的生活经验，利用现实的情境进行教学设计，有利于让学生感悟“随机思想”，树立随机意识，掌握数据分析方法。

2. 基于认知的序，顺应自然

小学生的思维是由具体形象思维逐步向抽象逻辑思维过渡。在教学中，我们要从学生熟悉的日常生活情境出发，从简单到复杂，从具体到抽象，由扶到放再到收，以符合学生的认知顺序。特别地，要善于借助直观，如动作直观、图形直观等，组织学生开展实验、实践、操作、观察等活动，引导学生从中进行分析、判断、概括、运用，达到抽象水平，如文字抽象、符号抽象等，由此不断完善富有层次性的数学课。如在研究两、三位数除以一位数的笔算（首位能整除）时，充分尊重学生已有乘法口诀和除法竖式计算的经验，让学生在自主尝试中用不同的表征方式解决问题。针对不同的竖式表表达方式，进行对比，鼓励提问，初步感受竖式中每一步的内涵，再结合动手操作进一步直观感受算理，最后优化出合理的竖式模型。

3. 基于核心素养，自然生长

自然生长，就是要培养学生主动探索的意识，不得过且过，具有积极的好奇心理；培养学生独立思考的精神，不人云亦云，具有良好的质疑能力；培养学生“大胆假设，小心求证”的习惯，猜测、想象、推理、实证的能力以及发现、提出、分析、解决问题的能力，具有初步的理性精神以及实践和创新能力；培养学生有条理地表达自己想法的能力，以及良好的交流沟通能力。自然生长的智慧，突出表现在引导学生用数学的眼光观察世界，用数学的思维分析世界，用数学的语言表达世界，尤其是“在别人看到一片混乱的地方看出与数学有关的规律”“在千变万化中追寻不变的关系”。

四、数学写作促进知识生长

从 2012 年 4 月 6 日起，我研究小学生数学自学，通过写自学辅导材料给学生进行阅读，或让学生撰写数学日记表达对数学的理解和看法。数学日记是学生以日记形式记录对数学内容的理解、数学知识的认识和反思以及数学在生活中的应用等。学生在学习过程中遇到的问题、学习的体会、思考的过程都可以作为数学日记的素材。最初对写数学日记的要求是把内容写清楚，能让读者看明白就可以，可以写数学课发生的故事，也可以写生活中的数学故事，还可以是对数学的理解、感受到数学的美妙与神奇……有话则长，无话则短，想写什么就写什么，兴趣第一，内容和形式第二。通过写数学日记，孩子们的数学素养和综合能力得到了很大发展。课题结题后，我继续研究数学日记和提升学习力之间的关联，2017 年以《"学为中心"视角下小学生数学关键能力培养的实践研究》为题，成功申报江苏省"十三五"规划办立项课题。

5 年来，学生写数学日记兴趣浓厚，数学能力和素养也得到进一步提升。数学日记已成为每个孩子日常生活学习的一部分，学生可以演讲数学日记内容，也可以发表在校报《小眼睛看世界》上，还可以展览在班级信息栏上。通过各种激励措施，让学生对写数学日记乐此不疲。从一开始不知道怎么写，到内容和形式比较单一，再到数学日记内容丰富，有数学在生活中的应用，有数学课堂的收获与质疑，有记录独立思考的数学体验……班级学生都有自己的数学日记集，师生一起取名为《数眼看世界》。

(1) 用数学多样化面孔的优化提升学习力

学生借助数学日记、数学图画、数学论文等方式学习数学，把数学知识写出来、画出来、讲出来。通过对数学日记撰写进行系统研究，探索出不同年级段学生撰写数学日记的一般规律和特点，如低年级以数学画为主、中年级以数学故事为主、高年级以数学论文为主。教师在进行相关指导时，带动学生自主学习的发展，提升学习力。

(2) 用数学的理和写作的文融合提升学习力

数学日记突破课堂时间和空间的限制，把数学的理和写作的文有机结合起来，扩增师生对话交流的机会。学生借助数学日记把对数学知识的理解，对问题的分析和思考记录下来，提高学生发现、提出、分析和解决问题的能力。孩子眼中的数学世界是什么样的？学生通过什么来记录数学课堂？在日记中，孩子们把 40 分钟的课堂进行反思，记录对数学课堂的体验和感受、数学知识的批判与质疑、对未知的好奇和追问。

(3) 用数学认知规律转化策略提升学习力

依据数学日记在不同年级段的表现形式和不同年级段学生认知规律和心理

特征，借助“问题引领策略、阅读辅助策略、知识整合策略、校本拓展策略”等策略，指导学生撰写数学日记，促进学生思维和能力等隐性智力的发展，有效提升学生学习力。在数学日记中可以记录数学思考、数学在生活中的运用、有趣的发现或自己编写的数学童话故事……学生的数学世界就是这样丰富，孩子们从小就养成了“数学看世界”的意识，学会用数学的眼光看待自己的生活世界，用数学的头脑分析和思考问题，这对孩子们的数学学习十分重要。

五、数学写作的主要内容

1. “数学写作”是提高数学理解及运用能力的好载体

基于培养学生的创新意识和应用意识，学生撰写“数学日记”，感受数学与生活的联系，助推学生在数学上得到思维及素养等方面的提升。借助数学日记、数学图画、数学论文等方式理解数学，以儿童的数学视角把数学知识写出来、画出来、讲出来，提升理解及运用能力。2017 年 4 月出版个人专著《数眼看世界》，每一篇数学日记都附有教师点评，有效提高学生学数学、用数学的能力，丰富学生数学课外阅读资源，提高学生数学阅读及理解的能力。

2. “数学写作”是转变学习方式，“再创造”的好载体

经历“再创造”其实是一个“做数学”的过程，教师引导和帮助学生进行“再创造”的学习。数学日记、数学故事、数学漫画，记录学生独特的思考与体验，留下对未知的期盼和探索。通过观察分析、调查报告、追问原因、知识重建等过程，形成科学、合理而丰富的数学日记素材。《汇率中的数学》《双打中的数学问题》《我找到了规律》《密码有玄机》《买牛奶的学问》等数学日记发表在《少年智力开发报》上，截至目前共有 7 个整版报道学生数学日记。通过撰写数学日记，进一步整理、归纳、理解、内化数学知识，运用于生活，形成积极的影响力和指导力，推动小学数学学习的有效性。

3. “数学写作”四大策略是记录思维印记的好载体

在区域内多次开展数学日记专题研讨活动，市级讲座、教学研讨也以本研究为主线安排研讨活动，发表相关阅读与写作教学论文，提炼出“问题引领策略”“阅读辅助策略”“知识整合策略”“校本拓展策略”等四大策略。策略的研究和提炼，让研究从点的提炼，走向线的比对，进而辐射到面的课堂教学中，从常态教学课例，推广到数学写作课例的教学中，丰富了课堂教学的形式，促进了学生自主学习能力的提升。

4. 数学写作促进师生发展

本研究围绕“学习力提升”，从研究现状入手，有计划、有目的地展开：从指向“写作材料”的“小学数学写作资源研发”，到指向“学生自主写作方法”的“小学数学写作方法辅导”，再到指向“教师教学”的“小学数学写作教学实践”，最后到指向“课程本身”的“小学数学写作课程实施（推广）”等，逐步解决“写什么”“怎么写”，以及“如何教”“怎样用”等问题。

在数学写作课程开发伊始，在学校教导处和教师发展中心的领导下，积极开展教研活动，充分发挥组员优势，分工配合、团结协作。学校与数学写作有关的活动，集众人智慧完成。游小云老师 2016 年被评为苏州新区学科带头人，2017 年拔尖评为中小学高级教师，刘菊、顾雨沁、彭志荣被评为常熟市教学能手，华洁等老师获奖或发表 36 篇论文，课题组人员已经具备独立开设和实施数学写作课程的能力，积累了一定数目的成熟课例和学生活动案例。

学生学习方式也发生了变化，从被动地接受学科知识到主动去合作探究数学问题，培养自己的兴趣与研究方向。通过辅导数学日记撰写，我发现生活是一个充满数学的世界，给孩子一双亲近数学的眼睛，发现数学的眼睛，数眼感受数学思考的美妙和数学奥秘的神奇。学校 28 名同学的数学日记发表在省级报刊《少年智力开发报》上，2017 年 102 位同学的数学日记被个人专著《数眼看世界》收录，2019 年，23 人获国际数学比赛金奖，其中 2 人满分奖，80 人获省级一等奖，共 452 人次获得国际、省级数学竞赛奖，6 人在常熟市数学小论文比赛获奖，学校在历次省学业水平测试成绩优秀。

通过市区学科教研活动、课题研讨、专题讲座，向全市及山东等地教师展示本成果，将成果研究的思路、经验进行传递和辐射；通过在国家和省级刊物上发表文章，向全国同行介绍本成果；通过专著、学生日记发表等，向外界介绍本成果。

1. 数学日记撰写四大策略已在学校、苏州、山东、浙江等学校推广应用，建立数学写作学校实验地。

2. 参与研究的教师对“数学日记”有了充分的认识：将课堂教学与课后延伸有机结合，着眼于教学目标的“整体实现”，从生活中提取数学模型，充分展现学生的思维过程，引导学生多元“对话”。在教学方式上，从偏重于教师的“教”，走向“教与学”的融合发展。学生经历了数学知识的生长过程，对数学本质的理解不断走向深入，进而触类旁通，学生从探究“是什么”走向“为什么”。

六、知识生长提升数学能力

《课标(2011年版)》指出:“学生应当有足够的时间和空间经历观察、实验、猜测、计算、推理、验证等活动过程。”可以看出,数学学习是一种“过程”,数学学习是建立在多种数学活动的基础之上,通过体验、探索、合作等过程提升数学学习能力。如何在教学中体现这一理念,下面笔者浅谈日常教学中的几点尝试。

(一)数学阅读,提高自主建构学习能力

数学阅读是发展学生自主学习能力的关键一步,从根本上改变“被动接受”机械的学习方式,促使学生学会学习。长期以来,很多教师认为只有英语、语文学科才需要阅读,我们一定要改变这一认识误区,形成数学学科也需要自主阅读的意识。在新课学习之前预习课本,了解新课知识点,并把看不懂的地方做上记号,以便提出质疑问题;课中、课后再次阅读课本,课外通过阅读数学报纸杂志丰富学生的数学知识。

1. 借助迁移,智慧学习

教师运用“导学案”或核心学习问题,引导学生感悟“化归”思想,把复杂、抽象、未知的数学知识转化成简洁、具体、已知的数学知识,培养学生自主学习的能力。如在教学“比较亿以内数的大小”时,笔者让学生自主复习“比较万以内数的大小”的方法,老师给同学们搭建一座新知的“桥梁”,启发学生猜测,比较数的大小方法是一样的吗?为什么?学生阅读数学课本后,初步完成相关练习,不懂的知识点通过小组合作、交流讨论帮助学生更深刻地理解数学。

2. 阅读提纲,问题驱动

学生带着阅读提纲中的问题进行学习,通过问题引领学生的自主学习。如在教学“认识平行四边形”时,笔者出示了以下阅读提纲:

(1) 平行四边形的边有什么特征?

(2) 平行四边形的角有什么特征?

(3) 你有没有一个好的方法验证你的猜想?

(4) 伸缩门为什么采用平行四边形的结构?

学生根据提纲,自学教材,并提出自己感到困惑的问题,在小组之间自行解决,有不明白的地方到课堂上交流,先由学生展开讨论,形成共识,最后师生总结。这种做法的优点在于:让班级的每一位同学感受到自己真正成为学习的主

人,在“动手实践、自主探索、合作交流”等过程中学会研究问题、解决问题的方法,体验数学的价值,体验数学与生活的联系,同时也培养了学生倾听、独立思考与合作交流的良好学习习惯。

3. 阅读报刊,拓宽知识

数学报纸、杂志的阅读,可以拓宽学生的数学常识,增强对数学学习的乐趣,让孩子们在获得必要知识与技能的同时,发展了学生主动获取知识的能力。笔者常常和学生一起阅读《时代学习报》《小学生数学报》等,如《时代学习报》的“生活中的数学”“一题多解”“超级 PK 台”等栏目学生非常喜欢,栏目内容不断激发学生数学阅读的兴趣。学生在读报的过程中提升了“数学阅读”能力。

(二)建构模型,提升数学理性批判精神

在建构数学模型的过程中,我们需要培养学生独立思考的精神,即不人云亦云,具有良好的质疑能力;培养学生“大胆假设,小心求证”的习惯,猜测、想象、推理、实证的能力以及发现、提出、分析、解决问题的能力,具有初步的理性精神以及实践和创新能力;培养学生有条理地表达自己想法的能力,以及良好的交流沟通能力。建构数学模型,突出表现在引导学生用数学的眼光观察世界,用数学的思维分析世界,用数学的语言表达世界,尤其是“在别人看到一片混乱的地方看出与数学有关的规律”“在千变万化中追寻不变的关系”。如在“三角形的内角和”的教学中,笔者首先让学生说一说长方形和正方形的内角和是 360°,让学生明确平面图形内角和的意义。再从学生熟悉的直角三角尺开始,得知两个直角三角尺的内角和都是 180°。随后让学生猜想:是不是任意一个直角三角形的内角和都是 180°。教师拿出好几个形状、大小不一样的直角三角形,安排学生动手实践、自主探索等活动,学生在明确量一量的基础上知道测量会产生误差,直接影响三角形内角和的准确性,通过撕一撕、拼一拼等活动,最终验证出直角三角形的三个内角能合拼成一个平角,即验证所有的直角三角形的内角和都是 180°。

同理,学生在经历“猜想验证”的主线下,继续验证任意一个锐角三角形、任意一个钝角三角形的内角和都是 180°。最终推出任意一个三角形的内角和是 180°。建立数学模型的过程,是经过抽象、舍去对象的一些非本质属性以后所形成的一种纯数学关系结构,即在做数学的过程中建立“所有的三角形内角和是 180°”这一数学模型。

(三)感悟文化,体会数学之源、之史、之思

数学知识和方法的起源和发展具有过程性。在教学中我们要关注数学知识

和方法的背景、形成过程、应用以及它与其他知识和方法的联系，要把每堂课的知识和方法置于数学理论乃至人类文化的整个体系(关系和顺序)中，处理好局部知识和整体知识的关系，进而帮助学生理解数学的本质和价值，体会数学的思想和精神。

在日常教学过程中，笔者常常给学生讲述古埃及数学、古巴比伦数学、古印度数学以及古代中国的数学历史文化，让学生了解数学的发展源头。在教学“角的度量”这一内容时，其中一个教学目标设定为“学生体验感悟量角器产生的过程”。先让学生明确：角的大小和角的两边叉开的大小有关，与两边长短无关。在此基础上，再用小角(即 10°的角)来量一量两个角的大小，看看这两个角各包含几个这样的小角，然后把 18 个这样的小角拼成一个半圆形，也就是最原始的量角器。在学生明确小角量角度具有局限性之后，学生提出还要把这些小角再细分成“小小角”(即 1°的角)，这样量角器的模型在学生的头脑中就建立起来了。再如，在教学“素数和合数”时，笔者特意上网查询了哥德巴赫猜想的详细内容，以及华罗庚、陈景润对哥德巴赫猜想的研究历史，数学家的故事激发了孩子们学习数学的兴趣，让学生再一次明白我们的猜想验证、筛选等过程也是数学家们常用的方法。通过这样的教学，学生学习数学的信心和兴趣就更浓了。讲到素数时，也给同学们讲到现在我们用计算机发现的目前最大的素数，再一次让学生感受到“无限与有限”的魅力。

(四) 回顾反思，提升学生归纳总结能力

学生通过积极的独立思考、自主探索与合作交流主动建构数学知识，形成技能，并运用知识解决实际问题，在建构数学知识的过程中，还需要提高学生回顾与反思的能力。

1. 教师的示范作用

首先让学生了解常用的知识整理与复习方法有：摘录式整理、网络式整理、表格式整理、思维导图法等。如在“倍数和因数”的整理中，我们师生采用网络式整理方法；再如“比与分数、除法的关系”，我们又通过表格进行复习整理；“分数的意义”我们采用摘录式整理方法……在教师的示范引导下，孩子们了解了各种整理与复习方法的特点，并学会在数学学习中选择自己喜欢的方法整理与复习已经学习过的知识。

2. 让学生走上讲台

讲台不再是教师的一统天下，孩子们可以走上讲台，展示小组合作的成果或

发表自己的观点。我们经常看到这样的情景：小组代表充满激情向全班同学汇报他们的研究成果，不时地还要接受台下同学们的质疑提问，台上台下激情互动。有急性子的同学会说：我补充发言……我赞成或我不支持他的观点……汇报的同学也以“你们同意我的想法吗？你们还有其他问题吗？”等话语予以回应。

如我们在整理“小数的性质”时，让学生摘录“小数的性质”的关键词时，有的学生摘录了“添上或去掉”和“大小不变”，班级针对这个问题展开了一次热烈的辩论。学生一一走上讲台陈述自己的观点：

学生1：我认为“末尾”是一个关键词，因为如果在中间添上或去掉0，小数的大小会改变。如0.5改写成0.05。

学生2：我认为“小数”是一个关键词，因为如果在整数的末尾添上或去掉0，整数的大小也会改变。如10改写成100。

学生3：我认为“0”是一个关键词，因为如果你添上或去掉其他的数字，小数的大小还会改变。如0.5，在它的末尾添上5或去掉5，它的大小也就改变了。

学生4：我认为“小数的末尾”“添上或去掉”“0”“大小不变”都是关键词，缺一不可。

说得多么精彩呀，课堂上出彩的是学生！孩子们大胆地阐述自己的观点，大胆质疑、小心求证，在平等、民主的气氛中碰撞智慧，提升对数学知识的理解。今天的数学课堂如何走向明天，数学教学中我们应该更多思考教“慧”学生如何学习，经历数学阅读、建立模型、感悟文化和回顾反思等学习过程，让知识在学习过程中自然生长，在数学阅读中感悟数学知识的形成与发展，在感悟过程中建立数学模型，在回顾与反思、问题解决过程中提高数学素养。通过以上“过程”训练，满足不同层次学生的学习需要，进一步调动学生学习数学的积极性，培养了学生思维的灵活性与敏捷性，提高了学生学习数学的能力，同时“使数学教育面向全体学生，适应学生个性发展的需要，使得人人都能获得良好的数学教育，不同的人在数学上得到不同的发展。”

附录1:经历探究过程　关注直观理解

——以“整十、整百数乘一位数的口算和估算”为例

【课前慎思】

“整十、整百数乘一位数的口算和估算”是小学数学苏教版三年级上册教学内容,很多小学数学教材把口算和估算分成两个课时。估算是新增加的教学内容,为什么这么安排,源于需要强化估算意识,提高估算能力。笔者认为把两个内容合并起来最重要的是让学生勾连口算和估算的关系,即口算是估算的基础,估算需要借助口算算法。口算和估算的教学对三位数除以两位数的“试商和调商”具有重要意义。

1. 口算和估算课教什么

学习贵在有疑,学生主动提出三个数学问题“怎样算”“为什么这样算”“有什么用”,明确本课的学习目标,激发学生学习的主动性。通过复习表内乘法口诀,调整学生的学习心理,在新旧知识之间建立联系,启发学生主动寻找新知的生长点,为探索整十、整百数乘一位数口算方法提供复习铺垫。结合小棒操作,尝试计算 20×3,在讨论的基础上引导学生理解算理和算法,把算理和算法统一起来。这个过程既让学生充分参与学习活动,又有利于培养学生的探究能力,将学习到的算法迁移到新的口算中去,体会整十乘一位数和整百数乘一位数口算方法的一致性,从而加深对数的含义和运算方法的理解。

2. 口算和估算如何教

很多孩子在解决够不够的估算问题中,不知道怎样比较估算结果和实际结果,教学过程中笔者用数轴帮助学生理解,比如说我们把 48 看作 50,那么 48×4 的结果比 50×4 的结果要小,我们“往大估”钱都够,那实际上一定够;同样的我们把 62 看作 60,62×5 一定比 60×5 要大,我们“往小估”钱不够,那实际上就一定不够。借助数轴,发挥几何直观,估算结果和实际结果的大小关系一目了然。学习估算有三个环节:一是学会根据解决问题的需要合理选择估算;二是要选择适当的单位进行估算;三是学会对相应结果的上、下界做出判断,即学生明确“为

什么要估算”“怎样估算”以及“估算时要注意什么”。教学设计中借助数轴理解估计结果和实际结果的大小关系，帮助学生进行比较，直观理解估算方法，促使学生初步体验估算的价值，掌握估算解决问题的方法，逐步培养估算意识，提高估算能力。

通过练习提高学生的计算熟练水平，增强“举一反三”和“举三反一”的能力。最后以“2×3=6 你能想到哪些算式？看到(　　)×(　　)=1200 你又能想到哪些算式？”建立口算和估算的计算模型，即先算几乘几，再进行推算。估算是建立在口算的基础上的，通过比较、判断最后达成问题解决。

3. 口算和估算的教学目标

【课中笃行】

一、自主提问，复习乘法口诀

师：出示课题，看到这个课题，你想提什么问题？

生：怎样算？为什么这样算？有什么用？

师：带着这三个问题开始我们的学习，先一起来复习口算。

2×3=	2×8=	3×6=	4×7=
6×6=	5×8=	7×8=	9×7=

二、经历探索，统一算理算法

1. 创设情境，提出问题

师：看来大家表内乘法学得真不错！今天有一位变化高手也来到我们的课堂，看，他是？

生：孙悟空。

师：有一天，孙悟空去西天取经的路上在超市购买 3 盒水蜜桃，每盒 20 个，你能提一个数学问题吗？

生：一共有多少个？

师：你会列式解答它吗？

生：20×3。

2. 主动探索，明确算法

师：20×3 等于多少呢？请同学们先用小棒摆一摆，再说一说可以怎样计算。

学生操作、思考后全班交流，教师板书学生口算想法。

师：我们请一位同学上台来摆一摆，再说一说 20×3 你是怎样想的？

学生的小棒摆法如下：

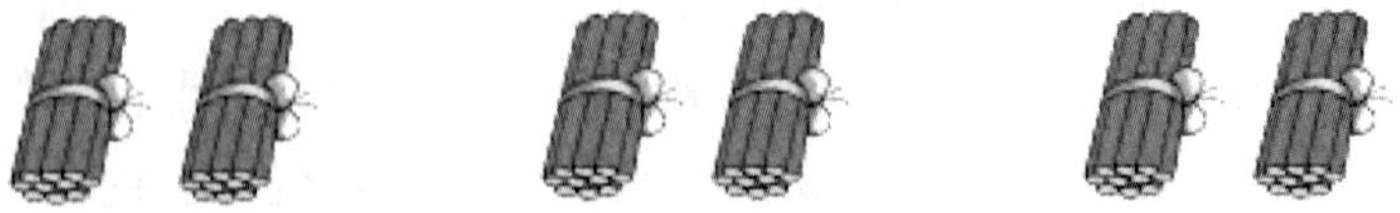

结合小棒图学生的计算想法主要有以下3种：

(1) 变成加法：我把20×3转变乘加法，20+20+20=60。

(2) 数的意义：(2个十)×3=6个十，6个十就是60。

(3) 口诀推算：2×3=6，20×3=60。

师：刚才我们用加法、联系整十数的意义、口诀推算等3种方法算出了20×3=60。你喜欢哪一种方法？

生：后面两种。

师：为什么不喜欢第一种"变成加法"的方法？

生：很麻烦，如果有许多盒就有许多个加数。

师："数的意义"和"口诀推算"这两种方法有没有相同的地方？

生：(2个十)×3和2×3其实是有联系的，都用到了"二三得六"这句口诀。

师：大家知道，孙悟空有72变，他拔下一根猴毛，变！3盒水蜜桃变成了9盒，现在你能计算出一共有多少个吗？

师生交流汇报。

3. 尝试口算，迁移算法

师：孙悟空可以让盒数变化，他还能让个数变化。出示变化条件：每盒200个，3盒水蜜桃一共有多少个？你又会怎样解决？

生：200×3。

师：200×3等于多少，你是怎样想的？

生：几十、几百乘几，也可以先按几乘几推算得数。

师：让我们最后再来一次：变！又变成了5盒。

生：200×5=1000(个)。

师：在问题解决的过程中，盒数发生了变化，个数也发生了变化，什么没有变？

生：数量关系没有变，口诀推算的方法没有变！

师：现在你看到小棒图或2×3=6，你还能想到哪些算式？

生：20×3、200×3、2000×3、2×30、2×300……

4. 小试牛刀，巩固口算

师：天哪，孙悟空看小朋友们学习这么认真，他带来一组题考考大家，敢不敢接受他的挑战?

生:完成练习“想想做做”第1题。

师:你是横着一题一题地算,还是竖着一组一组地算?每一竖排的3道题有什么联系?

生:计算每一竖排的3道题时,只要算出上面一题的得数,然后看每题乘数末尾有几个0,就在得数后面添几个0。

师:出示快乐大转盘,如下图:

学生把外圈的数和内圈的数相乘进行口算抢答练习。

三、研究估算,直观理解方法

1. 理解题意,选择估算方法

师:学会了口算,可以解决生活中的一些问题。但许多时候我们并不需要得到准确得数,只要用学过的口算来估计结果就可以,比如说在购买商品的时候,要知道带的钱够不够,我们进行估算就可以。请看大屏幕,孙悟空有200元钱,如果买4盒水蜜桃,够不够?

师:从图中你还能知道什么?

生:每盒水蜜桃48元。

学生分组讨论,组织全班交流。

生1:48+48=96(元),96+96=192(元)。所以我认为200元够。

师:这里一定要算出准确得数吗?为什么?

生2:这里没有要求算出要多少钱,只是问我们够不够,所以不需要准确算出要多少钱,只要估计一下,看大概要多少钱就可以了。

生3:我们可以把48看作50,50×4=200(元),200够了。

生4:我们把48元看大了钱都够,那实际上就一定够。

师:我们结合数轴理解估算的过程和方法。

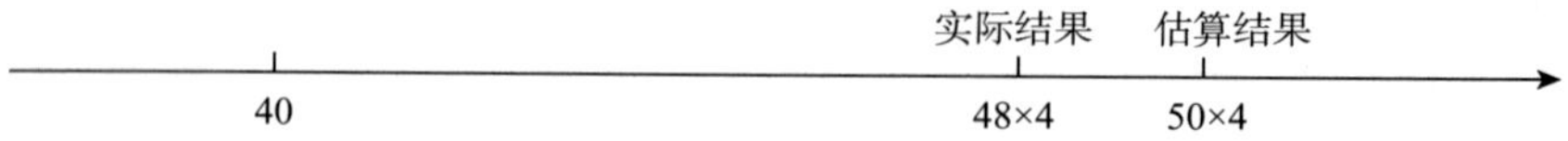

师：我们把48看大，估算结果就比实际结果大，或者说实际结果比估算结果小，所以钱够了。

2. 变式练习，直观理解方法

师：由于天气变冷，水蜜桃涨价了，现在每盒62元，300元钱够买5盒水蜜桃吗？出示自主探究单。汇报交流估算方法，并借助数轴理解估算方法。

生：我们把62元看成和它接近的60，看小了，$60\times5=300$。因为我们把它看小了，估算结果比实际结果小，或者说实际结果比估算结果大，所以300元不够。

3. 对比方法，体验估算价值

师：用估算方法解答上面两个问题的思考过程有什么不同？

生：一个是把48看作50，估算结果一定比原来大，也可以说原来的积一定小于估算结果。

师：我们给这种方法取一个名字。

生：往大估。另一个是把62看作60，估算结果一定比原来小，也可以说原来的积一定大于估算结果。

师：我们也取一个名字？

生：往小估。

师：有什么相同的地方？

生：估算时，把两位数看作和它接近的整十数，按照整十乘几来估算大约要多少元，再和原来的式子比一比就能知道够不够。

师：估算有什么好处？

生：提高我们的计算速度，解决生活中“够不够”的问题。

四、内化新知，巩固计算练习

1.“想想做做”第6题

师：孙悟空一共买了400盒水蜜桃给花果山的孩儿们，每次运72盒，6次能运完吗？你是怎样想的？

学生先尝试练习，然后全部交流。

生1：我把72看作70，$70\times6=420$，6次能运完。

生2：70×6=420,72×6>70×6,6次能运完。

2. “想想做做”第7题

师:唐僧师徒4人买同样价格的火车票,付给售票员1300元,他买的是哪一种？先估算,再在正确的答案旁边画“√”。

甲城到乙城三种不同火车的票价如下表：

普通列车	特快列车	动车组列车
每张198元	每张312元	每张405元

学生完成后组织讨论,说说思考过程。

五、总结收获,建立数学模型

师:看到“2×3=”你能想到什么？看到“(　　)×(　　)=1200”,你又能想到什么？我们的等号可以换成什么？

生:接近或者约等于。

师:(　　)×(　　)接近1200,你又能想到哪些算式?

生:200多一点或少一点×6、300多一点或少一点×4……

师:回到我们课前提出的三个问题,你对“怎样算”“为什么这样算”和“有什么用”有更深的理解了吗?

【教后反思】

为了让学生对“整十、整百数乘一位数的口算和估算”有更深刻的理解和体验,在教学过程中笔者采用了以下四个策略。

1. 自主动手操作优化口算算法

在教学口算20×3时,借助操作小棒得出三种口算方法:变成加法、数的意义、口诀推算,再让学生说说喜欢哪一种方法,并说出理由。学生能把“怎么算”和“为什么这样算”的道理表达得很清楚,同时沟通了“数的意义”和“口诀推算”的本质联系,即“(2个十)×3=6个十”和“2×3=6,20×3=60”两种方法的本质是一致的。笔者并没有停留在利用小棒图理解20×3的计算结果,而是启发学生借助直观图想象出“20×3、200×3、2000×3、2×30、2×300”等乘法算式,2捆小棒可以想象成2个1、2个十、2个百……这样我们都可以运用口诀推算出计算结果。

2. 通过情境变化理解计算方法

全课创设了孙悟空西天取经路上购买水蜜桃这一故事情境,进行了5次变化。一变是将盒数进行变化,算式由20×3变成20×9;二变是把每盒个数进行变化，算式又变成了 200×3、200×5，在口算方法上有了一次飞跃，即是“整百数乘一位数”的口算，而且还出现在 10 的末尾添上 2 个 0，体会乘法口诀中的 0 和添加的 0 两者之间的不同；三变是把口算情境变成估算情境：200 元买 4 盒水蜜桃够不够的估算；四变是由于水蜜桃涨价了，300 元够不够买 5 盒水蜜桃的估算；五变是唐僧师徒 4 人买火车票的估算，层层递进，让学生无论是口算还是估算都出于现实生活的需要，进而主动探究，主动完成新知的学习。学生能体验到两种估算方法不同的是一个是“往大估”，另一个是“往小估”，相同的是把价钱看作和它接近的整十数，再用口算的方法计算结果，最后进行比较。

3. 运用回顾反思建立模型思想

教学中我们需要“几步一回头，慢慢向前走”，注重“千金难买回头看”。每一板块都安排了回顾反思环节，如在呈现“变成加法、数的意义、口诀推算”三种方法之后，启发学生：这三种方法你喜欢哪一种？为什么不喜欢变成加法的方法？后两种方法有相同的地方吗？进而在算法的多样化中进行了方法优化。再比如“20×3、20×9、200×5”这三道算式让学生思考它们有什么共同之处？让学生自然而然地想到用口诀推算法口算的优越性。反思回顾的目的在于建立数学模型。数学模型结构的两个主要特点是：数学模型是经过抽象、舍去对象的一些非本质属性以后所形成的一种纯数学关系结构；这种结构是借助数学符号来表示的，并能进行数学推演。比如看到 2×3＝6，你能想到的 200×3，2000×3，2×30，2×300，(　　)×(　　)＝1200，或者是(　　)×(　　)接近 1200，它们都是借助几乘几推算出几十、几百乘几、几十，几百多一些或少一些乘几。

课堂上出彩的是孩子们的思维。在教学过程中我们需要看见学生们的思维，因此要放慢教育步伐。总之，只有统一算理算法，直观理解算法，学生的计算能力才能更加扎实，计算教学才更能有实效性和长效性。

附录 2：基于能力而教　凸显数学本质

——“认识负数”教学实践与思考

【课前慎思】

1. 不同版本教材内容编排有什么异同？

“认识负数”是小学数学的教学内容。笔者对人教版、苏教版和北师大版三个版本的教材关于“认识负数”的内容编排梳理如下：

人教版教材安排在六年级下册，以温度引入负数，明确 0 ℃表示淡水开始结冰的温度，接着从存入与支出延伸到具有相反意义的两个量可以用正、负数表示，并通过“向东和向西走”将正、负数与数轴上的点建立联系，在练习中以海拔高度等问题丰富对负数意义的理解。

苏教版教材安排在五年级上册，也是以温度引入负数，再研究海拔、正反方向问题，以及将正、负数的表达与数轴结合起来，整体思路与人教版教材基本一致。

北师大版教材安排在四年级上册，也是以温度引入负数，借助海拔高于海平面与低于海平面、游戏中得分与扣分、营业中盈利与亏损、存款中存入与支出、行走中向东与向西等生活实际问题丰富负数表示“相反意义的量”这一数学本质。

三个版本的教材都介绍了有关负数的数学文化。

2. “负数”概念的核心和本质是什么？

负数的本质是表示意义相反的量，即先确定一个标准，这个标准是正数和负数的分界点，没有这个分界点，正负的概念就无从谈起。确定标准之后，用正、负数表示相反意义的量是负数概念教学的关键。标准可以是绝对标准，也可以是相对标准；意义相反的量可以是生活意义上的相反，如收支、盈亏、输赢等，也可以是数学规定的相反意义，如零上零下气温、海拔高度等。

3. 基于能力的教学目标有哪些？

本课确定以下 3 个教学目标：

(1) 在具体情境中理解负数的意义，了解负数产生的背景，知道正数和负数的读、写法；0 既不是正数，也不是负数，负数都小于 0。

(2) 利用自主探究、独立思考、合作交流等学习方式理解如何用正、负数表示实际问题中具有相反意义的量，丰富对负数概念的认知，提高问题解决的能力。

(3) 体验数学与生活的联系，感悟负数在日常生活中的应用价值。

【课中笃行】

一、了解起点，提出探究问题

师：孩子们，今天我们一起认识负数。生活中你在哪里见过负数？

生：股票亏损、温度、欠款等。

师：关于负数，你想研究什么？

生：负数的意义、计算、读写、用途、历史……

师：厉害，负数的产生、用处、意义都是我们需要研究的内容。今天我们主要研究负数的意义，让我们从找负数开始。

二、自主探究，借助情境理解

1. 学习负数的读写法

出示 8 个数并齐读：6、－4、－2、＋2、1、－13、＋5、－3。

师：把这 8 个数进行分类，你能找出负数吗？小组内先交流，再操作汇报。

生：负数有－4、－2、－13、－3。

师：你是怎么想的？

生：这四个数前面都有减号。

师：在学习运算的时候，这个小短横叫作减号，把它放在一个数的前面就叫作负号，看来负号和减是有关系的哦！负数都带着负号的，那正数呢？你能找出正数吗？

生：找出正数，“＋2，＋5”。

师：1 和 6 是不是正数，为什么？

生：1 就是＋1，只不过是为了简洁，习惯上把正数前面的正号省略不写。

师：正号可以省略不写，负号也可以省略不写吗？为什么？

生：不能，那样就分不清楚是正数还是负数。

2. 借助情境理解负数

师：我们已经会读写正、负数，拿出 2 和－2 这两个数，＋2 和－2 的意义一样吗？你能用图、算式或文字等形式表示出－2 的意义吗？看谁的想法多哦！

生：汇报展示作品。

生 1 用温度计图形表示－2。

师:你是怎么找到－2 ℃的?

生 1:先找到 0 ℃,往下数 2 小格,就是－2 ℃。

师:你能在温度计上找出＋2 ℃吗?你又是怎么找的?

生:也是先找到 0 ℃,再往上数 2 小格,就是＋2 ℃。

师:以 0 ℃为标准,0℃以上是正数,0℃以下是负数。

生 2 用减法算式"0－2＝－2"表示－2。

师:你是怎么想的?

生 2:表示比 0 少 2,少 2 用－2 表示,－号表示少于或不足。

师:看着这个式子,反过来想一想,你能想到＋2 吗?

生 2:可以,2－0＝2,表示 2 比 0 多 2,多 2 用＋2 表示,这里的 2 也就是＋2,表示多于。

师:以一个数为标准,多余用正数表示,不足用负数表示。

生 3 用文字表示－2。

生 3:－2 表示地下 2 层。

师:那你觉得＋2 表示什么?

生 3:地上 2 层。

师:以地面为标准,地上用正数表示,地下用负数表示。用温度计、算式、文字表示－2 有没有相同的地方?

生:不管是＋2 还是－2,都要先找到一个标准。温度计以 0 ℃为标准,算式以一个数为标准,楼层以地面为标准,这个标准我们可以用"0"这个数表示。看来 0 这个数特别重要。

师:举了这么多例子,现在我们再来看看＋2 和－2,它们哪儿不一样?

生:＋2 表示 0 ℃以上,－2 就表示 0 ℃以下;＋2 表示多于,－2 就表示不足;＋2 表示地上,－2 就表示地下,也就是说它们表示的意义相反。

师:那生活中还有这样表示相反量的例子吗?

生:盈利、亏损,收入、支出……

师:那＋2 和－2 还有一样的地方吗?

生:一个是比 0 多 2,一个是比 0 少 2。它们与 0 都相差 2,相差数是一样的!

师:从今天起,我们看一个数需要从两个角度:一是它的符号,正就表示比标准多,负的就表示比标准少;二是它的数量,究竟与标准相差了多少单位。

3. 深入理解负数的意义

师：出示珠峰主题图，某地的海拔高度是－155 米，可能吗？

生：可能。这里把海平面看作标准，记作 0 米，某地比海平面低 155 米，海拔高度就用－155 米表示。

师：明白了负数的意义，那负数是怎么来的呢？观看数学文化视频。你又有什么收获？

生：交流观看体会。

师：如果我们把温度计和珠峰图按顺时针旋转，就得到一条直线，如图：

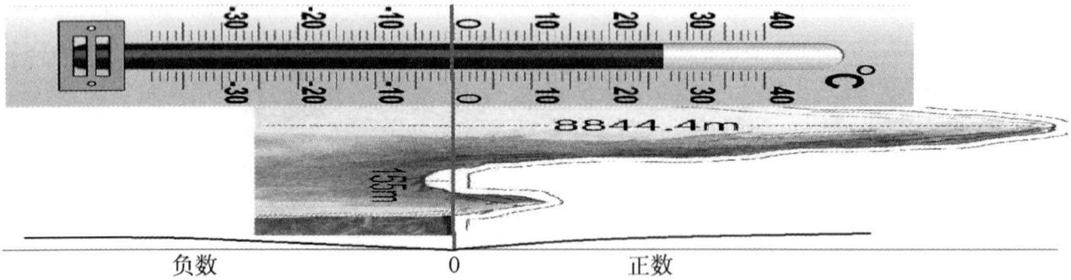

师：你能给标准 0 找一个位置吗？把所有数都表示在这条直线上，负数表示在哪里？正数又在直线的哪个位置？

生：正数都大于 0，在 0 的右边；负数都小于 0，在 0 的左边。

师：0 是正数还是负数？

生：0 既不是正数，也不是负数，0 是正、负数的分界点，就是标准。

师：你能把“6、－4、－2、＋2、1、－13、＋5、－3”这些数按照从小到大的顺序排列吗？

生：按顺序排列数。

师：你能把这 8 个数摆放在直线上吗？

生：以右向左添加数，逐步抽象成数轴。

三、深化理解，内化数学模型

1. 出示初步练习

(1) 边防战士冒着零下 40 ℃的严寒进行巡逻，记作(　　　　)。为什么？

(2) 煤矿工人在地下 488 米的矿井里采煤，记作(　　　　)。

(3) 升降机下降 10 米记作－10 米，5.6 米表示(　　　　)。

2. 自主尝试，全班交流

生：生活中有很多地方要用到负数，解放军和煤矿工人都非常辛苦。

四、激发冲突,拓展提升能力

师:小明将小红的身高表示为 2 cm,这是为什么呢?这里的标准是什么呢?

生:可能把小明自己的身高看作标准,2 cm 表示小红的身高比小明高 2 cm。

师:小明又将小红的身高表示为−6 cm,这又是为什么呢?

生:把另一个同学的身高看作标准,小红比另一个同学矮 6 cm,所以用−6 cm 表示。

师:同样是小红的身高,为什么有时用 2 cm 表示,有时又用−6 cm 表示呢?

生:标准变了,表示的数也就随之改变了。

【课后明辨】

数学课堂是值得细细审慎地反思的。我再次观看课堂实录,得出如下心得:

一、抓住问题,经历再创造

“再创造”是“做数学”的过程,教师积极引导学生“重走数学家之路”,通过“再创造”的学习过程,由学生本人把学的东西自己去发现或创造出来。本课以“认识负数”为核心问题,引导学生联系日常生活经验,让学生重走数学家探究发现之路,经历由“温度中的−2”到“算式中的−2”再到“情境中的−2”,最后到“数轴中的正、负数”,紧紧围绕“标准”和“相反意义的量”两个关键点展开教学,体会数学符号的简洁性与统一性,从学到用,体会“相反意义的量”的负数概念本质,使学生经历数学“再创造”的过程。在“再创造”的过程中不仅要关注数学知识和方法的背景、形成、应用以及它与其他知识和方法的联系,还要处理好局部知识和整体知识的关系,进而帮助学生理解数学的本质和价值,体会数学的思想和精神。

二、把握本质,促进真学习

负数的本质在于“表示相反意义的量”。如何让学生理解和掌握“标准”和“表示相反意义的量”这两个关键点?学生先根据生活经验,在“零上与零下、多余与不足、高于海平面和低于海平面”等具体情境中建立标准,体会负数表示意义相反的量;再将温度计和珠峰图巧妙旋转,把具体的事物转化为抽象的数轴,借助数轴理解相反意义的量,实现数学抽象,将标准也抽象为数轴中的 0,丰富学生对负数意义的理解。教学要激发学生的认知冲突,从绝对标准走向相对标准,如小明将小红的身高表示为 2 cm,这里的标准可能是把小明身高看作标准,2 cm 表示小红比小明(即标准)高 2 cm;而后小明又将小红的身高表示为−6 cm,这可能是把另一个同学的身高看作标准,小红比另一个同学矮 6 cm,所以用−6 cm

表示。同样是小红的身高，为什么有时用 2 cm 表示，有时又用 −6 cm 表示呢？原因在于标准变了，表示的数也就随之改变了，但本质意义却没有改变，都是先建立标准，然后再和这个标准进行比较，比标准高或比标准低，我们用正、负数表示这组“相反意义的量”。

三、发展能力，培养好思维

小学生的思维正由具体形象思维逐步向抽象逻辑思维过渡。从温度、盈亏、高低、地上地下等情境出发，由简单到复杂、从具体到抽象、螺旋上升，符合学生的认知顺序，不断丰富学生对负数概念的认识。特别地，在教学过程中借助直观，如文字直观、图形直观等，组织学生开展探究、操作、观察等活动，引导学生深入思考，逐步达到抽象水平。在构建负数的意义的过程中，我们要注重培养学生主动探索的意识、独立思考的精神、初步的理性精神以及实践创新能力；注重培养学生有条理地表达自己想法的能力，以及良好的交流沟通能力。波利亚认为：“学东西的最好方式是发现它。”教师应该为学生亲自发现尽可能多的东西提供更多条件。从建构标准到抽取本质再到理解负数的意义，教师不是把知识的全部秘诀一下子倒给学生，而是让他们深入思考，在自主创造中建构知识，体会思考的乐趣。

总之，数学教学应注重培养学生的数学能力，凸出数学知识的本质，让学生在探究中感受数学、理解数学、应用数学。

附录3:在过程中生长数据分析观念

——《数据的分段与整理》教学设计与反思

数学让我们从确定性中寻找力量。数据分析是数学六大素养之一,是统计领域的核心。在大数据时代,培养学生的数据分析能力有利于提高学生发现问题、提出问题、分析问题和解决问题的能力。

【课前慎思】

《课标(2011年版)》指出:"经历简单的收集、整理、描述和分析数据的过程。"在统计与概率教学领域,数据分析是统计的核心,课程要让学生体会到数据中蕴含着信息,同样的数据可以有多种不同的分析方法,可以用统计图分析,也可以用统计表分析;要在统计过程中体验随机性。

分段整理数据是基本的统计活动,也是最常用的方法。"数据的分段与整理"是苏教版小学数学四年级上册的内容,教材要求学生采用画"正"字的方法,并提供了分类统计的记录单。在分类整理数据时,要做到不遗漏、不重复,并把各个数据正确地归属到统计表中。

学生已经初步学习了简单数据的收集和整理,知道用画"√"、画"□"、画"正"字等方法收集整理原始数据,依据学生的认知发展规律和已有经验,运用画"正"字的方法对数据进行分段整理,学生借助自己可以理解的特殊"记号"帮助自己计数过程中不重复、不遗漏地进行分段整理。通过分段整理,充分理解分段整理的好处以及在什么情况下需要进行分段整理,增强学生的数据分析意识,提升学生的数据分析观念。

基于以上对教材和学情的理解,我在备课过程中针对以下几个问题进行思考:为什么要学习分段整理?分段整理数据的好处仅仅是指向问题解决吗?怎样进行分段整理数据?数据的分段标准是老师直接给予还是让学生自主探究?在什么情况下需要进行数据的分段整理?学生如何经历完整数据分段整理的过程性学习并建立起初步的数据分析观念?经过不断地追问与思考,我进行了以下的教学尝试。

【课中笃行】

一、创设情境，激发需求

1. 激发冲突，引入学习

师：梅峰小学遇到了一个有关统计的实际问题。出示主题图片。

师：梅峰小学准备为鼓号队员购买服装，服装分为大号、中号和小号。你知道每种服装各要购买多少套吗？

生：缺少信息，即缺少每位同学的身高、体重、性别等信息。

师：是的，购买服装时什么信息最重要？

生：最重要的信息是身高。

师：出示鼓号队 1 至 32 号队员的身高记录单，从这张记录单中你能知道哪些数学信息？

生：最高的是 27 号同学，159 厘米；最矮的是 3 号同学，134 厘米。

师：现在你能知道每种服装各要购买多少套吗？

生：不能。

师：为什么呢？

生：缺少“多高穿多大的衣服”，即统一的分类标准。

师：你认为应该用什么样的标准进行分类？

生：应该以身高这一标准进行分类，身高高的穿大号，身高矮的穿小号，不高不矮的穿中号。学生举例说一说。

师：是的，你们和老师想到一块去了。出示标准，学生观察，你又知道了什么？

生：身高 130—139 cm 的队员适合穿 S 号，就是小号；140—149 cm 的队员适合穿 M 号，也就是中号；150—159 cm 的适合穿 L 号，也就是大号。

师：把上面这些数据分成了几段？每 10 厘米一段，这样分有什么好处？

生：段数不能太多，也不能太少，在这里分 3 段比较合适。

【设计意图】结合鼓号队队员买服装的现实生活情境，基于解决问题的需求激发学生的学习需求。对身高、体重、性别等数据先做调查研究、收集数据，通过分析做出判断，学生在学习过程中感悟数学的研究方法。结合具体情境，理解并掌握对较多数据进行分段整理、分析数据的方法，初步体会数据中蕴含着的信息。

2. 尝试统计,体验方法

师:身高数据有了,分段标准也确定了,现在我们知道各种服装需要购买多少套吗?

生:不能,要统计不同分段中的人数。

师:你能用画“正”字的方法整理这些数据吗?

生:尝试进行整理数据并汇报分段整理数据的结果。

师:为什么这两位同学都是用画“正”字的方法进行统计,可是统计结果不一样呢?

生:分段整理时,可能是重复计算了,也可能是遗漏了。

师:观察分段整理的结果,要知道每段人数各有多少,你要数一遍“正”字的笔画数量,他要知道结果也要数一遍“正”字的笔画数量,我复核还是要数一遍,你觉得怎么样?

生:很麻烦。

师:怎么样才能不麻烦,让所有人一眼看出分段整理的结果呢?

生:把整理的结果替换成“数据”填入统计表。

师:合计这一栏你是怎么样得到的?填写这一栏有什么好处?

生:可以检验统计过程和结果是否正确。

师:现在能知道购买各种服装多少套吗?从这张统计表中,你还能知道什么信息?

师:27 号队员的身高是 159 cm,你估计一下他在鼓号队担任旗手还是指挥,为什么?

生:27 号队员可能是指挥,他的个子最高,担任指挥有气势。

师:3 号队员的身高是 134 cm,你估计一下他在鼓号队担任什么角色?为什么呢?

生:3 号队员可能是小号手。

【设计意图】通过数据分析的教学,使学生体会到统计时需要收集数据,运用数据分析,能解决日常生活中的很多实际问题,从而感受统计的价值,发展学生的应用意识。

二、回顾反思,提升素养

1. 回忆过程,提高能力

师:我们刚才经历了几个步骤进行分段整理数据?

生:收集数据、整理数据、描述数据和分析数据。

师：通过统计，你有什么收获？

生：通过分段整理，可以知道每种服装要买多少套，我们最终解决了实际问题；分段整理时，要注意不重复、不遗漏。

师：如果不给你原始数据整理表，直接给你统计表，你可以用画“正”字的方法进行统计吗？

生：可以的，先统计，再验证，填表之后再擦去。

2. 增强意识，提升素养

师：在什么情况下我们要对数据进行分段整理统计。

生：数据较多，要分成不同范围的几段的时候。

【设计意图】让学生经历完整的分段整理数据的过程，即收集数据、整理数据、描述数据和分析数据。学生在经历统计的过程中，积累了数据统计经验，体验到分段整理数据的好处。通过回顾与反思，体验数据分析的方法，增强数据分析意识，提高学生的数学素养。数学分析帮助我们解决了生活中的实际问题。在分析数据的过程中，学生感悟到整理数据的分段非常重要，为了合理地对数据进行分段，首先要找出这组数据中的最大值和最小值，然后根据最大值和最小值确定数据区段，一般以 5、10、15 等为区段。当然，应该根据实际情况来灵活确定。

三、巩固练习，内化新知

1. 初步练习，练一练

出示：练一练。

师：读完这段话，你知道了什么信息？

生：汇报交流。

师：要解决什么问题？

生：要知道购买免票、半价票和全价票的各有多少人？尝试统计收集各小组的身高，并分段整理。

师：120 cm 以下是什么意思？120—150 cm？150 cm 以上呢？

生：120 cm 以下不包含 120 cm，150 cm 以上也不包含 150 cm。学生尝试解决。

师：我们班同学乘火车时，是需要购买全票的人多，还是半价票的人多？你知道了什么？

2. 深入练习，练习七第 2 题

学生尝试练习并集体汇报交流。

师:张小红1分钟仰卧起坐的成绩在这个班的女同学中排在前10名。你能估计她的成绩可能是多少吗?

生:你有什么话对张小红说的?

四、全课总结,增强意识

师:这几节课我们学会了什么?在分段整理数据的过程中我们要注意什么?它有什么好处?你能上台说给同学们听吗?

师:如果梅峰小学1号队员的身高不是146厘米,而是136厘米,我们的分段整理结果会发生变化吗?为什么呢?

生:记录单中只要有一个数据发生变化,整理的结果就有可能发送变化。

【设计意图】通过练习,学生能够熟练运用所学知识,理解知识、巩固新知,积累数学活动经验,体会到数学学习的乐趣,提高学好数学的自信心。通过改变数据引发统计结果的变化,体会数据的随机性。

【课后明辨】

一、基于素养,发展数学分析意识

"统计与概率"领域的教学重点是发展学生的数据分析意识,培养学生的随机观念。难点在于,如何创设恰当的活动,体现随机性以及数据获得、分析、处理,进而做出决策的全过程。可见,数据分析是统计的核心。作为一线教师,我们要读懂教材,更要高于教材解读,收集素材,为学生建立数据分析观念打下基础。这节课我们用问题引领学生思考,尤其是用核心问题"每种服装各要购买多少套"引导学生进行数学思考。比如,对学生的服装进行分段整理,我们要考虑收集哪些有效信息?孩子的身高、服装的型号、身高与型号的匹配关系等都是我们要考虑收集的有效信息。基于实际问题,我们可以根据分段标准,让学生经历收集数据、整理数据、描述数据和分析数据的一个完整过程,提高学生的数据分析能力。通过数据分析,发展学生的数据意识;通过数据分析,学生可从中提取有关的数学信息,使学生体会到统计时需要收集数据;应用数据分析,能解决日常生活中很多实际问题,从而感受统计的实际价值,发展学生的应用意识。

二、经历过程,生长数据分析观念

在收集、整理、描述和分析数据的过程中,要把学生往前推。精彩的应该是学生的思维,让学生自主探索,学习新知,从学生内需出发明确学生的学习要求。"数据的分段与整理"要把重点放在学生数据分析观念的培养上,让学生带着问题去思考,基于解决问题的需要,让学生体会为什么要分段?怎样分段?分段有什么好处？本课学生的学习主要经历三个过程：首先是对数据进行分类，分类是描述和整理数据的开始；其次进行必要的归纳和整理；最后把整理后的数据运用统计表直观地表示出来，并进行适当的分析，为我们解决“每种服装各要购买多少套”这个核心问题提供依据。让学生经历整理数据的过程，在体验中形成数据分析的意识和习惯，在过程中生长数据分析观念。在学校鼓号队购买服装这一实际背景中，通过对数据的归纳整理和分析判断，我们可以发现隐藏的规律：个子最高的同学可能是指挥，个子高的同学可能是护旗手，个子矮的同学可能是小号手。购买服装为什么我们只考虑身高因素，而不考虑体重因素，原因在于一般学校的鼓号队队员整体看上去应该比较整齐一些，这就培养了学生对一些杂乱无章但有实际背景的数进行感悟，根据要解决的实际问题寻求好的方法，进行分析和判断，得到必要的信息，达成问题的解决。

三、积累经验，掌握数据分析方法

数据分析问题来源于生活、回归于生活、应用于生活，与日常生活紧密联系。比如孩子在玩“掷硬币”“投篮”等游戏过程中已经感悟到可能性并对“输赢”“是否投中”进行过预测和分析，这说明小学生已经有“数据分析”的生活经验。教学过程中需要借助学生已有的生活经验，利用现实的情境进行教学设计，这有利于让学生感悟“随机思想”，树立随机意识，掌握数据分析方法。比如练习七第2题的第2个问题：“张小红1分钟仰卧起坐的成绩在这个班女同学中排在前10名。你能估计她的成绩可能是多少吗？”排在前十名可能是第1至第10的任意一个名次，根据分段整理的结果进行分析，她的成绩可能在50—59之间，也可能在40—49之间，这里我们采用了统计表的分析方法，还可以启发学生采用条形统计图的方法对这一组数据进行分析。在过程中积累数学活动经验，采用适当的方法对数据进行分析，通过这些偶然性的现象揭示出某些规律，做出合理的决策，最终使问题得到解决。

附录 4：把握画图本质，发展关键能力

——以“解决问题的策略（画图）”为例

【课前慎思】

“解决问题的策略（画图）”是苏教版教科书四年级下册第五单元的内容，在第一学段的教科书里，已经出现过直条图、线段图或示意图，这都是学生已有的知识经验。四年级上册中可灵活选择解决问题的策略，既可以从条件想起，又可以从问题想起，利用数量之间的对应关系，通过“列表”整理条件和问题。本单元的解决问题策略，是通过画线段图或示意图表示实际问题里的数学信息，借助几何直观分析稍复杂问题情境中的数量关系，探索解决问题的步骤与方法。

几何直观对于现代公民来说是不可或缺的关键能力之一。关键能力一般指最终能剩下来、带的走、可再生的能力。数学关键能力是指在数学知识的积累、方法的掌握、运用和内化的过程中，学生以数学的视角发现问题、用数学的思维分析问题、用数学的方法解决问题的能力，这种能力对现代公民的生存和生活不可或缺。几何直观也是最基本的数学关键能力之一。《课标（2011 年版）》在第一部分前言的“课程设计思路”中描述了“几何直观”的定义、价值与作用：“几何直观主要是指利用图形描述和分析问题。借助几何直观可以把复杂的数学问题变得简明、形象，有助于探索解决问题的思路，预测结果。几何直观可以帮助学生直观地理解数学，在整个数学学习过程中都发挥着重要作用。”这是理解几何直观的最重要的依据，课标在“学段目标”的“数学思考”中两次提到几何直观，即第二学段“感受几何直观的作用”，第三学段“初步建立几何直观”。针对以上分析，从以下三个方面进行备课思考。

1. 重在确定标准，提高画图能力

小学生的问题解决思维水平离不开具体形象思维的支持，几何直观凭借图形的直观性特点将抽象的数学语言与直观的图形语言有机结合，理清问题解决的思路，突破数学理解的难点。心理学研究表明，借助几何直观有利于把内隐的程序性知识用清晰的数学语言显现出来。笔者和许多六年级、初高中的各科教

师交流，发现大多数学生不会画图，更谈不上借助几何直观分析数量关系。不会画图的根源在于不知道画线段图的一般步骤和基本方法。通过教学，学生需要知道画图一般应先画“标准”，画出“标准”后才好画出和“标准”做比较的数量，这将为六年级解决分数实际问题打下基础，即学生能用图形表达和分析非常规问题情境中（含有几个“单位‘1’”）的数量关系。无论是这节课的相差关系、倍数关系的实际问题，还是将来的分数、百分数的实际问题，或者是初高中理科学习的实际问题，画图之前都要先找到“标准”，然后再根据“标准”画出和标准进行比较的数量。

2. 重在策略教学，而非解决问题

在教学画图策略时，需要使解决问题的策略趋于多元化、数形结合，以利于提高问题解决的能力。画图作为解决问题的一种基本策略，不是解决某类特定问题的特殊方法，而是适用于解决大量的、各种各样实际问题的思想方法，具有广泛的应用性。解决问题的策略教学需要一个较长的过程，也就是说，形成画图策略，应该了解画图、学会画图、体验画图、自觉运用画图，不能把解决问题的策略变成解决问题，教学的重点应该建立在“策略教学”上。为了让学生真正提升问题解决的素养，不仅要借助情境、动态演示、画图等直观手段帮助学生整理题目中的条件和问题，还要巧妙地借助数学符号语言分析比较隐蔽的数量关系，促成学生借助几何直观生成理性认识，从而使学生真正领悟几何直观的本质内涵，感受策略的价值，形成策略意识。

3. 重在策略运用，感悟策略意识

在教学中，教师应鼓励学生以自己喜欢、易理解的几何直观方式来刻画自己的思维，鼓励学生从不同的角度思考同一个问题，注重引导学生对各种方法进行对比及优化，发现不同方法之间的区别与联系。几何直观的培养是一个过程，借助几何直观解决实际问题应贯穿教学的始终，在教学过程中有意识地渗透。应借助几何直观这种思维方式，激发学生的内在需要，经历几何直观的过程，体验几何直观的价值，以及形成几何直观的意识等，促使学生对几何直观的深刻把握，提升学生的策略素养。

【课中笃行】

教学内容：苏教版义务教育教科书四下第五单元“解决问题的策略——画图”。

教学目的：

1. 学生能够借助线段图理解题意，分析比较隐藏的数量关系，形成解题思路，运用画线段图策略解决相差关系和倍数关系的实际问题，提高分析问题和解决问题的能力。

2. 经历画图策略的形成过程，体验画图策略的价值，提升问题解决的策略意识。

3. 运用画图策略，分析数量关系，运用多种方法解决实际问题，提高学习数学的兴趣和自信心。

教学重点：掌握画线段图解决实际问题的策略。

教学难点：学会画线段图表示题意，感悟画图策略的价值。

教学过程：

一、谈话导入，链接已有经验

师：我们学习了哪些解决问题的策略？

生：从条件想起、从问题想起、灵活解决问题的策略、列表整理条件和问题。

师：今天我们继续学习解决问题的策略。

二、借助情境，达成问题解决

1. 激发内需，感悟策略

师：出示例题 1：小宁和小春共有 72 枚邮票，小春比小宁多 12 枚。两人各有邮票多少枚？请学生读题。

师：读完一遍题，理解题意并有想法思路的同学请举手。

师：我们能不能运用以前学习过的“从条件想起、从题想起、灵活解决问题的策略、列表”等策略帮助我们解决问题？

生：很难，不好解决，题目中有两个未知量。

师：我们还可以运用什么策略解决问题呢？

生：画图、画线段图……

师：今天我们运用画线段图来解决实际问题，怎么画线段图呢？

【设计意图】尊重学生已有解决问题策略的知识经验，激发认知冲突，点燃学生学习“画线段图”这一新策略的需求。

2. 经历过程，体会画图

师：我们一边读题一边画图。需要画几条线段？为什么？

生：2 条，因为有 2 个最基本的数量：小宁和小春的邮票枚数。

师：先画谁呢？

生：先画小宁，因为是小春和小宁比较，把小宁的枚数看作“标准”。

学生自主尝试画一画。

师:你是怎样想的?

生:我画了2条线段,先画"标准",用一条线段表示小宁的数量。小春比小宁多12枚,画和小宁一样多的数量,再画多出12枚的部分,这样就表示出小春的数量,标出已知条件和所求的问题。

生:修改线段图,修改后如图1。

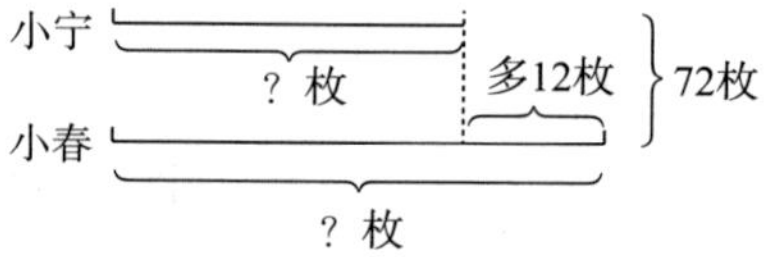

图1

师:现在你是看图还是看原题的文字,为什么?

生:看图,直观清楚。

师:图中能告诉我们什么信息?多出的12枚在哪里?总共72枚在哪里?

生:同桌交流。

师:有了线段图,我们可以怎样分析这两个数量之间的关系?现在两个数量不相等,能不能把两个数量变得相等?

生:学生同桌讨论。

学生汇报:

生1:我把小春的邮票数量减去12枚,这样两人就一样多了。因为小春减少了12枚,所以总数也就减少了12枚,还剩60枚,60枚相当于2个小宁的数量。

生2:我把小宁的邮票数量加12枚,这样两人就一样多了,因为小宁加上了12枚,所以总数就增加了12枚,也就是84枚,84枚相当于2个小春的数量。

生3:小春给小宁6枚邮票,这样两人就一样多了,也就是72÷2=36枚,然后再还原,得到原来两人的邮票枚数。

师:也就是我们有三种思路:"把多的减去;把少的加上;给一半留一半。"通过画图、讨论,现在能理解题意并能直接解答的同学请举手。

生:独立解答并上台板演,结合线段图汇报算式的意义和想法。

生1:72−12=60(枚),60÷2=30(枚)→小宁,30+12=42(枚)→小春。

生2:72+12=84(枚),84÷2=42(枚)→小春,42−12=30(枚)→小宁。

生3:72÷3=36(枚),12÷2=6(枚),36−6=30(枚)→小宁,36+6=42(枚)→小春。

师:你有什么办法证明你的答案是对的?

生1:可以进行检验,我是用代入的方法进行检验,把得数代入原题,42+30=72(枚),42-30=12(枚),符合所有已知条件,所以我的解题过程是正确的。

生2:我们也可以用另解法,用第2、3种方法检验第1种方法。

师:老师要考考你们,这三种方法有哪些地方不同?有哪些地方相同?

生:第1和第2种方法,是把多的去掉或把少的加上,邮票的总数发生了变化;第3种方法是给一半留一半,邮票的总数没有发生变化。它们的相同点是都运用线段图来分析隐藏的数量关系。

3. 回顾反思,体验策略

师:回顾我们解决问题的过程,我们是怎样画线段图的,画图有什么好处?

生:清楚直观,便于我们分析数量关系。

师:我们在什么情况下会用到画线段图的策略?

生:在解决相差关系问题的时候会用到画线段图的策略。

师:在以前的学习过程中,我们在哪里用到画图的策略?

生:倍数问题、周期问题、周长和面积等。

【设计意图】经历了完整的画图策略的形成过程,先建立"标准",再画出和标准进行比较的数量,标出条件和问题。学生通过了解画图、学会画图、体验画图、运用画图,最终形成画图策略,感悟数形几何的优越性,发展借助几何直观、用图形表达和分析非常规情境中的数量关系的能力。

三、联系生活,内化画图策略

1. 初步练习

师:如果老师把这道题变一变,把小春比小宁多12枚变为比小宁少12枚,你还会画图吗?你是怎样想的?

生:还是先找标准,把小宁的枚数看作标准。学生独立画图,如图2。

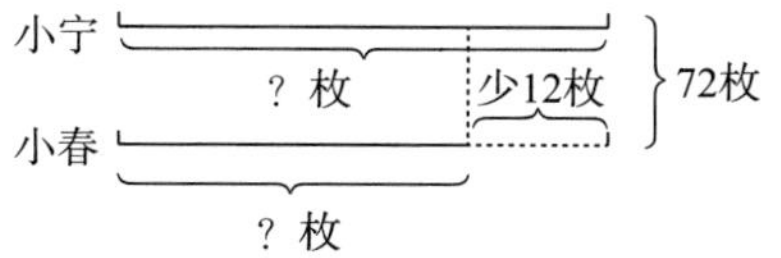

图2

师:从图中你能获得哪些信息?

生:根据线段图说出文字信息。

师:从文字到线段图,再从线段图回到文字,你有什么想说的?

生:线段图要和数学结合起来。

师：是的，华罗庚曾经说过："数缺形时少直观，形少数时难入微。数形结合百般好，隔离分家万事休。"你又有什么想说的？

生：线段图比较直观清楚，便于分析隐藏的数量关系。

2. 深入练习

师：老师又要改变其中的一个条件，小宁和小春一共有72枚邮票，小宁是小春的3倍，两人各有邮票多少枚？现在你还能用画图的策略帮助我们分析数量关系吗？

生：尝试画图。

师：你是怎样画图的？我们可以画草图，来帮助理解数量之间的数量关系。

生：我还是先找标准，小宁是小春的3倍，现在是把小春看作"标准"，所以先画出小春的线段，再画出3个"标准"，就是小宁的线段，如图3。

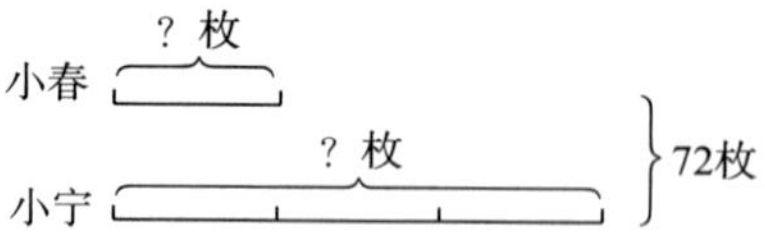

图3

生：交流列式以及解决问题的方法。

3. 开放练习

师：如果你是老师，你会怎么改变题中的条件变成另外一个新的问题，先独立思考，然后同桌讨论。

汇报：

生1：我们可以改变第一个条件，变成相差关系。

生2：我们可以把两个数量的倍数关系变成不是整倍数，也就是3倍多一点或3倍少一点。

师：无论是相差关系，还是倍数关系，我们都可以运用画线段图的策略解决实际问题。

生：课后改编实际问题并独立解答。

【设计意图】通过变式练习，由浅入深、由易到难，感悟画图的价值，提升画图的策略意识，尤其是学生自主改编实际问题的条件，无论是相差关系、倍数关系，还是倍数关系多(少)一些，画图的方法和本质都是一样的，即先画出"标准"，再根据"标准"画出和标准相比较的数量，这有助于我们分析隐藏的数量关系，有利于凸显画图的价值，发展学生的策略迁移能力。

四、全课小结，提升策略意识

师：关于解决问题的策略，你有什么新的认识？

生：我学会了运用画图的策略解决实际问题。

师：什么情况下我们会运用到画图？画图策略有什么好处？

师：关于画图，以后我们还会在很多地方运用到这一策略，比如我们刚刚回忆到的周长和面积问题。

【课后明辨】

选择“解决问题的策略——画线段图”这一教学内容作为公开课，源于许多六年级学生不会画线段图，更谈不上会用线段图分析较复杂的数量关系。

学生在经历问题解决的过程中学会用直观示意图的方法整理有关信息，能借助所画的直观图或线段图分析实际问题中的数量关系，确定解决问题的正确思路是本节课的教学目标，简言之，就是会画图、会用图。

首先是会画图。

画图先要明确把“哪个数量”作为标准，数学中的相差关系或倍数关系都离不开把“其中一个数量”看作标准，如小春的邮票枚数比小宁多 12 枚、小春的邮票枚数是小宁的 3 倍，这两个信息都是把“小宁的邮票枚数”看作标准，也就是六年级所讲的“单位 1”。明确了标准，再画出和标准做比较的数量，为了便于比较，我们通常把标准量放在图的上半部分，比较量放在图的下半部分，并且左边对齐。在画图的过程中，我们是读一句画一句，要了解题意后再进行画图，学生在画图的过程中会出现许多问题，教师应指导画图。我们要把所有的已知信息用图表示出来，未知信息用问号表示。

“解决问题的策略”主要引导学生用画图的策略整理题目的条件和问题，进而分析数量关系，解决问题，同时巩固上学期学习的列表法整理信息的能力，让学生在解决实际问题的过程中合理选择解决问题的策略，体会解决问题策略本身的价值。

其次是会用图。

会用图就是能用线段图找出隐藏的数量关系。比如小春和小宁一共有 72 枚邮票，小春的邮票枚数比小宁多 12 张，两人各有多少张？借助图我们可以得到这样的数量关系：

假设小春减少 12 张，这样两人同样多，因为小春减少 12 张，所以两人总数也就变成 60 张；

假设小宁增加 12 张，这样两人同样多，因为小宁增加 12 张，所以两人总数也就变成 84 张；

假设小春给小宁 6 张，这样两人同样多，且两人总数依然是 72 张。

学生借助图形直观进一步感受“画图策略”价值存在的优越性，进而深入体会并优化选择画图策略。

在“解决问题的策略”教学中，很多学生面对数量关系稍复杂的行程问题时，不知道从何下手，知道要画图，但对于为什么画、怎样画，画完之后怎样利用图来解决问题的思路并不清晰，学生对策略的应用仍停留在教师强加给学生的阶段。

结 语 教育故事在路上

一转眼，做老师已经23年了，从一位初出茅庐的青年老师成长为一位笃定自信的中年教师。23年来，我永葆青春，不忘教育初心，牢记育人使命，在平凡的岗位上书写不平凡的育人故事。

一、学生喜欢在路上

从教23年，我始终坚信：每一个孩子都是可造之才。

从走上岗位的第一天起，我就立志做一个好老师、一个学生喜欢的好老师、一个与学生生命共同成长的好老师。在我的课堂中，我撇弃唠叨，因为唠叨将砍掉孩子的耐心和阳光，给孩子带去未来的烦躁；我撇弃比较，因为比较将砍掉孩子的自信，逼迫孩子走向自卑；我撇弃打骂，因为打骂将直接灭掉孩子的自尊，把孩子逼向了自暴自弃；我撇弃讽刺，因为讽刺将砍掉孩子的善良与纯真，把孩子逼向了虚伪和扭曲；我撇弃忽略，因为忽略将直接砍掉孩子的安全感，给孩子带去内心的恐惧和关闭心门；我撇弃怀疑，因为怀疑将砍掉孩子对未来的希望，给孩子带来绝望、失望。

一个好老师应该给我们的学生什么呢？应该是充满正能量的事物、正方向的、正确的、完美的、为人生奠基的、为学生终生发展和社会发展所必备的关键能力和必备品格。一个好老师应该是学生喜欢、同事认可、家长满意的。他应该有爱心、耐心、和学生朋友式交往、有幽默、会学识、有才艺，是一个守时、言行一致、坚韧的人……苏联教育学家苏霍姆林斯基说过："如果要享有教师职业的快乐，就需要不断进行实践研究！"在教育教学过程中，我走进大家，从书中汲取前辈人的教育思想。阅读是我最重要的成长途径之一。《理性国》《特级教师思想录》《课程与教学的基本原理》《追求理解的教学设计》《学会教学》《规训与惩罚》《被压迫者教育学》《教学勇气》《儿童的秘密》《儿童的谎言》《爱弥儿》《教育漫话》《理解课程》……都是我喜欢阅读的教育经典名著。我喜欢静心阅读、独自思考，像做一只孤独的猫一样，追寻小学数学教育规律。

教师人格修习的目标，是成长为一只适当孤独的猫。所有人人格的修习目标，都是从一只必须和人亲近的狗，成为一只可以适当孤独的猫。从狗到猫，就意味着你的人格不再依赖于关系，有了自己的领地。成为学生喜欢的好老师，就应该耐得住寂寞、守得住孤独、受得了挫折。

二、教育对话在路上

《被压迫者的教育学》不是一本单纯的教育学著作，更准确地说，这是一部拉美的《呐喊》，书中充满了对改变“被压迫者”命运的呐喊。作者弗莱雷满怀对被压迫者的同情和真挚的社会责任感，根据早年参与成人扫盲识字活动的经历，以马克思哲学思想、弗罗姆社会心理学说和萨特的存在主义为哲学背景，写就了这部影响深远的著作。

作者以教育来匡比革命，因为他所倡导的革命，是压迫者与被压迫者双方的人性化过程，即“意识化”的过程，也就是说被压迫者的反抗斗争不是通过暴力而是通过“真正的实践”来完成的。而“实践”在弗莱雷笔下指的是一种“批判性介入”，也就是对话，它是反思和行动的统一。因此，有人形象地把对话喻为“一种言说的革命实践”。“对话”在弗莱雷的书中主要指的是革命所采取的方式，也就是对被压迫者的意识启蒙。而我们提到《被压迫者的教育学》时，更多的是把其与对话式教育或对话式教学相联系，这种理解大大窄化了“对话”的意蕴与内涵。“许多在教育方向上自称是弗莱雷追随者的教育工作者，错误地把弗莱雷的对话概念转变成一种方法，从而看不到以下事实，即对话或教学的根本目的在于建立一种学习和认识的过程。”在这里，弗莱雷的理论被操作化了。

（一）对话是实现人性化的手段，它体现对人性的尊重和对平等的倡导

从价值论的观点看，人性化问题一直是人类的中心问题。人性化意味着人作为不完善的存在，却能意识到自身的不完善，并试图变得更完善。然而，不公正的秩序（剥削、压迫、异化等）扭曲了人追求更完美的人的使命，导致了人的非人性化。在寻求重获人性的被压迫者和试图维持不公正秩序的压迫者之间产生了矛盾和斗争。在寻求重获人性的斗争中，只有被压迫者的力量足够强大，才可以让双方都获得自由，既解放了自身，也解放了压迫者。

弗莱雷所谓的"压迫",其本质是统治阶级将自己的意志强加于人们,让人们在设计好的社会中"井然有序"地生活。他指出:"任何'一方'客观地剥削'另一方'或阻碍'另一方'追求作为可负责的人的自我肯定,这种情况均属压迫。当一种行为阻止他人成为更完美的人时,这种行为也就构成压迫行为。因此,在现实生活中,压迫行为无处不在,无论在阶级社会还是非阶级社会。"

压迫者由于其在压迫关系中的位置及其"压迫者意识"特征,不可能担当起解放的使命。首先,他们是不公正秩序下的既得利益者,总是倾向于维持现存的不公正秩序。其次,压迫者为维护既得利益,就会生产意识形态:要么虚构现实,要么合理化现实,为保护本阶级利益建立种种神话,阻碍人们批判性地介入现实。最后,在不公正的秩序下,压迫者形成了强烈的占有意识——"占有这个世界,占有这个世界上的男男女女"。在这里,弗莱雷借用了弗洛姆对这种意识的描述:没有这种占有,这种意识便会失去与世界的联系。这种"恋死癖世界观"把一切物与人全加以"物化"而成为其支配的对象;这种"虐待狂的爱通过对生命体的完全绝对的控制,使生命丧失了一个基本品质——自由"。尽管压迫者由于使他人非人性化,从而使自身也非人性化,但他们不能担当起恢复人性的使命,相反,他们使用各种伎俩维持非人性化的现实。"虚假的慷慨"便是典型例子,"试图在不改变被压迫者软弱的情况下去'削弱'压迫者的权势"。这种假慈善不仅根源于不公正的秩序,同时也进一步维系了这种秩序。所以,弗莱雷认为:"真正的慷慨在于抗争,以便让这些手——无论是个人的还是所有民族的——越来越少地为哀求怜悯而伸出,以便让这样的手越来越多地成为劳动并通过劳动改造世界的人类双手。"这样,解放的使命必然落在被压迫者的肩上。

被压迫者进行解放的斗争要求其对现实世界进行改造。现实世界是主观性和客观性的辩证统一,因此,压迫者必须批判性地面对现实,在使之具体化的同时采取行动,这只有通过实践才能做到:对世界做出反思和行动,以改造世界,使压迫者和被压迫者都找回丧失的人性。

然而,被压迫者自身固有的二重性阻碍了这种实践。不公正的秩序不仅导致被压迫者物质上被剥夺,也导致被压迫者思维结构上的依附性,以至于在充满压迫现象的现实生活中,他们没法认清这种压迫现实。"他们同时既是自身又是内化了压迫者意识的压迫者"。这就是所谓的被压迫者的人性二重性:对自由既向往又惧怕,对权力既怨恨又执迷。对自身的处境持宿命的态度,"底层压迫底层",看不起自己等特征,都是被压迫者人性二重性的表象。但是,这种"两重性"并不是人类先天就有不可改变的。正是因为这一点,弗莱雷强调,真正的革命必须具有教育性质。

“解决压迫者和被压迫者的矛盾的方法是在给这个世界带来新生命的劳动过程中产生的：再也没有压迫者，也没有被压迫者，只有正在获得自由的过程中的人。”因而有必要建立被压迫者的教育学，以产生新人。这种新人既不是压迫者，也不是被压迫者，而是解放中的人。人性化的教育学是使被压迫者“意识化”并以人的身份参加斗争的唯一有效工具，革命领袖为完成解放使命而采用的正确方法则是对话。在该教育学中，革命领袖与被压迫者建立永久的对话关系。

通过批判性对话，被压迫者的“意识化”进程不断推进，他们对自己有越来越清晰的认识，直到意识到自己的存在，克服了其自身固有的二重性，首先完成自我解放，然后与革命领袖一起全身心地投入解放斗争，实现所有人的人性化，在反思和行动中完成世界的改造。

这一切都在对话中得以完成。从这个意义上来看，对话本身就是一种精神，它体现了对人性自由的追求和对平等的倡导。当今世界在绝大部分地区消灭了阶级压迫之后，对被压迫的反抗就以较为温和的方式转向了强调对话，这不仅体现在国与国之间，而且也是人与人之间应当具有的最基本的要求。

（二）对话是反思与行动、观念与行为相统一的实践

对话作为一种人类现象，词是它的精髓所在。词有两大基本要素：行动与反思，这两个方面互相作用，如果牺牲了一方——即便是部分地牺牲——另一方马上受到损害。离开了行动，词就是无聊的唠叨和遭人厌弃的废话；离开了反思，词就转变为行动主义（为行动而行动）——否定真正的实践并使对话成为不可能。实践是行动和反思的结合，真正的词同时就是实践。说出一个真正的词，就意味着改造世界。

不真实的词是不能改造现实的。而说出一个真实的词，就意味着改造世界的开始。但说出真实的词不是少数几个人的特权，而是人人都享有的权利。对话是人与人之间的接触，以世界为中介，旨在命名世界。

对话不能简化为一个人向另一人灌输思想的行为，不能是一些人代替另一些人来命名世界的行为，也不能变成由期待对话者消费的简单的思想交流，更不是为把自己的“真理”强加于人而进行的充满恶意的论战。对话是一种创造行为。对话不应该成为一个人控制另一个人的狡猾手段。对话中隐含的控制是对话双方对世界的控制，对话是为了人类的解放而征服世界。

不管是通过对话的还是以对话为目的的理念，都不能仅仅停留在口号和倡

导的层面上,而应当将其落实到实践中。正如弗莱雷一贯强调的,不能将反思与行动割裂开,这两方面相互作用,光有对话的理念是不足够的,理念本身就包含了行动,这才是真正的实践。有人认为弗莱雷想通过教育实现社会变革的想法有太多的幻想成分,在任何时候都无法实现。这恰恰说明他没有真正理解弗莱雷的思想,将观念与行为割裂开,认为即便我们有了对话的理念,在实际的行为中却未必能够真正贯彻这种理念。人们的行为实际上是受到其内部理论或者说是其信念支配。行为的背后总有理念的支撑,而真正内化的理念也必将表现为行为。也正是如此人类历史上多少伟大的思想不断激励着一代又一代的人为之奋斗不懈。

(三)对话以爱、谦虚、信任、希望、批判性思维为前提

弗莱雷认为,真正的对话必须以爱、谦虚、信任、希望和批判性思维为前提,否则就不可能进入对话。

对世界的命名是一种创造与再创造的行为,若不倾注爱是不可能实现的。爱同时是对话的基础和对话本身。爱意味着责任,所以如果我不爱这个世界——如果我不爱生活——如果我不爱人民——我就不能进入对话。

对话作为那些投身于学习和行动这一共同任务的人之间的接触,如果对话双方(或一方)缺乏谦逊,对话就会破裂。自满与对话是不相容的。缺乏或失去了谦逊的人,不能接近人民,不能与人民一起命名世界。

对话还需要对人类深信不疑,对他们的制造和再制造、创造和再创造的力量深信不疑,对人能变得更加完美的使命深信不疑。对人的信任是对话的先决要求,信任是通过对话建立起来的。信任只有在一方把自己真实、具体的想法告诉别人时才产生;如果一方言行不一致,信任就不可能存在。说一套,做一套——说话不负责任——不能唤起信任。比如,吹捧民主但却压制人民的言论,这是胡闹;宣扬人道主义但却否定人,这是弥天大谎。

离开了希望,对话同样不能存在。绝望是沉默的一种形式,是一种否定世界、逃避世界的形式。由不公正秩序造成的非人性化,不是产生绝望的根源,而是产生希望的根源,它导致对被不公正否定了的人性的不断追求。作为追求具有更完善人性的人之间的接触,对话在毫无希望的氛围中是不可能进行的。

真正的对话要求对话双方进行批判性思维,否则对话也无从谈起。这种思维认识到人与世界之间存在一种不可分割的一致关系,而且不把人与世界分离开来;这种思维认为现实是一个过程,是一种改造,而不是一个静态的存在;这种

思维不把思维和行动分开。只有要求进行批判性思维的对话才能产生批判性思维。没有了对话，就没有了交流；没有了交流，就没有了真正的教育。

因此，真正的对话，必然同时意味着爱、谦虚、信任、希望、批判性思维。

（四）走向革命的对话行动理论：合作、为解放而团结、组织和文化合成

弗莱雷赞同列宁的名言："没有革命理论，就没有革命运动"。因为革命，即对世界的改造，是反思和行动的结合。然而，弗莱雷认为："不能把革命领袖界定为思想家，把被压迫者界定为纯粹的行为者"。被压迫者和革命领袖一样，都是革命行动的主体，他们以现实为中介和对象，通过对话认识世界并改造世界。

被压迫者为获取自由需要一套行动理论，即革命的对话行动理论。要实现人性化的目标，必须把对话作为革命行动的本质。在弗莱雷看来，革命领袖若不能与人民进行对话，就不是真正的革命者，而仍然保留着压迫者的特征（幕后操纵、灌输、专喊口号等）。这样的革命即使取得胜利，其所具有的有效性都完全令人怀疑；若是不进行对话，被压迫者就不能批判性地意识到自己在改造世界中的主体地位，那么，被压迫者身上的二重性将使得他们更可能以复仇而不是解放的精神参与进来。革命就会沦为夺取统治权力的手段，而不是获取解放的道路。

合作是对话行动理论的首要特征。各个主体相互合作，通过对话一起命名世界，并改造世界。合作，就意味着为解放而团结。要取得被压迫者的团结，就需要采取一种文化行动，进行批判性干预，这种文化行动需要"去意识形态化"，最终使作为被压迫者的个体意识进入被压迫阶级的意识。这就必然要组织起来。组织作为对话行动理论的又一特征，既反对独裁，也反对放纵，并因而承认权威和自由。真正的权威是通过授权或者是在一致拥护之中来维持的。只有在"自由转变为权威"的情况下，权威才能避免与自由发生冲突。对话行动理论的最后一个特征是文化合成，在文化合成中，革命领袖们较复杂高深的知识在人民从实际经验得来的知识中得到改造，而后者经由前者得到改进。只有在文化合成中，才可能解决领袖们与人民的世界观之间的矛盾，并丰富双方的世界观。生成主题调查则是文化合成的起点。

（五）对话，一种言说的革命实践

弗莱雷的"对话"不仅仅是一种语言上和思想上的沟通方式，更是一种会产生行动力量的行为方式。

弗莱雷的“对话”包括四层含义：对话只能发生在人与人之间；对话双方必须相互接触才能进行对话；对话必须依托中介；对话的终极旨归是“命名世界”、改造世界。

弗莱雷对话的特点：

第一，强调对话的中介性。对话必须有载体，存在一个中介，即对话双方必须围绕某一共同主题进行。没有共同主题，对话便不可能进行。

第二，强调反思与行动的同步性。真正意义上的对话，反思与行动缺一不可。

第三，突显对话的人性化。弗莱雷指出，对话理论的最终目的是帮助“被压迫者”和“压迫者”都“获得解放”。正是对人性化和非人性化辩证关系的深刻揭示和把握，对个体人性的深度洞察和剖析，对人类生活“解放”目标的不懈探寻和实践，才使弗莱雷的对话理论格外富于启发性、战斗性和生命力。

“对话”指的是解放压迫者和被压迫者，使双方实现人性化的革命手段，是一种反思和行动统一的旨在改造现实世界的革命实践，这种实践追求自由和平等，赋予民主、信任、合作、团结、爱、希望、谦逊、批判、创造等丰富的精神内涵。

三、润泽生命在路上

作为一名小学数学教师，我常常问自己：“教育是什么？”

杜威认为“教育即生长”。爱因斯坦说：“教育就是当一个人把在学校所学全部忘光之后剩下的东西。”特级教师华应龙在《教育要给学生留下什么》中指出：“教育不仅要传授知识，更要启迪智慧，点化生命。”

随着对教育本质的不断追问，拜师之路的数个“高光时刻”又浮现在我眼前。

与师父华应龙相遇于网络。2012 年我参加江苏省中小学网络培训时，对“化错教育思想”有了初体验，随即成为一名忠实的“华粉”；我们相识于 2017 年无锡“我不是笨小孩”的课堂上；相知于我申请加入华应龙名师工作室的“赶考之路”。短信、微信、面对面交流……我不断向华应龙老师的化错教育思想靠近。

列宁说：“真理向前一步就是谬误。”同理，谬误向后一步亦是真理。拥有科学对待错误的开放心态和思维方式，就有可能化“错”养“正”。化错思想践行学科育人，教学的价值在于“育”，育什么呢？育的是思维方式、学习欲望、开放心态、生命潜力……化错思想的终极目标是“正”，“正”即正确的、正能量、美好的、全人的……

化错思想，真正是从教学走向教育，改变了我的教育观和学生观。

老师在课堂上，对于学生的错误总是设法躲避。但华应龙老师告诉我们，课堂不要“规避”学生可能出现的差错，应乐观面对学习过程中的差错，从差错中悟出道理、走向理解。正所谓“正确的，总是千篇一律；差错的，总是多姿多彩。”化错研究有三个过程，即错得好、多飞一会儿和拾起来，也即我们所熟悉的“容错、融错和化错”。

“差错的价值并不在于差错本身，而在于师生从中获得新的启迪。”启迪何来？启迪来自思考，在问题解决过程中启发学生的哲学思考，将知识联系起来，从而弄清楚事物的含义，丰富学生的数学情感体验。

华应龙老师把儿童看作“探索者、发现者和创造者”这一理念改变了我的学生观。课上，我明白了培养学生探究未知事物的强烈兴趣，以及在探究中所获得的喜悦和满足感的重要性。当前，课程改革进入立德树人、培育学科核心素养的关键期。教师眼里不能只有分数和冰冷的知识，而应该从关注学科到关注人，关注学生的发展和成长，以学生的整体发展不断提升和改进数学教育为宗旨，更应该关注“人之为人”的必备品格和关键能力。华应龙老师常常以“人皆可以为尧舜”这一行动理念点化学生生命、启迪儿童智慧。

师父对我说，数学课要有创新，课不润人誓不休！不仅润学生，还要润听课老师。做到“润人”的唯一途径是“竭泽而渔”地阅读和思考。

23 年的小学数学教育观，既是一分总结，也是一分鞭策，更是一种书写教育奋斗的另一段开始。

强国有我、强教有我、强校有我！

后 记

“苦日子”中有“甜科研”。法国著名哲学家、思想家和教育家卢梭曾说过:“我们生来就是弱者,所以需要力量;我们生来无助,所以需要帮助;我们生来无知,所以需要理性。一切我们生来不具备的才能,一切我们成长的必须因素,都来自教育的馈赠。”

专著接近尾声,曾经不止一次地在心里酝酿这篇后记之言。然而,当提笔作结时,却发现无从下笔。42 年的人生经历和 24 年来的从教经历,一幕幕在脑海中回旋,将我带回人生的几个难忘时刻。

1980 年 10 月,我出生于江西省乐安县的一个小山村,那时候家里很穷很穷,4 岁就开始帮家里放牛、收谷子、做农活、带弟妹……打从上小学起父母就叮嘱我要好好读书,跳出农门,长大做一个有出息的人。

15 岁,我考取中等师范学校;18 岁参加工作,成为一名小学数学教师;22 岁成家,23 岁我家谦谦出生;为了改变生活面貌,让妻儿过上好日子,多次外出求职,下西南入职昆明南洋国际学校,东进入福清西山国际学校;2007 年,入职苏州外国语学校,一家三口才定居在苏州这个美丽的城市。来到苏州,才进入真正意义上的教育教学研究领域,曾获得江苏省第二届小学数学青年教师基本功二等奖,9 次获得市、区评优课、基本功、素养大赛、网络教研等各类比赛一等奖、第一名,各级各类的技能比赛极大提升了自己把握课堂教学的能力。

2014 年 7 月,第一次做校长,在伦华教育创始人、总校长曹伦华先生的提携下,创办泰州市第一外国语学校;2019 年 8 月,又创立济宁高新区蓼河新城外国语学校,再次成为首任校长。创校的艰辛,唯有经历者才有深刻体会。

回首自己的求学之路,也是一部多幕剧。1997 年开始自学汉语言文学和英语 2 个专科学历。自学英语纯属是个人兴趣,那时候中师不学英语,没有想到在考硕士和博士研究生时却派上大用场,印证了老子“无用之用,方为大用”的人生哲理。接着自学汉语言文学和数学与应用数学 2 个本科学历,获得理学学士学位。再次在职学习教育硕士和工商企业管理 2 个硕士研究生学位。最后求学于首都师范大学读学校课程与教学论专业教育博士。

多年的求学之路和从教之路，我吃过很多苦，更享受到很多甜，让自己一直坚持下来的密码就在于“喜欢琢磨教育科研”。

在我看来，这本专著不只是对一段专业成长的总结，也是对自己博士研究生课程学习的总结，更是给自己这么多年来对教育人生执著思考的一份答卷。

我常常思考：如何善待我的学生，做一个合格的老师？如何善待我的教学，做一个永葆激情的追梦人？如何善待我的家人，正确处理家庭和事业的关系，做一个有情有义的人？如何善待我的事业，做一个匠气十足的教书匠？如何善待我的专业成长，在思考中不断前行……

作为一名草根博士研究生，我很高兴地看到自己的专著刊成文字. 每每想到最初确定这个话题的时候，不禁一阵阵欣喜。但在写这本专著的过程中迷茫过、彷徨过、困惑过，而每当求而不得感到困惑之时，又常常想要退却、放弃，这是一个不断地自我怀疑、自我否定的历程，也是一个需要不断地自我挑战、自我超越的历程，更是一个不断地自我发展、自我成长的历程。

感谢我的师父华应龙先生，您以真诚、理解的胸怀以及对教育理想的执著坚守与追寻，始终践行自己的教育理念并引领我进入数学教育的神奇殿堂。您的“化错教育”深深地影响我，让我总是发出感叹：小学数学还可以这么教？为什么我没有想到……

感谢我的博导张增田教授，您自始至终的支持使我不敢懈怠，不敢放弃，怕有负导师您的期待。“要时刻记住你是一位博士，要饱有科研思维。”导师您的这句话深深印刻在我的脑海中，在每每遇到困难、想要消极退却的时候，您坚定而强有力的精神力量总使我挺起胸膛、打起精神、深入思考，用有限的时间投入无限的科研思考中去。感谢我的导师，为我树立了人生的坐标。

感谢伦华教育创始人、总校长曹伦华先生，您渊博的学识、理想的情怀和创新的思维必将对我今后教育人生产生积极的影响和促进。感谢伦华教育，感谢我为之奋斗过的教育热土，都是我生命成长中的重要驿站。

感谢首都师范大学，感谢您的厚重、严谨与博大。这所以宁静博大、敦厚严谨、脚踏实地、人文情怀为主导氛围的大学学府，引领我一路为学为师、求实求新。

感谢我的父母和岳父母，是四老全身心地教育我成人成才，要善待自己的学生，做一个学生喜欢的好老师。你们勤俭节约的品质让我明白唯有奋斗才能改变命运。

最后还要感谢我的妻子黄明英女士和儿子游致谦，是你们给了我自由驰骋的天空，让我把主要精力投入在求学求新、为学为师的修行之路上；是你们对我的信任和引以为豪在我心底打下了最自信的底色，让我不断超越自我、自强不息、追求完美；你们是我一生中永远的靠山和后盾，让我明白生命的意义在于理解他人、彼此成就、利他利己……

大道思远，大道至简，大道不孤！